2018
中国新闻出版研究院
优秀科研成果汇编

中国新闻出版研究院 编

中国书籍出版社
China Book Press

本书编委会

主　任：魏玉山
编　委：黄晓新　范　军　张　立　董毅敏
统　稿：黄逸秋　遆　薇

前　言

中国新闻出版研究院（以下简称"研究院"）隶属于中共中央宣传部，是我国唯一的国家级新闻出版专业研究机构。研究院（前身为中国出版发行研究所、中国出版科学研究所）成立于1985年，当时建立出版发行研究所的目的是要解决我国没有出版发行的专业科研机构，没有公开发行的出版发行学术杂志，没有社会公认的出版发行专家、学者的现状。30多年来研究院不忘初心，牢记使命，锐意进取，开创了国内出版理论研究的先河，现已发展成为具有中国特色、中国气质的新闻出版智库。科学研究已经覆盖基础理论、应用理论、国际出版、出版经济、数字出版、国民阅读、民营经济等领域，形成了学科体系健全、布局合理的科研格局；培养了一批新闻出版科研事业的领军人才，收获了一批具有重大学术价值和重要实践意义的研究成果。研究院今天的发展没有辜负党的委托，没有辜负几代先辈的倾情奉献。

研究院作为新闻出版科学研究的国家队，在为上级主管部门提供政策咨询、完成科研任务的同时，还承担着来自国家社科基金、科技部等部委的大量课题，以及地方政府和企业的委托项目。新闻出版科研是新闻出版工作前进道路上的一盏明灯，这些课题、项目的开展为政府的宏观决策和企事业单位的战略发展提供了重要支持，为行业的改革发展提供了重要参考。

近几年来，研究院取得了一些较有代表性的科研成果，如连续多年推出的《中国出版业发展报告》《中国数字出版产业年度报告》《中国动漫游戏产业年度报告》《国际出版业发展报告》等年度报告（蓝皮书系列），还有每年持续发布的《全国国民阅读状况调查报告》《中国版权产业的经济贡献调研报告》等。

此外，研究院还有大量的科研成果没有公开发表或出版，课题在完成结项评审后就束之高阁。科研成果无法充分共享和转化，一方面使得研究领域相近的部门无法"互通有无、知己知彼"，由此造成科研资源的重复投入，多年累积的科研成果也在无形中被以时间、部门为界限割裂成了条块状，研究院科学研究的合力没有很好地体现出来；另一方面，也使得行业内外对研究院的了解局限于已发表或出版的少量成果，对研究院的研究领域、研究能力无法形成全面、整体的认识。此外，研究院的科研工作是否真正与行业发展需求同步？科研人员辛苦完成的科研成果对行业的发展到底能发挥多少作用？我们也急于知道答案。基于以上原因，我们决定将不涉密的科研报告汇编成书，使优秀科研成果在更大范围、更多层次得到分享、利用和转化。

本册收录的是获得我院2018年度优秀科研成果奖但没有公开出版的5项优秀科研报告（其他已发表的著作、论文不再辑入），除了对个别文字和数据的编校之外，我们将当年科研成果的原貌呈现给大家。对于批评和意见，我们将虚心接受并积极改正；对于肯定与表扬，我们会心存感激并再接再厉。希望本册科研成果的出版能对行业发展真正有所裨益。

社会科学成果的转化利用，是社会科学研究的最终归宿，也是社会科学研究发挥作用最直接、最有效、最有说服力的方式。今后我们仍将陆续整理、出版之前一些有分量、经得起时间检验的科研成果。由于时间有限，本书难免有不当之处，恳请广大读者见谅，并予以批评指正。

编委会
2019年10月21日

目录 CONTENTS

一等奖

001 2017年新闻出版产业分析报告（略）

二等奖

003 文化产业的定义、范围、分类问题研究（略）
005 出版编辑版权作品研究

三等奖

039 图书制版分开试点效果研究（略）
041 ISLI标准在音乐教育和音乐出版领域的应用研究
110 我国出版企业上市募投项目研究
188 动漫游戏特色小镇发展模式研究
248 非公资本进入出版领域投资、运营状况调研报告

附 录

335 2018年度优秀科研成果目录

一笔奖 2018

中国新闻出版研究院
CHINESE ACADEMY OF PRESS AND PUBLICATION

2017年新闻出版产业分析报告（略）

二等奖

2018
中国新闻出版研究院
CHINESE ACADEMY OF PRESS AND PUBLICATION

- 文化产业的定义、范围、分类问题研究（略）
- 出版编辑版权作品研究

出版编辑版权作品研究

引 言

  随着各种相关技术的发展与应用，出版传播的渠道不断增多、能力不断增强，出版单位优质内容资源的经济和社会价值日益凸显，相应资源版权保护的呼声也逐渐高涨。由于在出版传播过程中，出版单位编辑人员（简称出版编辑）在体力和脑力两方面付出了大量专业化劳动，对出版物质量把关和提升发挥着不可替代的重要作用，近年来，对出版编辑权利（主要是版权）进行保护的呼声也不断出现。

  版权保护的前提是，需有依法受版权保护的作品（客体）存在。由于出版编辑的主要工作是编辑加工他人作品，所谓"为他人作嫁衣裳"，因此，社会上否认出版编辑权利、忽视出版编辑权利保护者大有人在，甚至呼吁出版编辑权利保护（尤其是版权保护）也会遭受质疑和嘲弄。那么，出版编辑在本职工作中是否创作作品，这些作品是否应该依法受到保护？稍加梳理不难发现，出版编辑在本职工作中不仅创作作品，而且创作多种、大量作品，包括选题报告、审稿意见、出版说明、编者按、书讯、书刊广告、工作总结、研究性文章，等等。这些作品不属于不受《著作权法》保护的范围，应依法受版权保护。事实上，以封面设计作品和版式设计作品为代表，围绕出版编辑版权作品的争讼时有发生，探讨出版编辑作品版权保护问题确有必要。

  鉴于从版权保护角度对出版编辑作品进行研究的成果比较少见，本课题拟对出版编辑版权作品进行系统研究，进而为出版编辑版权保护提供理论参考和基础支撑。

  此外，本课题立项的另一个目的是为数字版权保护技术研发工程（简称版权工程）在出版编辑版权作品领域的应用作理论探索和实务铺垫——版权工程已经完工并进入应用推广阶段。其技术研发成果能否用于出版编辑版权作品的保护，在何种环节、如何用于出版编辑版权作品的保护，客观上需要进行梳理和探索。本课题利用版权工程数字内容作品注册管理功能，以图书审读报告注册管理为例，对出版编辑版权作品的数字权利保护进行了初步尝试。

本课题将研究对象界定为出版编辑在本职工作中创作的依法应受版权保护的各种作品，按照概念界定、种类划分、版权归属、版权保护的必要性、借助版权工程进行注册管理的思路，分五部分展开相应研究。

研究基础方面，目前，尚未见到与本课题有关的直接研究成果。相关研究成果一是对出版编辑版权作品上位概念——"作品"的研究，如《论版权理论中的作品概念》（金渝林，载《中国人民大学学报》1994年第3期）、《版权客体论》（卢海君，知识产权出版社2011年第1版）等；二是将出版编辑作品作为编辑技能培养的支撑案例进行研究，如《现代实用编辑学》（吴培华、朱坤泉主编，中国书籍出版社2015年9月第1版）、《优秀编辑的四门必修课》（周浩正著，金城出版社2008年3月第1版）等；三是对出版编辑职责、权利、义务层面的探讨，如《论编辑的法律意识及其权利义务》（汤啸天，载《编辑学报》2000年第2期）、《编辑的权利》（边优，载《编辑之友》2010年第1期）等；四是对出版编辑权利保护问题的探讨，如《论编辑权利及其保护》（段乐川，载《河南社会科学》2011第2期）、《编辑，保护好自己的权利》（郑舜钦，载《编辑学刊》2002年第2期），等等。总体而言，相关研究成果多数侧重于法律层面，缺乏与出版编辑业务实践的深度结合；少数侧重于出版编辑培训实务层面，缺乏对相应作品版权问题的专门研究。而结合当前传统出版与新兴出版融合的发展态势，利用数字版权保护技术措施对出版编辑作品进行版权保护尝试的研究成果更是欠缺。

本课题第一次对出版编辑在本职工作中创作的版权作品进行系统研究，并在出版编辑版权作品数字版权保护方面做出初步探索，本身具有较强的创新性。但与此同时，该领域研究基础薄弱，缺乏同类研究成果可资参考，缺乏足够的出版编辑版权作品基础数据资源的支撑，则是本课题研究面临的一大难题。课题组一方面，通过文献检索分析查阅、采集有关信息；另一方面，通过专家咨询、重点访谈等多种手段了解有关情况，力图为本课题的深入研究打好基础、扫除障碍。

第一章　出版编辑版权作品界定

博登海默认为，"没有限定严格的专门概念，我们便不能理性和清楚地思考法律问题"。[①] 就本课题研究而言，同样如此。出版编辑版权作品有多种含义，为明确研究对象，厘清研究边界，有必要先对本课题的研究范畴进行界定。

在本课题中，所谓出版编辑版权作品，是指出版单位编辑人员在其本职工作过程中创作的依法应受版权保护的各种作品，包括但不限于选题报告、审稿意见、出版说明、编者按、书讯、书刊广告、工作总结、研究性文章等。其构成要素主要如下。

第一节　创作主体是出版单位编辑人员

本课题仅研究出版单位编辑人员创作的相应作品。非由编辑人员创作、仅由其审校、加工的他人作品，出版单位非编辑人员创作的作品（如财会人员撰写的单位财务报告等），以及影视编辑等非出版单位编辑人员创作的作品，均不属于本课题的研究范围。

关于出版单位，按照《出版管理条例》及有关规定，包括图书出版社、报社、期刊社、音像出版社、电子出版物出版社以及网络出版服务单位等。考虑到部分民营机构参与出版物策划设计、出版发行的实际情况，从事出版编辑业务的民营文化公司、美术设计公司等，作为出版单位的延伸，其相关人员在相应出版编辑业务中所创作的作品，也纳入本课题的研究范围。

关于编辑人员，既包括文字编辑，也包括美术编辑、技术（数字）编辑。其中，文字编辑是主体。如无特别指明，本文中所说的出版编辑，是指出版单位从事文字编辑工作的人员。

---

① （美）博登海默，邓正来. 法理学：法律哲学与法律方法 [M]. 北京：中国政法大学出版社，2004：504.

需要注意的是，1990年《著作权法》曾用"编辑作品"指称汇编作品。该法第14条规定："编辑作品由编辑人享有著作权，但行使著作权时，不得侵犯原作品的著作权。编辑作品中可以单独使用的作品的作者有权单独行使其著作权。"该条款语境下的"编辑作品"基本上不属于本课题研究范围——当然，报刊编辑人员在本职工作中将不同作品或作品片段编辑加工、构成2001年《著作权法》所称的"汇编作品"除外。

第二节　创作是出版单位编辑本职工作的一部分

出版单位编辑人员创作的版权作品并非都是本课题的研究对象。构成本课题研究对象的，须是出版单位编辑人员在本职工作中创作的作品，也就是说，这些作品的创作活动，是出版单位编辑人员本职工作的一部分，是出版单位编辑人员完成本职工作的必要组成部分。

换言之，出版单位编辑人员出于个人爱好创作的、与本职工作无关的作品，如诗词、散文、小说、书法、绘画、摄影、舞蹈等，虽然也可称作出版编辑（的）版权作品，且在某种情形下可以为其本职工作增光添彩，但不属于本课题的研究范围。

第三节　构成法律意义上的作品

出版单位编辑人员除美术编辑、技术编辑外，其工作性质一般是和文字作品打交道，平日"舞文弄墨"，劳动成果基本上是各种文案。但是否构成作品，还要加以甄别。

我国《著作权法实施条例》第2条规定："著作权法所称作品，是指文学、艺术和科学领域内具有独创性并能以某种有形形式复制的智力成果。"由该条款可以看出，我国版权立法在将作品限定于文学、艺术和科学这三大领域的基础上，对其界定仍有三个要素限制，即独创性、可复制性和智力成果。其中，独创性是作品的本质要求，也是版权保护的核心价值所在。可复制性是作品版权保护的商业价值所在。我国版权法律关于作品独创性并无明确规定。较之于其他知识产权领域，版权领域总体上对创新性的要求较低，但也要具备"最低限度的智力创造性"。① 这是区别出版编辑作品与出版单位编辑人员一般文案乃至经其润色加工后的他人文稿的关键所在。

第四节　依法受版权保护

本课题研究的是依法受版权保护的版权作品。现行《著作权法》第5条规定："本法不适用于：（一）法律、法规，国家机关的决议、决定、命令和其他具有立法、行政、司法性质的文件，及其官方正式译文；（二）时事新闻；（三）历法、通用数表、通用表格和公式。"该条用列举法明确了《著作权法》不予保护的边界，也明确了本课题不予研究的范围。

上述作品类型众多，与出版单位编辑人员有关的，主要是其在本职工作中采写的时事新闻。按照现行《著作权法实施条例》的规定，时事新闻即"通过报纸、期刊、广播电台、电视台等媒体报道的单纯事实消息"。结合本课题，也就是说，出版单位编辑人员在本职工作中创作的"单纯事实消息"（如新书发布会简要资讯）不在本课题研究范围内。与此有关，如果出版单位编辑人员在时事新闻材料基础上加入了自己的评论、创见或对相关材料进行了梳理、挖掘、评论，从而具备了一定的独创性，则属于本课题所称的出版编辑版权作品。

第二章　出版编辑版权作品种类

出版单位编辑人员在本职工作中需要撰写各式大量文稿，相应的，其版权作品的种类也很多。参照出版专业技术人员职业资格考试教材中的划分，这些作品大致可分为：编辑业务文件、编辑工作书信、书刊辅文、书刊宣传语、编辑工作总结以及因工作需要而撰写的其他文件。

---

① 英美法系国家标准。各国的创造性标准并不统一。英美法系国家曾长期适用"额头流汗"标准，后采用"最低限度的智力创造性"标准，总体上远远低于大陆法系国家。以摄影照片为例，与德国在立法上对摄影作品和照片区别对待的做法不同，英美法系国家一般认为，只要不是完全由摄影器材自动拍摄，且不属于纯粹的翻拍，那么便符合创造性的要求，属于摄影作品。参见戴哲.论著作权法上的作品概念[J].编辑之友，2016（5）．

第一节　编辑业务文件

一、选题报告

选题报告是出版单位编辑人员为提出选题设想而撰写的书面报告，形式上包括表格和文本两种，内容上主要包括：1）选题名称；2）选题的动因、目的和依据；3）选题的学术和出版价值；4）有关选题内容与形式的设想，包括选题内容范围和重点、写作的体裁及篇幅、以及成品的物质形态等；5）读者对象，除非从选题名称可以直接看出读者对象，如《产前·产后·育儿　轻松应对》《小学生看图说话写话》《高三这一年：我和孩子一起成长》等，其他均需要在选题报告中写明；6）拟约请的作者（编者、译者）及其个人情况，包括其学术水平、写作能力、已经出版（发表）的作品及其影响等；7）同类出版物比较，在此基础上，提出该选题在内容及表达形式上的创新点；8）时间安排及效益预测，包括印数、成本测算等；9）市场营销建议；等等。

二、编辑计划

编辑计划是由选题到出版产品的时间进度、工作计划和工作方案，内容包含作品的编辑方针、主要内容、读者对象、任务分工、时间进度安排、经费预算等。

三、审稿意见

审稿意见是编辑人员在价值评估和质量判断的基础上，对所审稿件提出明确处理意见的书面文件，内容包括：稿件基本情况、作者和内容简介、稿件价值和质量、不足之处及处理意见，以及待下一审级处理的问题说明等。

四、送审报告

送审报告又称外审报告，是编辑人员写给本出版单位领导要求将稿件送请有关主管部门或本单位以外的专家审阅的书面文件。编辑在审稿过程中，两种情况下需写送审报告：1）按照国家规定，稿件需送有关主管部门审定；2）对于编辑认为单凭自己的水平难以把握的稿件中学术理论或专业性特别强的专业问题，需送请有关专家审阅。

送审报告的内容主要包括：1）原稿和作者的基本情况；2）编辑对原稿的看法；3）送审的原因和要求；4）送审对象，按规定须送审的稿件，写明拟送交的主管部门名称，其他需慎重选择拟送审的人选，也可同时提出若干人选，供总编辑研究后作出决定。

五、访问作者报告

在编辑过程中，出版单位编辑人员有时需要主动联系作者，甚至登门拜访，与作者商讨、交流，加强感情联络。访谈后，应尽可能形成书面报告以备后用。

第二节 编辑工作书信

一、约稿信

约稿信是约请作者撰写稿件的信，目的是约请作者为本单位撰稿。约稿信一般以出版单位名义发出，由负责落实选题的编辑撰写。如果编辑与作者已经非常熟悉，也可由编辑署名发出。

约稿信内容主要包括：1）稿件题目，即选题名称。如有多个题目可选，亦可一并列出供作者参考选择，也可由作者根据稿件内容另行拟定题目；2）内容要求，包括选题的目的要求、内容范围、读物性质以及对体裁、文风的要求等，还可附上一些示例性的样稿；3）读者对象，包括读者的文化层次、职业、年龄、性别等，还可提供这类读者的阅读特点和兴趣等，供作者参考；4）字数和交稿时间。交稿时间一般具体到月份，也可写明下限时日（最晚于何时交稿）；5）可供参考的资料。包括同类出版物信息，供约请的作者参考使用，并提醒避免雷同；6）注意事项。包括文稿内容要符合党和国家有关政策规定等；7）其他相关要求。一般可约请作者先写提纲，有时还可要求作者试写部分章节，以便进一步了解其写作能力。

二、退修信

如果需将稿件退回作者修改，出版单位编辑人员即要撰写退修信。较之于和作者面谈，采用退修信的好处是：便于观点鲜明地提出问题，并且明确、充分地阐述理由；便于随时调取查看；有案可稽，避免口说无凭。当然，也可以和作者面谈，并附带退修信给作者。

三、退稿信

退稿信由负责初审的编辑人员撰写，以出版单位名义发出，是出版单位不拟出版而把文稿退还给作者时写的信。其内容包括大致三种退稿原因：1）稿件质量未达到出版要求；2）编辑部已约同类稿件而不能列入出版计划；3）来稿内容与本社、本刊性质、定位不合。

四、答读者信

即出版单位编辑人员回答读者来信的书信，既有针对特定读者来信的回复，也有面向不特定读者的答疑、宣传。其中，后一种答读者信可能会借助相关出版物予以出版传播，具有较强的专业性、创新性，需多方商讨、斟酌。

第三节　书刊辅文

一、内容提要

内容提要是对书稿作品或期刊文章的简要介绍和说明，目的在于帮助读者在短时间内对图书内容或期刊文章形成大致了解，做出是否购买、借阅等判断，大致有四种类型：评论型、说明型、梗概型、悬念型。

二、出版前言和编者按

出版前言和编者按内容基本相同，均是从编辑工作角度、以出版单位名义向读者作说明，目的在于帮助读者更加准确、深刻地理解出版物内容。出版前言一般用于图书出版，常置于图书正文前。编者按多用于报刊的某一篇或某一组文章，一般置于相应文章的前面或后面；如果只针对文章中的特定段落或者引文，也可置于文章中间，用括号标明。

三、凡例

凡例也称例言、编辑凡例、义例，一般由该书的编辑或作者撰写，仅使用于工具书、部分大型丛书、成套书和古籍校刊整理本等图书，是说明书籍内容和编纂体例的文字。同出版前言一样，凡例都置于正文之前。但二者不同的是，出版前言在目录之前，可不进目录；凡例一般在目录之后，编入目录。

四、出版后记

出版后记往往放在图书或期刊的最末端，是编辑完成编辑工作后所写的文字。出版后记的内容不拘一格，表达方式也比较灵活，但在有出版前言的情况下，要注意避免前后重复。

五、创刊词

创刊词通常是期刊或报纸第一次出版时写在卷首的文章，内容包含办刊宗旨、内容定位、读者定位、办刊目标，等等。

第四节 书刊宣传语

一、新书预告

新书预告是出版单位编辑人员在图书出版前发布的宣传信息，一般印在征订单上。较之于书刊广告，新书预告有以下几个特点：不能作多种体裁的尝试；字数有限，一般在二百字以内；一般只用文字；阅读对象基本限于书刊发行机构相关人员。

二、新书简介

新书简介类似于新书预告，也是用于简单介绍出版社的新书。但新书简介多为文本形式，字数限制较为宽松，既可在图书出版前发布，也可在图书出版后发布，其直接阅读对象为读者而非书店工作人员。

三、书讯

书讯是有关图书出版的新闻报道。也可指有关期刊、音像制品、电子出版物等的出版物信息报道。其内容包罗很广，大多围绕图书这个中心展开。

四、书刊广告语

书刊广告语主要有书目广告语、封面宣传语、插页广告语、广告小册子等。例如，崔永元《不过如此》一书腰封宣传文字内容如下：

实话实说不容易，跳脱文艺腔不容易，也因此小崔在本书里写的许多东西是我们不容易在同类书里看到的。

第五节　编辑工作总结

编辑工作总结是编辑人员完成某一阶段编辑工作的全部过程或部分编辑任务后所写的总结性文字。编辑工作总结分为两类：

（1）叙述式工作总结。叙述式工作总结偏重于对具体编辑工作的叙述和分析，但仍需要对相关经验进行总结，在对相关工作过程进行叙述的基础上，总结出编辑工作的经验或教训。

（2）论述式工作总结。此类工作总结是把编辑工作中带有规律性、普遍性的内容提炼出来，加以总结，上升为理论。按理论深度和表现形式可分为三种：

①编辑札记。又称编辑随笔、编辑杂感等。内容短小精悍，一般采用散文形式或者杂文形式。编辑人员在编辑过程中，或在某一项编辑工作任务完成后，对其中某一点或某一方面有所感触和体会，就可用随笔的形式记录下来。

②编辑研究性文章。是编辑人员对某项编辑工作比较系统的总结和概括。较之于编辑札记，此类文章不再是通过具体事项来记述，而是要抓住事情的本质，总结出带有普遍性、规律性的结论来。概言之，它不是随笔式的杂感，而是有关编辑工作的研究性文章。但与相关学术论文相比，它又局限于对某一类或某一项编辑工作的总结和概括，研究范围相对要窄。

③编辑论文。即编辑人员撰写的有关编辑工作的学术性文章。编辑论文以具体编辑工作实践为基础，是对相应编辑工作的理论化，但在其内容上已不是对某一项或者某一阶段编辑工作的简单总结，而是相对抽象、具有一定参照和指导作用的学术文章。

除以上作品外，出版单位编辑人员还可能根据单位领导指派和相关岗位分工撰写其他文稿，进而形成与其本职工作相关的其他版权作品，如：报刊社记者采访某大型活动形成的新闻消息稿，对相关单位或人物进行访谈后形成的专访稿等。此外，还有美术编辑绘制的插图、设计的封面；以及技术编辑设计的计算机程序、开发的网页界面；等等。

第三章　出版编辑版权作品的权利归属

出版编辑版权作品原则上归出版单位编辑人员个人所有。按照前述范畴界定，由于出版编辑版权作品与出版单位编辑人员的本职工作紧密相关，这些作品原则上属于职务作品，权利归编辑人员个人所有，单位有优先使用权。当然，由于出版编辑版权作品的种类繁多，实际情况也比较复杂，有些属于普通的个人作品，权利完全归个人所有；有些则属于法人作品，权利总体上归出版单位所有。

第一节　版权归属的法律原则

关于作品版权的归属，各国版权法的规定概括来讲就是"作者+例外"原则，首先都明确规定版权属于创作作品的作者，这是版权归属的共同原则，例如：法国版权法明确规定，智力作品的作者基于创作的事实，对创作的作品享有独占的及可对抗一切他人的无形财产权，且即使订有劳务合同或者雇佣合同，也不影响智力作品的作者享有该权利。[①] 美国版权法规定，作品的原始版权属于作品的作者；合作作品的作者为作品版权的共同所有人；此外，在雇佣作品中，雇主或者作品为其创作的他人视为作者，但有相反规定除外。[②] 但是，各个国家由于国情、社情等存在各种差异，对于版权归属的规定又有所不同，也就是上面所提到的"例外"原则。

---

① 《法国知识产权法典（法律部分）》第L111-1条。《十二国著作权法》翻译组.十二国权著作权法[M].北京：清华大学出版社，2011：63.

② 《美国版权法》第201条（a）、（b）。《十二国著作权法》翻译组.十二国权著作权法[M].北京：清华大学出版社，2011：785.

总体来说，在英美法系国家的法律规定中，作品的版权既可以归属于作者，也可以归属于雇主、投资者、委托者等，从而产生了版权归属于作者原则的例外。而这种情况在大陆法系国家并不常见，因为绝大多数大陆法系国家坚持认为，作品版权归属于作者是天经地义的，作品只能是作者的私有财产。

法人作品或者个人作品的权利行使相对简单，职务作品的权利行使则较为复杂，主要有以下几种情况：1）作品由本单位使用，不给报酬；在外单位使用，报酬全部给作者；2）作品由本单位发表、出版、表演、广播等，按稿酬标准付给作者一半稿酬；由外单位使用，报酬全部给作者；3）作品一经发表、出版、表演或广播，稿酬的15%–30%交给单位，其余归作者个人，而不论作品由本单位还是外单位发表、出版、表演或广播；4）作者所在单位规定专业人员一定的创作任务，作为定额任务而完成的作品，不付报酬；按质按量完成定额任务后所创作的作品，不论本单位还是外单位使用，所得报酬全部归作者。[1]

在版权归属问题上，我国分别借鉴了大陆法系国家和英美法系国家的版权立法理念。[2] 一方面，采取"作者+例外"的立法模式，在《著作权法》中规定"著作权属于作者，本法另有规定的除外"；另一方面，将作品分为个人作品、法人作品、职务作品、委托作品等多种类型，对于不同种类作品的版权归属又作出了不同的法律规定。其中：

关于法人作品，我国《著作权法》第12条规定："由法人或者其他组织主持，代表法人或者其他组织意志创作，并由法人或者其他组织承担责任的作品，法人或者其他组织视为作者。"

关于职务作品，我国《著作权法》第16条规定："公民为完成法人或者其他组织工作任务所创作的作品是职务作品"，其版权原则上"由作者享有，但法人或者其他组织有权在其业务范围内优先使用。作品完成两年内，未经单位同意，作者不得许可第三人以与单位使用的相同方式使用该作品"。职务作品中的例外规定有二，一是"主要是利用法人或者其他组织的物质技术条件创作，并由法人或者其他组织承担责任的工程设计图、产品设计图、地图、计算机软件等职务作品"；二是"法律、行政法规规定或者合同约定著作权

---

[1] 沈仁干. 谈谈职务作品 [J]. 出版工作，1983（12）.
[2] 黎淑兰. 著作权归属问题研究 [D]. 华东政法大学 2013 年博士学位论文.

由法人或者其他组织享有的职务作品",其权利归属法则为"作者享有署名权,著作权的其他权利由法人或者其他组织享有,法人或者其他组织可以给予作者奖励"。

关于委托作品,我国《著作权法》第 16 条规定:"受委托创作的作品,著作权的归属由委托人和受托人通过合同约定。合同未作明确约定或者没有订立合同的,著作权属于受托人。"不难看出,我国《著作权法》关于委托作品的规定比较清晰。

关于法人作品,《著作权法》的规定与职务作品则有相近之处。具体而言,《著作权法》中关于职务作品的上述例外规定中的要素——"主要利用法人或其他组织的物质技术条件""由法人或者其他组织承担责任",较之于法人作品要素非常接近,仅缺乏"代表法人或者其他组织意志"。作品创作过程是否代表"法人或其他组织意志"是个很模糊的问题,实践中判断起来比较困难。因此,有学者建议,将自然人创作者与法人单位之间存在劳动关系的法人作品作为职务作品的特殊情形加以处理。①

在出版单位编辑人员流动性比较大的今天,区分其相关作品是职务作品还是法人作品有着重要的现实意义。这是因为,职务作品原则上属于出版编辑所有,法人作品则属于出版单位所有。在特定编辑人员已从相应出版单位离职且作品完成已满两年的情况下,原出版单位能否使用相应出版编辑版权作品?究竟将其界定为职务作品还是法人作品在该问题上的答案是完全不同的。

尚在征求意见阶段的《著作权法》修正案第 20 条规定,职工在职期间为完成工作任务所创作的作品为职务作品,其著作权归属由当事人约定;当事人没有约定或者约定不明的,职务作品的著作权由职工享有。该条为出版编辑职务作品问题的解决提供了新思路。为避免出版单位不能使用本单位编辑职务作品的困境,出版单位可以与其编辑人员签订职务作品归属协议,或在编辑人员聘用协议中加入相应条款,规定其本职工作中创作的作品除署名权外,其他版权归出版单位。

---

① 李承武. 浅析法人作品与职务作品的关系及其在法律适用上的意义 [J]. 知识产权,1997(3).

第二节 出版编辑作品的版权归属

根据前述出版编辑版权作品的分类，结合我国《著作权法》关于作品版权归属的相关规定，我们在此对出版编辑版权作品的权利归属问题逐一讨论如下。

一、编辑业务文件

选题报告、编辑计划、审稿意见等编辑业务文件是编辑人员为完成单位工作任务而创作的作品，集结了编辑本人的智力成果和智慧结晶，符合我国《著作权法》关于职务作品的原则性规定，一般情况下，其版权应归撰写此类文件的编辑所有，但出版单位有权在其业务范围内优先使用。相应文件撰写完成两年内，未经撰写完成时所属的出版单位同意，作者不得许可第三人以与该单位使用的相同方式使用该编辑业务文件。

以访问作者报告为例，编辑在工作过程中要与相关作者沟通，当相关作者对其作品有较大的改动或作者提出有价值的建议时，编辑都需要整理成书面报告，并上交其所在单位。毫无疑问，编辑与作者沟通是本职工作，是出于完成本职工作任务的考虑，在此过程中形成的工作成果不属于个人作品，而是属于职务作品或法人作品。但访问作者报告显然不是由出版单位主持的，也不代表出版单位意志，更谈不上由出版单位负责，因此不属于法人作品，仅属于职务作品。按照职务作品版权归属原则，访问作者报告由出版单位在其业务范围内优先使用是合理的；同时，如果编辑两年内想授权其他出版单位以相同方式使用，需要依法取得撰写该报告时其所在出版单位的书面许可，于情于理也不存在问题。

二、编辑工作书信

书信具有较强的私人性质。编辑工作书信如系为完成出版单位工作任务而撰写，原则上属于职务作品，其版权归属适用职务作品相关规定；其他情况下，当属个人作品，其版权归个人所有，使用起来不受出版单位的限制。当然，出版单位编辑单纯出于维系关系、联络感情而撰写并发送给作者等相关人员的信件，虽与出版工作相关，但目的不是为了完成出版单位工作任务，不属于本职工作范畴，而属于一般意义上的个人作品。

为完成出版单位工作任务而撰写的编辑工作书信，为什么仅"原则上"属于职务作品呢？

这是因为部分编辑工作书信还具有明显的组织性，以出版单位名义或者出版单位主要负责人名义发出，代表出版单位意志，由出版单位负责，构成法人作品。例如，《中国光学》约稿信，尽管只有主编王家骐和编委会主任曹健林署名，但无疑是代表《中国光学》杂志发出的，属于典型的法人作品，其权利应归属《中国光学》编辑部[①]。

三、书刊辅文

书刊辅文作为出版编辑版权作品，同样也是自然人编辑为完成工作任务而撰写完成的，原则上属于职务作品，其权利归属撰写该辅文的编辑，出版单位依法享有优先使用权以及两年内是否同意其他单位以相同方式使用该书刊辅文的权利。其中：

内容提要、出版前言、出版后记往往不署作为文稿撰写者的编辑人员的姓名（也不署"编者"[②]），这种情况下，应视其为法人作品，其版权归出版单位，且出版单位行使该权利不受作为自然人的创作者的限制。

其他如编者按和创刊词是出版单位编辑人员以自己的名义编写在图书或者报刊上，主观上是为完成本单位工作任务，属于典型的职务作品，其版权归属遵循职务作品法则。

四、书刊宣传语

书刊宣传语具有明显的单位属性，虽由作为自然人的编辑以独特角度撰写完成，且颇富创意，但都是由出版单位主持完成，以出版单位的名义进行发布，代表了出版单位的意志，而且责任也由出版单位承担，毋庸置疑属于

---

① 《中国光学》未设杂志社，其编辑部即为出版单位。按《著作权法》规定，该类出版单位作为"其他组织"可以享有作品的版权。事实上，该杂志官网标注对此也可印证："版权所有 2012《中国光学》编辑部"（http://www.chineseoptics.net.cn/CN/volumn/home.shtml）。

② 有的署"编者"，需作具体分析。如该出版物（此处主要指书籍）为汇编作品，则"编者"有可能是指编著该书的人员。

法人作品，其权利归作为法人或其他组织的出版单位享有。

不少人认为，有些书刊宣传语尤其广告语篇幅较短，可能不构成作品，进而无所谓版权归属问题。我们认为，既然《著作权法实施条例》及相关司法解释对于作品最短篇幅并未作出明确要求，篇幅长短不是作品构成的必备要件（事实上，作品越短，独创性可能越高）。实践中，法院已认定"横跨冬夏直抵春秋""看美乐电视，享美乐人生""逢人处处说汉斯"等广告语为作品。北京市高级人民法院《关于审理著作权纠纷案件若干问题的解答》（京高法发[1996]460号）指出，"作品必须表达一定的思想、情感，传达一定的信息。"如果某一宣传语能传达一定的信息，表达一定的思想和情感，而且该表达具有独创性和可复制性，则不管其篇幅长短，都应认定为作品，依法应受版权保护。①

五、编辑工作总结

如前所述，编辑工作总结包括编辑札记、编辑研究和相关学术论文。除年度总结、专题工作总结等因工作要求必须撰写的总结性文字属于职务作品外，出版编辑出于个人兴趣，自主撰写的工作总结性文章、相关学术论文均属于个人作品，归其个人所有。这是因为，一般情况下，出版单位编辑人员的本职工作是编辑他人的作品，而不是自己从事创作。编辑利用工作中积累的资料或者是出版单位提供的资料，结合自己的本职工作所创作的作品，不是单位工作任务。② 相应地，按照法律规定，其版权归撰写该文稿的出版单位编辑人员所有，相关权利的行使不受本单位优先使用的限制。

其他由出版编辑所创作完成的作品，如，出版编辑受本单位领导指派，撰写的纪念性文章、竞赛性文稿，原则上与出版编辑岗位的本职工作关联性不强，不属于职务作品而属于出版编辑的个人作品。其版权相应地归属出版编辑个人。但在有些情况下，相关文稿创作过程中可能利用了出版单位的相关物质技术条件，并且一定程度上体现了出版单位的意志（有些文稿需要单位领导把关），在性质上如何判定，则有一定困难。尤其是出版

---

① 周冕. 广告语著作权纠纷案件的审理[J]. 中国版权 2005（6）.
② 沈仁干. 谈谈职务作品[J]. 出版工作，1983（12）.

编辑劳动合同在岗位职责约定中有类似于"完成领导交待的其他任务"表述的，其相应撰稿行为是否属于完成单位工作任务，更加难以判断。这时，不妨从出版单位业务范围角度判断，即出版编辑的撰稿行为是否属于出版单位尤其该出版单位的业务范围。从保护劳动者权益角度出发，我们建议，除非明显属于该出版单位的业务范围，否则出版编辑所撰写的相应文稿即属于个人作品，其版权归出版编辑个人所有。

除文字编辑人员创作的作品外，还有美术编辑和技术编辑两类人员所创作作品的版权归属需要讨论：

（1）美术编辑。主要负责出版物封面（封底）、版面、装帧、插图的设计与审核。其中，关于版面设计，我国《著作权法》第36条规定，出版者有权许可或者禁止他人使用其出版的图书、期刊的版式设计。此处所谓出版者，即相应的图书出版单位和期刊出版单位。也就是说，这两类单位美术编辑人员的版面设计工作成果的权利，依法归单位所有。其他智力劳动成果，如构成作品并受版权保护，则属于职务作品，其权利归美术编辑个人所有，单位在作品完成后两年内有优先使用权。

（2）技术（数字）编辑。在出版行业数字化进程中，此类编辑人员所占比重、所发挥作用无疑将越来越大，其创造或再创造的相应作品也将越来越多。尤其在融出版背景下，一种内容，多次使用。由于原始作品作者知识背景、技术实操能力以及时间、精力等的有限性，在作品呈现与存储方式转化、优化等方面，许多工作需要技术（数字）编辑深度参与，付出大量独创性智力劳动。其间，会创造大量作品，如数据库、计算机软件、知识问答系统等。此类作品，往往所需投入较大，非一般编辑个人所能承担，客观上要由出版单位进行投入并承担责任，属于特殊的职务作品，其权利依法属于出版单位，相应编辑人员享有署名权，出版单位可按劳动合同约定或内部规章制度等对相应编辑人员予以奖励。但是，也不可一概而论。从保护编辑个人权利的角度，只要法律没有明确规定，并且不存在有效合同进行约定，技术（数字）编辑作品的版权就归个人所有。如果创作是出于本职工作要求，属于完成本单位任务所必需，则为职务作品，但其权利仍归个人所有，出版单位于作品完成后的两年中在其业务范围内享有优先使用权。

第四章　出版编辑作品版权保护的必要性分析

较之于作者创作完成的、作为出版物主体内容上市发行的作品，出版编辑作品多为出版单位内部工作文稿以及编辑人员与作者间的沟通信函，总体上相对私密，市场化应用的情形相对较少，版权保护的必要性相对较弱。但是，我们不能因此就在整体上否认或者忽视出版编辑作品版权保护的必要性。这是因为：一方面，出版编辑作品除编辑业务文件、编辑工作书信等相对私密的文件外，还有书刊宣传语、书刊辅文、封面和版式、个人研究性文章等随出版物在市场上公开发行的作品；另一方面，即便是编辑业务文件、编辑工作书信，也有可能被抄录、选编、公开传播，并出现版权纠纷。由此，探究出版编辑作品版权保护的必要性，仍有其积极的现实意义。下文以封面和版式设计作品为重点，结合相关实例，对出版编辑作品版权保护的必要性进行探讨。

第一节　封面和版式设计版权保护的必要性

封面设计作品、版式设计作品既可由出版单位自有人员（美术编辑）独立创作完成，也可由与之有合作关系的外部专业机构承担完成。由于此类作品随着出版物的发行广为传播，且对于出版物的发行（消费者的购买行为）具有直接影响，所以在实践中版权争议或纠纷较为多见。相应地，封面设计作品、版式设计作品版权保护的必要性也相对较为明显。

其中，最典型的是作为美术编辑延伸的专业机构设计师所完成的图书封面设计作品纠纷。例如，人民日报出版社出版的《民国总统档案》《革命是怎么来的》两书的封面（见图4-2）与华文出版社出版的《蒋介石自述1887-1975》一书的封面高度相似，遭到《蒋》书封面设计师的质疑。[①] 详见下图：

---

① 陈杰. 新书上架频撞脸 出版商曝封面抄袭无罪潜规则[EB/OL]. http://www.ce.cn/culture/whcyk/gundong/201109/19/t20110919_22703849.shtml. (2011-09-19/2018-11-13)

图 4-1 《蒋》书封面

图 4-2 涉嫌侵权的两书封面

针对这一情况，《蒋》书设计师是否诉诸法院寻求司法救济不得而知。不过，实践中，由于图书封面设计争议选择对簿公堂的案例很多，例如：2003 年，高等教育出版社因认为机械工业出版社盗用其《高等数学》一书封面设计提起诉讼，获北京市第一中级人民法院支持[①]；2006 年，外语教学与研究出版社因认为外文出版社出版发行的《汉英大词典》与其《牛津现代英汉双解词典（新版）》等既有产品在封面、书脊设计方面基本相同提起诉讼，获北京市海淀区人民法院支持；2016 年，中南博集天卷文化传媒有限公司因认为中国华侨出版社出版的《愿有人陪你风雨同舟》一书与自己设计、出版

---

① 参见高等教育出版社诉机械工业出版社侵犯专有出版权案一审民事判决书.（2003）一中民初字第 8895 号.

发行的《愿有人陪你颠沛流离》，在封面设计、书名、市场定位上非常近似提起诉讼，获北京市海淀区人民法院支持。①

版式设计方面，2003年，中国青年出版社因认为北京紫图图书有限公司策划制作的《中国徒步穿越》一书的版式设计抄袭其《藏地牛皮书》一书的版式设计提起诉讼，尽管涉案两书的版式设计已被法院判定近似，但中国青年出版社因并未就《藏》书的版式设计专有使用权与设计方进行明确约定而败诉；2004年，中国社科院经济所作为《经济学动态》《中国经济史研究》《经济研究》三种期刊的主办方，曾就该三种期刊版式设计的专有使用权问题，与重庆维普公司对簿公堂，并获得北京市一中院和北京市高院两审判决的支持。②

需要说明的是，尽管从字面意义来看，"封面"和"版式"的分野比较清楚，但由于我国法律对封面设计的版权问题没有专门、明确规定，当事人也很少对封面设计作品本身进行版权登记等单独保护，实践中经常将封面设计纠纷归属为版式设计纠纷。例如：北京市一中院在高教社与机工社前述纠纷判决中，即认为："被告出版的《高等数学习题解析》一书的封面设计，在整体色彩、图案设计上与原告出版的《高等数学》封面设计的整体色彩、图案设计基本相同，属于相近似的版式设计，被告的行为侵犯了原告《高等数学》的版式设计权。"③

第二节　其他作品版权保护的必要性

除封面设计作品、版式设计作品外，其他出版编辑版权作品也存在一定的版权争议甚至侵权的风险，有必要进行一定的版权保护。在此，以编辑业务文件中的审读报告以及书刊宣传语为例加以阐述和说明。

---

① 姜旭．图书封面"撞脸"，当心侵权！http://www.nipso.cn/onews.asp?id=33151(2016-08-05/2018-11-13)．
② 参见重庆维普资讯有限公司与中国社会科学院经济研究所侵犯著作权和版式设计专有使用权纠纷案二审民事判决书．(2004) 高民终字第1141号．
③ 高等教育出版社诉机械工业出版社侵犯专有出版权案一审民事判决书．（2003）一中民初字第8895号．

一、审读报告

作为出版编辑的核心工作成果，审读报告除用于出版内部流程外，还不时被用于线上线下的公开传播。在中国知网篇名搜索中输入"审读报告"，可以检索到68条记录（数据统计截至2018年11月），其中一大部分是出版单位编辑人员撰写的针对某部作品的审读报告，如《〈中国风·节日绘本〉审读报告》《〈中国民间孤本年画精粹〉审读报告》《〈国之光荣——秦山核电站建设者之歌〉审读报告》等。此外，输入"审读意见"，亦可检索到相应记录，如《〈红旗谱〉审读意见》《〈神秘的小奇人——邬朝祝童话选〉审读意见》《对朱正著〈瞿秋白传〉的审读意见》等。选登、推介优秀的审读报告供广大编辑人员学习借鉴，不论在出版单位人才匮乏、知识奇缺的改革开放初期，还是在市场竞争激烈、专业要求不断增强的当今时代，都是助推出版单位编辑人员职业素养提升的重要手段。

对于出版名社名家、名人名作的审读报告而言，随着各种传播渠道的不断丰富，这种情况更是越来越常见。例如：中华书局陈东林先生撰写的《十七世纪沙俄侵略黑龙江领域编年史》审读报告在《出版工作》（现为《中国出版》）杂志上发表后，在维普、万方、百度学术上均可查询[①]；徐俊整理的《周振甫先生〈管锥编选题建议及审读报告〉整理赘记》以及周振甫先生撰写的关于钱钟书先生所著《管锥编》的《选题建议及审读报告》原作在360图书馆、新浪微博上也可公开查阅[②]；等等。

除报刊和网上传播外，有些审读报告被汇编成册、结集出版，如《河南报刊审读报告精选（2000—2014）》（朱夏炎编，大象出版社2016年12月版）；有些则被收录汇编后直接在网上售卖，如宋文郁、顾志成汇编的《中国文联出版书稿审稿和审读意见》；等等。

随着传播方式尤其付费阅读（售卖）方式的不断增多以及传播主体、平台的日渐多元，利益分配和风险担负难免引起争议，相应地，版权保护的必

---

① 陈东林.《十七世纪沙俄侵略黑龙江领域编年史》审读报告[EB/OL]. http://xueshu.baidu.com/usercenter/paper/show?paperid=496a765d4995a7eaf598070a132d7d4e&site=xueshu_se&hitarticle=1.（2018-11-03）

② 网址分别为：http://www.360doc.com/content/14/0909/18/946779_408215925.shtml；http://blog.sina.com.cn/s/blog_50a769280100bn5p.html.

要性也将会逐渐凸显。

二、书刊宣传语

书刊宣传语与封面设计作品一样，随书刊发行而广泛传播，且对于消费者选择与出版物售卖同样具有重要意义。相应地，版权保护的必要性也比较明显。在市场竞争日趋激烈，尤其产品同质化现象较为普遍的背景下，情况尤其如此。

比较具有代表性的一则案例是：

2010年5月，北京科学技术出版社获得版权方鲍勃·安德森的《拉伸》一书（2010年版）的授权，并于2010年10月正式出版该书。2012年4月，贵州教育出版社从版权方获得《拉伸》一书（2002年版）的授权，并于2012年10月正式出版该书。

北京科学技术出版社的图书宣传语中包括"简单、实用又有效"字样。贵州教育出版社在明知北京科学技术出版社所出版本早于其所出版本的情况下，一则，宣称其所出版本系"全新升级版"；二则，宣称其所出版本"更简单、更实用、更有效"；三则，在封底上使用与北京科学技术出版社图书一致的媒体评论（授权版本没有）误导消费者，使消费者认为其出版的图书是北京科学技术出版社图书的升级版本，其行为构成虚假宣传，需依法承担侵权责任。

北京科学技术出版社以贵州教育出版社宣传语侵权、构成不正当竞争为由，向法院起诉并获法院支持。此案一审判决被告停止侵权、赔偿经济损失等，后在二审阶段经法庭调解双方达成一致的赔偿意见。[1]

对于书刊内容作品的销售、传播而言，书刊宣传语本身具有附属性。在相关案例中，虽然盗用其他书刊部分或全部宣传语的行为在版权意义上构成侵权，但该行为只是手段，其目的在于实施不正当竞争，因此，相关案件多数按不正当竞争案件处理。

三、书刊附文

鉴于特定书刊内容的个性化特质，直接针对书刊附文的侵权盗版并不多见，但在书刊被整本盗版的情况下，书刊附文自然也在所难免。数字网络技

---

[1] 吴圆妹. 畅销书的封面保护问题 [J]. 中关村,2014,9:102.

术条件下，发刊词、前言、后记等书刊附文可以作为独立作品进行单篇传播。在此情况下，其版权保护的必要性大幅增强，有时甚至要超过正文作品的部分内容。

不过，总体而言，书刊附文版权保护的必要性相对较弱。考虑到此类作品对于书刊发行的支撑作用，如果内容简介、前言、目录等少部分内容被非法传播，客观上有助于书刊销售或出版单位的其他经营活动，出版编辑人员是不会主张版权保护的。

四、编辑工作总结及其他

受应用场景的限制，一般性的编辑工作总结如年度总结、特定出版物编辑工作的总结，版权保护的必要性并不强。但是，出版编辑人员基于本职工作创作的学术性论文及其他相关作品，由于具有较强的独创性和一定的通用性，如同其他版权作品一样，有必要进行相应的版权保护。

除前述所讨论的各种作品类型外，其他出版编辑版权作品包括看似最为私密的编辑工作书信，也不乏公开传播的可能性以及版权保护的必要性。例如，据考证，关于张惠衣专著《金陵大报恩寺塔志》出版事宜，出版大家张元济曾与张惠衣、蔡元培通信，相关信函全文乃至手迹被公开发表。[①]

总之，探讨特定出版编辑版权作品版权保护的必要性，一要考虑该类作品的市场通用性；二要考虑保护该类作品对出版编辑人员的价值；三要秉持开放性、多元化思维，充分考虑市场竞争、技术发展、个体需要等多种因素——此时、此种应用场景下看似版权保护的必要性较弱，彼时、彼种应用场景下版权保护的必要性可能较强；对此类机构、此类人员版权保护的必要性较弱，对彼类机构、彼类人员版权保护的必要性也可能较强。

第五章 出版编辑版权作品注册管理版权保护模式初探

为保障出版单位编辑人员传播创新的积极性，对有版权保护价值的出版编辑版权作品，要借助行政、司法、技术等各种手段予以有效保护。本课题

---

① 参见朱明尧.张元济致张惠衣信札[EB/OL].http://art1.people.com.cn/n1/2018/0502/c226026-29959842.html.（2018-05-02/2018-11-03）.

结合我院牵头参与的数字版权保护技术研发工程成果的数字内容注册管理功能，探索从数字内容作品信息注册管理角度开展出版编辑版权作品的权利保护模式。

第一节 版权工程及其数字内容作品注册管理功能简介

一、数字版权保护技术研发工程简介

数字版权保护技术研发工程简称版权工程，是列入国家"十一五"与"十二五"时期文化发展规划纲要的重大科技专项，也是原国家新闻出版广电总局新闻出版重大科技工程项目之一，2007年9月通过可行性论证，2011年7月启动研发，2016年12月竣工验收。经过二十多家单位五年时间的协同攻关，版权工程研制了四类25项工程标准，形成了一整套系统化的标准体系；在此基础上，研发了6项核心支撑技术，针对互联网出版等业务模式，开发了5类版权保护应用系统，完成了5类应用示范；搭建了数字内容注册管理等公共服务子平台，最终形成了数字版权保护技术管理与服务平台，为行业发展和社会创新提供了一整套数字版权保护技术解决方案。

其技术研发成果如下图所示：

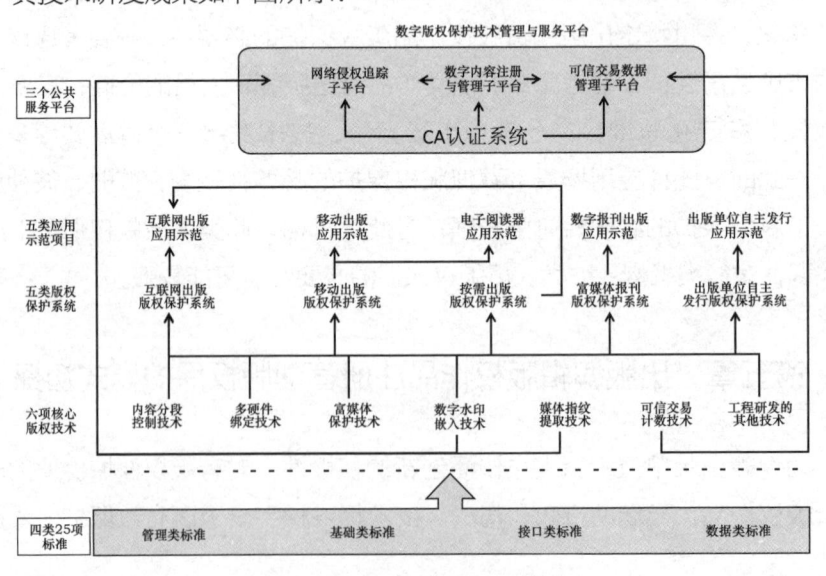

图 5-1 版权工程技术研发成果

二、工程数字内容作品注册管理功能简介

作为版权工程核心成果——数字版权保护技术管理与服务平台（以下简称"版权服务平台"）的重要组成部分，数字内容注册与管理子平台（以下简称"注册子平台"）具有数字内容作品信息注册、媒体指纹提取和版权标识符嵌入等功能，可以提供版权标识、权属证明和认证服务。与版权登记不同的是，注册子平台面向出版单位等机构用户，只需提供数字内容作品的元数据、创作者信息和作品信息，而无需提供数字内容作品样本（如需进行媒体指纹比对则仍需提供作品样本），在满足出版单位数字内容作品弱保护需求的同时，可以打消其关于数字内容作品失控、流散的疑虑。

第二节 数字内容注册管理基本流程描述

版权工程数字内容作品注册管理包括用户相关信息注册、数字内容作品相关信息注册、数字版权标识符生成三个基本步骤，具体如下。

一、用户相关信息注册

版权服务平台注册用户分为个人用户和机构用户两种类型，目前版权服务平台仅对机构用户开放。按照操作流程，机构用户在使用数字内容作品注册管理功能前，应先提交各项资质证明文件，如工商营业执照、互联网出版资质等，平台管理员进行形式审查。审查通过后，机构用户工作人员方可登录版权服务平台，使用数字内容作品注册管理功能。

二、数字内容作品相关信息注册

用户所注册的数字内容作品，按内容组织形态分为文档、图片、音频、视频；按文件格式分为TXT、WORD、EPUB、PDF、CEBX、JPG、MP3、MP4等。版权服务平台支持对包括电子书、数字报、互联网期刊等在内的多种内容组织形态数字内容作品的注册，支持的文件格式以CEBX格式为主，兼顾WORD、PDF、PPT、TXT、HTML、XLSX等多种格式。

用户提交的数字内容作品注册信息包括以下几部分：

（1）数字内容作品元数据信息；

（2）数字内容作品创作者信息；

（3）数字内容作品权利信息；

（4）数字内容作品样本。

其中，数字内容作品样本（作品数字版本的一部分或全部，格式为TXT）在注册时提交，版权服务平台对数字内容作品样本提取唯一不变的特征值（媒体指纹），与后台数据库中已有的数字内容作品特征进行相似度比对，从而判断该样本对应的数字内容作品是否已注册，若已注册，版权服务平台会返回比对报告。

对数字内容作品进行注册，基本信息包括"作品信息""作者""当前权利人""版权获得方式""版权再授权标志""所取得的权利项""备注"等。另外，用户需要完善数字内容作品的版权许可信息，包括"第三方使用人""许可类型""许可有效期""使用限制"等。

数字内容作品注册后，可对其实施的操作包括修改、删除、撤销、转让、许可、取消许可等，具体为：

（1）修改。用户可修改数字内容作品元数据、授权情况等注册信息；

（2）删除。用户也可删除数字内容作品。如删除数字内容作品，其在版权服务平台的所有相关信息均会被删除，包括相应的版权许可信息；

（3）撤销。用户或平台管理员根据相关法律、合同等要求，可以撤销相应数字内容作品信息。撤销操作使得之前所注册的数字内容作品信息失效，但在版权服务平台中还存有记录痕迹。

（4）转让。用户根据业务需要，通过转让操作可以把所注册的数字内容作品的版权转让给第三方，并在平台中登记该数字内容版权作品的转让信息。数字内容作品转让后，之前所登记的许可信息同时取消；

（5）许可。用户根据业务需要以及数字内容作品的版权情况，可以把相应版权许可给第三方，但应在版权服务平台中登记相应许可信息，包括"许可类型""许可有效期""许可限制"等关键信息。许可类型可分为专有许可和非专有许可，许可限制指是否允许使用人再次许可他人；

（6）取消许可。注册用户根据业务需要，在作品许可给第三方后，根据双方合同约定或双方协商取消数字内容作品许可，注册用户可以主动取消授予第三方的版权许可。取消之后由此产生的许可信息也将取消。

数字内容作品注册流程具体如下图所示，所注册作品已作版权登记的，在输入作品派生属性选项后，按要求填写版权登记证书相关信息：

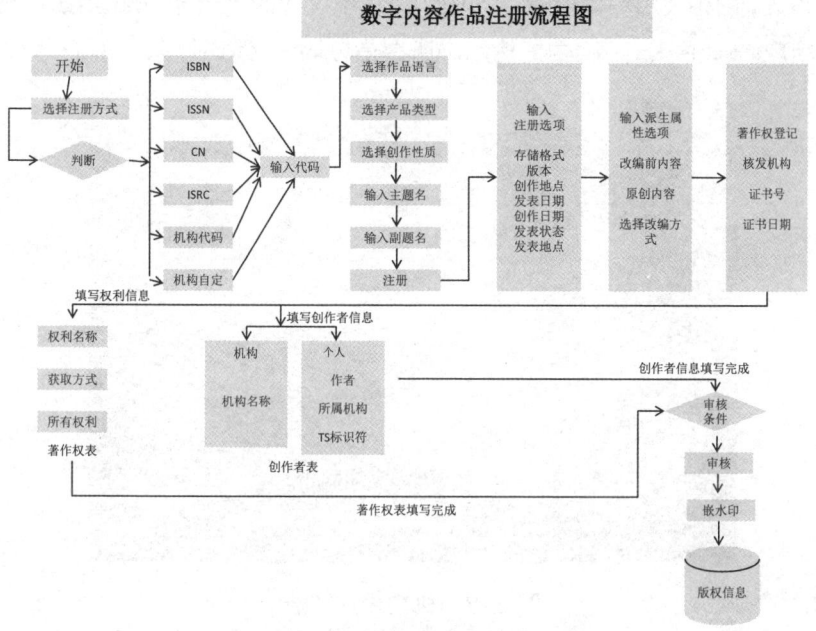

图 5-2　数字内容作品注册流程

三、数字版权标识符生成

数字内容作品注册完成后，版权服务平台将生成与注册信息相对应的数字版权标识符。数字版权标识符反映数字内容作品的授权情况，在版权服务平台范围内具有唯一性和可识别性。

同一数字内容注册作品如果又授权给其他用户进行出版销售，需在版权服务平台上登记该数字内容作品的再授权情况，版权服务平台将产生与再授权相对应新的数字版权标识符。

第三节　出版编辑版权作品注册管理
——以图书审读报告注册管理为例

图书审读报告是典型的出版编辑版权作品。为直观反映出版编辑版权作品在版权服务平台中的注册流程，本课题结合中国新闻出版研究院优秀审读报告评比活动，在研究过程中选择了若干图书审读报告样例进行实际注册，并将主要环节的操作流程界面进行列示。主要如下：

首先，由相关用户单位指定的操作员在系统界面上选择"机构用户"选项，进行用户信息注册。下图中机构用户所有信息均为必填项。

图5-3 机构用户注册

用户单位操作员所提交的机构用户信息被版权服务平台管理员审核通过后，用户单位操作员即可登录版权服务平台进入以下界面，按照平台提示，选择"作品注册"按钮，即可进行图书审读报告的注册管理操作。

图5-4 用户单位操作员登录版权服务平台后的页面

然后，进入数字内容作品元数据注册界面，进行审读报告的元数据信息注册，如下图所示。

图 5-5　数字内容作品元数据注册界面

元数据注册完成后，进入创作者信息注册界面，注册审读报告创作者信息，如下图所示。

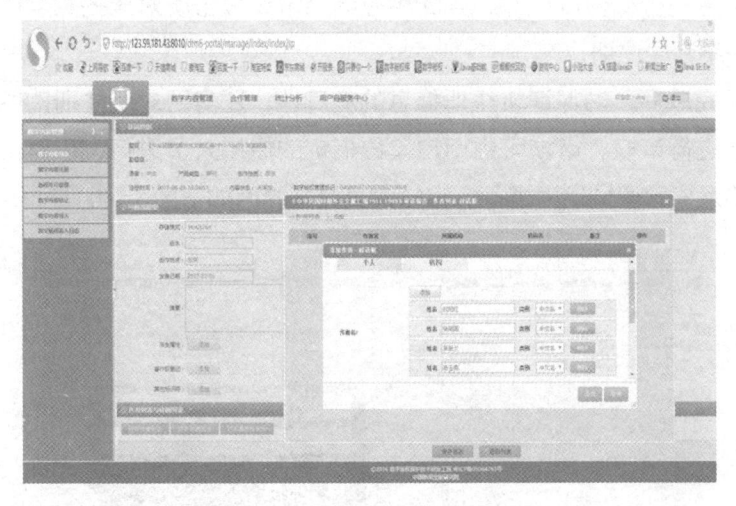

图 5-6　创作者信息注册界面

创作者信息注册完成后，进入版权信息注册界面，注册审读报告版权信息，如下图所示。

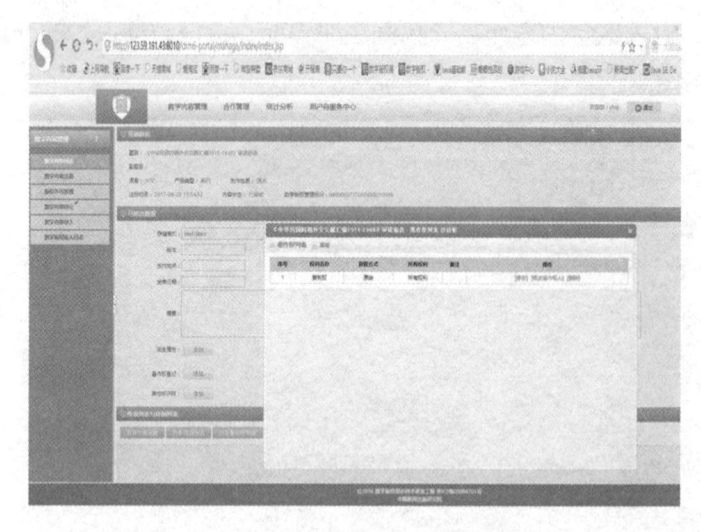

图 5-7　版权信息注册界面

　　版权信息注册过程中，用户操作员可根据单位版权保护需求，选择是否上传相应图书审读报告的样本。上传样本则可以提取所注册审读报告的媒体指纹信息，在此基础上与版权服务平台后台数据库中已有数字内容作品的媒体指纹信息进行相似度比对，判断相应图书审读报告所对应的数字内容作品是否已在平台中注册。

　　注册完成后，为保证所注册信息的准确性，还需要对所注册的图书审读报告信息进行审核。审核可由用户单位指定的审核人员进行，也可由版权服务平台的系统管理员代为进行。审核人员登录界面如下图所示。

图 5-8　审核人员登录界面

审核通过后，点击系统界面左侧的"数字内容审核"按钮，可以查看相应审读报告信息注册的结果状态，如下图所示。

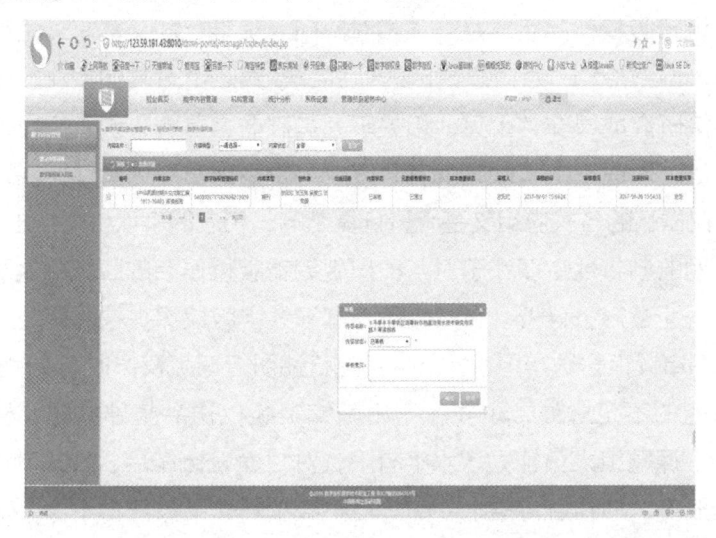

图 5-9　查看相应审读报告信息注册的结果状态

在注册多项图书审读报告后，可以查看所注册报告的"数字内容列表"，查看所注册报告的列表信息，如下图所示。点击列表中的对应条目，可以查看某项图书审读报告的详细注册信息，相关内容见上图第一条数据信息。

图 5-10　查看某项图书审读报告的详细注册信息

第六章 结　语

出版编辑版权作品研究是一项相对冷门、艰难、却又富有理论和现实意义的课题。说它冷门、艰难，是因为业界、学界之前对其的关注较少，与此相关的直接研究成果非常少见，相关研究基础非常薄弱；说它富有理论和现实意义，是因为理论上本课题既有研究成果较少而富有创新性，实践中对出版编辑版权作品的各式应用又是大量且复杂的，相应的争讼也陆续出现。

本课题的创新性主要在于对各类出版编辑版权作品的版权归属及其版权保护的必要性进行了分析；当然，还有基于数字版权保护技术研发工程成果对优秀图书审读报告数字内容作品信息进行注册管理版权保护的实践探索。

本课题的不足之处，主要在于出版编辑版权作品基础数据、材料支撑不足，加上课题组人员精力、水平有限，对封面设计作品、版式设计作品、图书审读报告、书刊宣传语之外的其他出版编辑作品关注得不够，对数字内容作品注册管理之外的数字版权保护方式缺乏进一步探索。

在出版市场竞争日益激烈、编辑人员素养提升和权益维护日益重要的今天，从其创造性劳动成果——版权作品的角度进行系统梳理，进而为其权利保护奠定基础，无疑具有重要的经济和社会价值。在本课题专家咨询会上，来自行政管理部门、高校以及书报刊出版单位的专家学者对本课题立项的必要性高度认同，在本课题研究架构基础上，对本课题研究提出了诸多建议和希望。譬如，针对美术出版编辑版权作品、数字出版编辑版权作品、音乐出版编辑版权作品、卫生出版编辑版权作品等特殊类型，分若干子课题进行研究；结合《著作权法》全面修改的要求，进行相应前瞻性研究；结合出版单位数字化转型升级与融合发展的进程，在数字编辑版权作品方面进行更为深入的研究；等等。

在本课题研究过程中，我们对出版编辑版权作品及其保护问题产生了浓厚兴趣，希望今后能有机会以出版编辑版权作品为对象，陆续开展更为深入和系统的研究，并不断推进数字版权保护技术研发工程成果在出版编辑作品版权保护方面的应用探索。尤其是，结合出版单位、编辑社团的个性化需求，针对单篇传播、具有较强版权保护必要性的特定出版编辑版权作品类型，以问题为导向，以需求为动力，单独或综合利用数字水印、媒体指纹、DRM播放器、时间戳等多种数字版权保护工具（系统），进行拓展性研究。

参考文献

[1] 沈仁干. 谈谈职务作品 [J]. 出版工作，1983（12）：57-59.

[2] 金渝林. 论版权理论中的作品概念 [J]. 中国人民大学学报，1994，8（3）：95-102.

[3] 边优. 编辑的权利 [J]. 编辑之友，2010（S1）.

[4] 段乐川. 论编辑权利及其保护 [J]. 河南社会科学，2011，19（2）：186-188.

[5] 汤啸天. 论编辑的法律意识及其权利义务 [J]. 编辑学报，2000，12（2）：66-69.

[6] 张其晖. 论编辑的职责、权利及工作规范 [J]. 上海师范大学学报（哲学社会科学版），1989（4）：154-155.

[7] 华夏. 数字时代出版社内容资源的版权保护 [J]. 出版参考，2013（1）：22-23.

[8] 戴哲. 论著作权法上的作品概念 [J]. 编辑之友，2016（5）：89-94.

[9] 李承武. 浅析法人作品与职务作品的关系及其在法律适用上的意义 [J]. 知识产权，1997（3）：15-16，22.

[10] 周冕. 对广告语著作权纠纷案件的审理 [J]. 中国版权 2005（6）：69-72.

[11] 黎淑兰. 著作权归属问题研究 [D]. 华东政法大学 2013 年博士学位论文.

[12] 聂震宁. 出版者说 [M]. 北京：生活. 读书. 新知三联书店，2013.

[13] 李苓，黄小玲. 编辑出版实务与技能 [M]. 成都：四川大学出版社，2005.

[14] 周浩正. 优秀编辑的四门必修课 [M]. 北京：金城出版社，2008.

[15]《十二国著作权法》翻译组. 十二国著作权法 [M]. 北京：清华大学出版社，2011.

（课题组成员：张凤杰、李建红、何国强、尚雨、王烨、宋嘉庚；执笔人：张凤杰、宋嘉庚、何国强、王烨）

三等奖

2018
中国新闻出版研究院
CHINESE ACADEMY OF PRESS AND PUBLICATION

- 图书制版分开试点效果评估（略）
- ISLI在音乐出版和音乐教育中的应用
- 我国出版企业上市募投项目研究
- 动漫游戏特色小镇发展模式研究
- 非公资本进入出版领域投资、运营状况调研报告

ISLI 标准在音乐教育和音乐出版领域的应用研究

第一章 背景

在信息化成为出版业的基础设施并逐步成为客户服务的基本条件后，资源的聚合与关联，成为信息资源传播与处理部门的热点工作之一，包括图书馆界和情报界，都在研究内容资源之间的关联问题。出版工作是文献资源服务社会的上游，如何在出版环节实施资源的聚合与关联，是为消费者减低信息负载过多、精准搜寻并获取所需内容的重要研究课题。本课题就是从音乐教育出版这样一个具体的领域出发，探索如何实施 ISLI 标准化指导下的"关联"，以更好地在互联网的今天和明天做好读者服务工作的一次尝试。

第一节 "关联"是出版的基本需求

为读者用户提供资源关联指示，并对有需求的客户实现查看关联资源，是信息发布者的通行的做法，例如在网络环境中看到的检索结果后的 URL 地址链接，就是这类的应用。传统的出版业务，也一直存在着基本的资源关联需求，以方便出版者实现对于读者的综合服务，例如音乐类图书配光盘发行，所配光盘的内容可以一一对应纸版图书内的曲谱等内容，实现立体化的多媒体综合服务。

然而，对出版业而言，这种资源之间的关联，长期以来没有有意识地管理起来，或某些机构仅仅在自己的内部实施，并没有作为社会公共资源而以标准化的方式"管理"起来,实现跨机构、跨平台、数据库无关性,关联也成为一种出版个体内部有组织而行业层面无关联的松散行为,复用率低。概括来说,没有被管理起来的"关联"使得出版业的内容资源存在着几个比较突出的问题:

一、资源孤立非整合

出版社内部的大多数资源,毫无关联性地各自存在,管理粗放,难以整合,编辑进行新产品开发时需要从零开始,增加了重复建设成本,造成了资源浪费;资源管理系统也缺乏有效性和规范性,资源与资源间孤立存在。

二、信息孤岛非协同

网络系统、应用系统相互间各自独立存在,数据和资源被封存在不同的数据库、主机、服务器上,没有相互协同的机制,影响了行业在新技术环境下的发展动能。

三、服务共性非个性

不同编辑或用户所关注的重点不同,信息系统所提供的信息和数据"千人一面",满足个性化需求的能力不足。

第二节 管理"关联"的标识符标准——ISLI

一、标识符的发展

标识符(ID;Identifier)是指用来标识某个"实体"的唯一识别符号,在不同的应用环境下有不同的含义。标识符可能是字、编号、字母、符号,也可能是由其他元素所组成。

出版业的标识符标准体系已经有了比较成熟的构建和使用,例如ISBN(国际统一书号)、ISMN(国际统一乐谱号)、ISRC(国际统一录音制品编码)、ISSN(国际统一连续出版物号)等,对于图书、连续出版物、乐谱、录音制品,都做了出版物的标识。

那么当一个ISMN(曲谱作品)与一个ISRC(录音制品)发生关联,需要互相提供关联指引，甚至通过某种设备看到"曲谱"读取"音频"的时候，如何处理呢？在网络环境下，采用 URL 路径链接；在纸版图书到音频的过程中，使用了 MPR（多媒体印刷读物，Multimedia Print Reader 的英文简称）的出版物解决了阅读纸书时需要多媒体共现的需求。由于在网络环境下，URL 技术对于关联关系的处理已经广泛，所以，当下出版者对于关联的研究多集中在纸版图书，或者需要带有专有阅读器的电子书的资源关联扩展上。

二、"关联"的标识符——ISLI 标准

国际标准关联标识符（International Standard Link Identifier, ISLI）是国际标准化组织（ISO）于 2015 年 5 月正式发布的国际标准，标准代码 ISO 17316:2015。ISLI 注册机构成为 ISO/TC46/SC9（国际标准化组织信息与文献—识别与描述分技术委员会）的成员组织。

ISLI 标准是中国出版业向国际 ISO 标准化组织贡献的第一个信息文献领域国际标准，起源于我国自主创新的 MPR 行业标准，在其基础上又进行了超越式的革新和发展，打破了纸介质对内容的束缚，将资源聚合、"关联"共现的理念扩大到信息文献领域的一切"实体"之间，这是国际标准化组织 ISO 对于资源在互联网数字化时代发展趋势的理解和对"关联"深刻认识与把握的一个集中体现，为内容产业发展提供了新的思想、方法论和路径。对于数字化和数据化时代的出版业发展而言，具有深远的历史意义和重大的现实意义。

ISLI 标准是国际出版业在数字化时代如何更加规范和创新地为消费者服务的重要基础性标准。解决了不同内容对象之间关联的标识问题，不论是实体图书和虚拟内容之间，还是虚拟世界中的内容对象之间，通过对规范化的关联标识的识别和解析，实现多元化载体内容的关联性解释和发现，从而更好地适应了消费者阅读和学习的需求，提升了用户体验。

目前 ISLI 的国际和国内注册系统已经建立完成，MPR 技术和其他一些相关技术已经研发出来，并已经落地有所实践，在实际业务中类似深圳天朗时代科技有限公司（简称深圳天朗）也已经开始实际为出版社的部分产品提供加工服务，ISLI 标准在出版业的应用实践已经具备了基本的条件。在这一背景下，我国出版业要加快该标准在应用层次上的研究和实践，从而利用这

一高位阶标准，促进出版业的数字化转型升级和融合发展。

第三节 研究基础与目的

一、研究基础

1. 实践基础。首先是过去十余年MPR点读书的基础。我国从国外引进和自主研发的点读书产品，以纸版铺设暗码和利用光电扫描技术，读取事先在硬盘中存储的音频内容。这一技术在英语学习读物中首先应用，并取得了一定的市场效果。后来在少儿类、语言类出版物中多有应用，成为一个稳定发展的市场产品。

其次是网络出版物的点读应用基础。利用URL寻址技术，有道词典等开发的APP或网页版英语词典，仿照点读的用法，在单词或句子的旁边，设计一个喇叭形状的符号，当读者有需求时，点击即可听到对应的发音。另外一个重要实践是网络视频课程的飞速发展，打点技术的应用成熟，为视频课程的开发提供了便捷的思路和方法。

第三是ISLI标准出台后，原国家新闻出版广电总局数字出版司组织的应用试点项目，例如陕西人民美术出版社、广西教育出版社、广东科技出版社等，都进行了ISLI标准出版物的开发与实际应用。尤其是陕西和广西的应用试点，直接采用了音乐类课本，为本研究课题提供了直接的经验。

2. 理论基础。ISLI标准的理论背景是内容资源发展趋势的一个结果，即当数字化资源爆发式增长后，绝大多数内容仍然停留在文献级别上，读者进行研究或学习的时候，找到合适的内容仍然很困难，也无法从多个角度去有效地学习和研究一个问题。在这种情况下，出版界、图书馆界和情报界都在思考和研究更好的方法，产生了一系列的研究成果。这些成果主要包括信息聚合概念与聚合模式理论、知识元与知识服务理论、语义学发展理论、学习元理论与相关平台构建、MPR码技术理论与实践经验总结、AR技术理论与实践经验总结、URI（URN+URL）的理论和实践、二维码原理和技术、信息协同理论，等等。

二、研究目的

由于音乐出版自身的平面和音频天然立体结合的特性，既包括出版的应用，也包括教育的应用，为此，在 ISLI 的应用中属于比较明显的前沿研究领域。ISLI 在音乐出版与教育领域的研究和应用成果，将对于出版行业的普遍性应用起到积极的推动作用。

故本课题的宗旨是，基于现有的 ISLI 标准和技术体系、相关的数字出版技术，研究如何在音乐出版与教育领域进行成功的实践，并就 ISLI 标准的深入应用提出相应继续深入研究或开发的建议。具体说来，有以下几个方面：

ISLI 标准在音乐教育与出版领域应用方式综述。这个目的是为了梳理到目前为止出版界在 ISLI 标准应用方面的各种理论、方法、实践，并通过梳理分析，总结以往实践中的经验和不足。

针对音乐出版和教育的特点，并根据对以往 ISLI 标准应用的实践，提出整合的，且就 ISLI 标准应用模式的综合论述。

依据学习元、资源聚合模型等教育和资源领域的新理论新发展，探索 ISLI 标准在音乐教育领域应用的新型方式方法，并探索这种方法对于音乐或普遍意义的出版编辑工作的影响。

对于 ISLI 在出版社内部的工作流程试图进行一定程度的梳理。

提出下一步 ISLI 标准在出版业发展的建议。

第二章　正确理解 ISLI 标准

ISLI 标准是 International Standard Link Identifier（国际标准关联标识符）的缩写，为内容资源实体之间的"关联"而生。它的诞生不是凭空而来，其基础是有着十几年历史的 MPR 类出版物的实践。

第一节　从 MPR 到 ISLI

MPR，是 Multimedia Print Reader（多媒体印刷读物）的英文缩写。2011 年 12 月，国家颁布《MPR 出版物》系列行业标准，MPR 出版物正式成为新的出版物种。

一、MPR 定义、描述与向 ISLI 标准的演进依据《GB/T 27937.1-2011MPR 出版物 第 1 部分：MPR 码编码规则》的有关定义，MPR 出版是一种复合的出版物，通过 MPR 代码实现同时将音频和视频等数字媒体文件和印刷图文表现出来，并满足视听需求。MPR 出版物内容，与相关音频和视频等，通过 MPR 代码建立一个精确的关联。

MPR 码技术提供了多媒体复合数字出版与阅读学习整体解决方案，在唯一性关联编码的基础上，通过打印矩阵式二维码成为机读符号，整合和精确关联多种出版载体和表现形式。这种多媒体复合数字出版形态的出版物以纸质印刷载体为基础。阅读过程中，可以达到同步实现看、听、视的效果[①]。这项方案的主要创新点在于它是将纸质印刷出版物和多媒体数字及技术结合在一起，出版物相对应的电子媒体文件是通过专用光电电子技术阅读器而表达出来的，并且这项方案的基础和重点是多媒体印刷读物，因此，根据其英文的简称可以缩减为 MPR。ISLI 标准的原始提案，就源于纸质印刷出版物的图文和声像文件两种不同表现形式的内容资源之间关联应用的出版项目，即我国出版界提出的 MPR 行业标准。

MPR 出版物在市场上受到了欢迎，拥有了很好的市场实践。国际 ISO 组织在对这个项目进行深入研究后，ISO TC46/SC9 的专家认为，该项目所采用的"对不同属性资源以标识符定义它们之间的关联关系"的方法在信息与文献领域具有普遍的应用价值，它提供了一种有效的方法，可以使资源的复合应用变得更加容易。这种方法将给信息与文献资源的创造者、生产者带来新的市场和效益，给使用者带来更多的实惠和便利。新的应用方法将使资源通过关联构建获得更多的应用，从而使资源的价值得到提升。

二、MPR 码的结构说明

1.MPR 码的编码结构

MPR 码的编码结构如图 1 所示。

2.MPR 码的形式

图 2 是放大了 20 倍的 MPR 码图。

---

① 百度百科. https://baike.baidu.com/item/MPR/960953?fr=aladdin

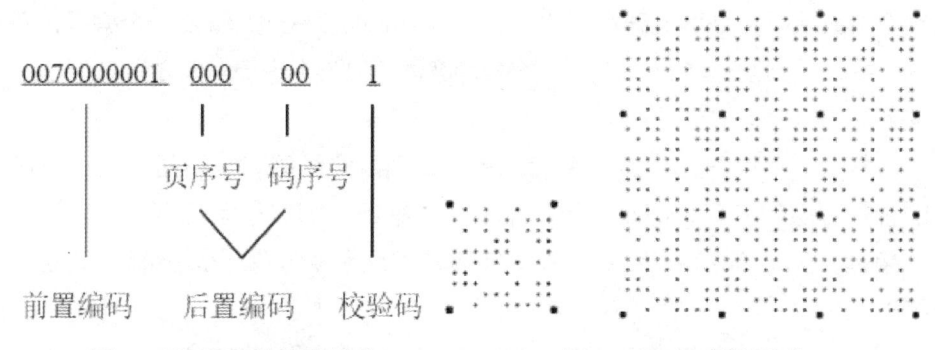

图1　MPR 码的编码结构　　　　图2　MPR 码的形式

MPR 码实际是一种位置码，每一小块的二维码都标识了一个页面的位置。当一个图片、文字印刷在这个位置上时，对应后台位置编码，就可以找到纸面印刷上说明的所对应的内容了。

MPR 的分类包括：总领属码、单元领属码、正文码、辅文码、版本切换码、功能切换码、其他码。各类别码本文不赘述，有关标准内已有详细描述。本文仅就"正文码"举例说明：

正文码的"页序号"为 001—999，"码序号"为 01—99，正文码用于 MPR 出版物的正文，一个前置编码电子文件所能给出的正文码为每页最多 99 个，每册书最多 999 页。

从这个叙述可以看出，MPR 码事前在每个页面上印刷矩阵式二维码，即分割和标明了每一小块内容的"位置"。通过在纸版图书的每页面上设置标记图示，例如一个图片，或一个圆点，实际是记录好了这个图标在矩阵式二维码上的位置，然后将这个图示标记的"位置"的编码，在数据库后台对应到相关的资源。所对应的资源，根据这个编码，作为其 ID 号的一部分。当使用阅读器扫码时，即可关联到后台的视听资源播放。

三、MPR 码与 ISLI 码的原理相通之处

理解了 MPR 码的工作原理，也就理解了 URL 寻址链接技术，其实都是每个资源要有自己的"位置"编码信息才能被查找得到，不论是在网络空间，还是实体出版物的页面上。

ISLI 标准，实际上就是借用了这个"地址"原理。即纸书页面上的图片，与数据库后台的音频资料，通过一个"位置"或称为"地址"信息找到，而

这个位置编码，是事前确定好的。标识这个地址信息的，就是一个编码，而这个编码，就是标识符，说明了一个资源实体和另一个资源实体之间的"关联"关系。

从上述可以看出，这个编码，既不是图片的编码，也不是后台所对应的视听资源的编码，而是一个"第三方"编码。即这个第三方编码发挥的作用是，见 A 知 B，将 A/B 两个实体"关联"起来了。这就是"关联"标识符。

那么现在把这个标识符扩大范围了，标准化了，就成为 ISLI 标准。简单理解 ISLI 标准就是这样。当然，相关的一系列技术和实现手段，都存在着复杂的理论和技术实践。

第二节　ISLI 标准的定义、结构和原理

ISLI 标准源于 MPR 标准，但超越了 MPR。上一节中所论述的内容，只是为了便于理解内涵扩大的 ISLI 标准。

一、定义和范围

按照《GB/T 32876-2016 中国标准关联标识符（ISLI）》的解释，该标准规定了信息与文献领域中可被唯一识别的实体之间关联的标识符（ISLI）。ISLI 可标识和识别相关实体之间的关联关系，以实现诸如复合应用等使用目的。它通过对每一个包含关联信息（元数据）的标识符进行注册来实现此功能。

该标准应用于信息与文献领域的实体，这些实体可以是文档、媒体资源（数字和模拟形式，固定载体形式和非固定载体形式）、人或其他抽象事物（如时间、地点）。被关联实体的内容、所有权、访问权和已有的标识不受 ISLI 的影响。

正如上一节所举的例子，图片，是一个实体，有自己的标识；对应的音频，是一个实体，有自己的标识；MPR 码，是一个位置编码，将二者关联起来，并通过阅读器读取播放。那么，在 ISLI 标准出台后，MPR 码，就可以纳入 ISLI 标准中考虑后续的应用了。

二、ISLI 标准的要素与关联模型

ISLI 标准关联的构建必须具备三个基本要素：即源、目标和关联[①]。

要素一：关联的源。源通常是关联的起点，通过对 ISLI 编码的识别和解析，可以获取被关联的源的信息，并使关联的过程由此开始。

要素二：关联的目标。目标通常是关联的终点，通过对 ISLI 编码的识别和解析，可以被来自源的关联所指定，与源共同实现特定的使用功能。

要素三：关联。通过预先设定的被关联的对象和关联类型属性，在源与目标之间，通过特定的关联服务应用方式，使 ISLI 的终端用户享受此项关联服务。

图 3　ISLI 关联模型

例如：一份钢琴曲谱《茉莉花》是"源"，有其自己的标识符 ISMN；这份曲谱对应的钢琴演奏音频，也有其自己的标识符 ISRC；曲谱印刷在某种图书内，音频保存在数据库中。这时将曲谱和音频的关联关系进行标识，即 ISLI 码。当某一个设备读取印刷在纸上的 ISLI 码时，设备将播放出曲谱对应的音频。这样就实现了曲谱与所对应音频资源的"共现"。

从中我们可以看到：

ISLI 码不替代任何实体或内容对象原有的唯一标识符，也不改变任何所有权等信息。

从"源"到"目标"，是单向的，即见 A 知 B，并可实现解析，达到一个以看乐谱为主，听相关音频为辅助的目的；如果"听"音乐的同时，希望关心一下曲谱，这时可以建立另外一个 ISLI 编码，"源"是音频，"目标"是曲谱。

一个 ISLI 只表示一个关联关系；如果该曲谱同时对应了 3 位艺术家的演奏，则建立 3 个 ISLI 标识符。

ISLI 并不关心"源"或"目标"的载体或内容的形式，只要他们本身是一个可以唯一标识的"实体"。

[①] ISLI 国际注册机构 .ISLI 应用指引（信息内容产业 – 简体中文）.2017

第三节　ISLI 结构、语法、元数据与应用的秩序

一、结构和语法及呈现形式[①]

ISLI 编码由十进制数字构成，并分为 3 个字段：

——服务字段；

——关联字段；

——校验字段。

具体如下表所示：

表 1　ISLI 的结构

名称	ISLI 的结构		
字段	服务字段	关联字段	校验字段
数位	6 位数字	长度可选择	1 位数字
语法	包含：服务编码，由注册机构分配，并设有容量扩充机制。	包含：定义源和目标之间关联的关联编码，关联编码由注册机构分配，其长度由注册机构根据各种应用的需要进行定义。	用于防止出现错误，校验字段的数值（校验码）按照标准的附录 B 计算得出。
示例	116063	45200862937914734264413001	9
完整示例	ISLI 116063-45200862937914734264413001-9		
说明	ISLI 是一种机读编码。如果需要在屏幕上显示 ISLI 编码或将其打印，应在各字段间加上连字符"-"进行分隔，并在数字编码前加上"ISLI"，ISLI 与数字编码之间加半个汉字符空格，连字符"-"即"ISLI"不构成标识符的组成部分。		

从结构中可知，关联字段给予关联关系以充分的自由，即根据实际情况进行分配，并不像 ISBN 等标识符，受到总位数（10 位或 113 位）的限制，可以说是有着充分的数量级来适应各种文献中关联的标识。

二、ISLI 元数据

任何标识符都会匹配相关的元数据，ISLI 并不例外，其元数据的目的是说明标识符的意义。

每个"ISLI 编码"应与标准附录 C 中所规定 ISLI 元数据相联系。ISLI

---

① ISLI 国际注册机构 .ISLI 应用指引（信息内容产业－简体中文）.2017

编码和 ISLI 元数据应录入到注册机构维护的注册簿中；

下表为 ISLI 标准的附录 C 的 ISLI 编码核心元数据，揭示了应当注册的主要数据，并可作为系统数据的基础贯穿全部标准应用的过程。

表2　ISLI 编码核心元数据

核心元素	描述	示例
ISLI 编码	根据本标准分配的编码	ISLI 116063-4520086293791473426443001-9
源类型	从注册机构维护的源列表中选出的，以及在服务编码核心元数据（见表 C.3）中规定的源数据类型	乐谱
源名称	源的名称（如果未定义片段），或从中摘取片断的完整源名称	ISMN 9790345123458
源名称类型	从由注册机构维护的允许使用的源名称类型列表中选出的，用于确定源名称的标识符类型	ISMN
源片段（可选）	源中片段的名称	第一乐章，第二小节，第二页
目标类型	从注册机构维护的目标列表中选出的，以及在服务编码核心元数据中规定的目标的数据类型（见表 C.3）	录音
整体目标名称	目标（如果没有定义片段）或从中取出片段的完整目标	http://www.spname.org/cor-data/toAlice
目标名称类型	从注册机构维护的允许使用的目标名称类型列表中选出的，用于指定完整目标名称的标识符类型	URI
目标的片段（可选）	目标中片段的名称	Sheet2/movement1/bar2.mp3

此外，每个"服务编码"应与附录 C 中规定的元数据相联系。服务编码及其元数据都应录入到由 ISLI 注册机构维护的注册簿。

下表是"服务编码"的核心元数据。

表3　服务编码的核心元数据

核心元素	描述	示例
服务编码	注册机构为服务分配的编码	116063
服务	服务的名称	XYZ 服务
关联类型	从注册机构维护的列表中选出的关联类型	"××的创建者""创建了""××之乡"或"居住于"
源类型列表	从注册机构维护的指定源数据类型列表中选出的一个或多个数据类型的列表	图书 期刊 乐谱
目标类型列表	从注册机构维护的指定目标数据类型列表中选出的一个或多个数据类型的列表	录音 视听
关联字段长度	关联字段中数字的数量	25

在出版社未来的实践中，应当尝试解决元数据的自动化标引，减少人工的投入，否则对于一本书可能涉及的数百、数千甚至上万的 ISLI 元数据的建立，都是一个巨大的工作量。完成这样的工作量，在实际工作中是不现实的。

三、ISLI 标准的应用秩序

就 ISLI 标准可能发生作用的领域的秩序，冯宏声（2017）做了两个层面的四点概括，一是企业层面，包括内容企业和技术企业，主要是产品创新和技术创新，以提高消费者的体验；二是行业层面，包括市场和管理[①]。

根据《ISLI 标准应用指引（信息内容产业）》（2017.5 发布），具体来说，ISLI 标准应用的领域的秩序可表示为下列的描述：

ISLI 为互联网环境下的信息内容企业进行内容资源的汇聚与整合、加工与生产、使用与管理、发布与交易、应用数据采集等全流程运作提供了可由自己掌控的技术系统，通过对内容资源的多维度的关联构建和标识，让资源的使用得到充分扩展，让资源的价值得到有效提升。

ISLI 标准，可为信息内容产业链中的出版者、读者、作者、经销商、管理者等各方面实现管理科学化和利益最大化提供有效支撑。

ISLI 及其特定技术系统的主要功能和作用有：

第一，对于内容、产品的出版者/生产者和发布者，一方面可以应用 ISLI 关联标识符及其技术系统实现对资源的有效管控；另一方面可通过 ISLI 标准独特的关联构建实现资源增量和运营增值。

第二，对于内容产品的读者/消费者，不仅可以通过 ISLI 关联标识符快速发现并精准定位到所需的高品质内容，还可以享受到通过关联带来的对图文声像无障碍立体阅读及对内容的无限扩展延伸的丰富体验。

第三，对于内容产品的作者/创造者，通过应用 ISLI 标准，一可使自己作品中的引用与考证提供变得容易（将其作为与源关联的目标即可）；二可通过对作品中有关需求的源自我进行设定，向读者征集关联目标内容，由此产生互动，既可以激发读者参与作品的积极性，又能提升作品的市场温度；三可通过关联标识直接掌握作品被使用的动态市场数据，使自己作为著作权

---

① 冯宏声. 出版的未来与 ISLI 标准的应用. 出版参考.2017,（4）：5-9

人的权益得到更加有效的保护。

最后，对于管理者（如政府部门），ISLI 标准关联标识符及其系统可以成为管理工作的可靠抓手，ISLI 应用所积累的大数据可成为制定产业政策、指导产业发展的可靠依据。

第三节 ISLI 的关联类型和编码应用规范

鉴于本课题所探讨的是音乐教育出版领域对于 ISLI 的应用，依据 2017 年 5 月发布的《ISLI 应用指引（信息内容产业）》，此处需择要说明一下 ISLI 能够关联的资源类型和 ISLI 如何在出版社的日常生产管理中应用，为后续的内容的阐述做一个铺垫。

一、ISLI 关联的资源类型

在信息与文献领域能够构成社会行业或产业的，主要是（1）图书、报纸、期刊、电子音像等出版机构；（2）具有收藏、积累、传播和传承职能的图书馆、博物馆、文史馆、档案馆、资料馆，广播、电影、电视和基于互联网的新兴媒体；它们是信息内容产业的重要组成部分。信息内容产业中的各事业或企业单位，是 ISLI 的主要应用者。

根据信息内容产业各企事业单位所从事的对信息内容进行组织、编辑加工和生产经营的内容产品特征，依据新技术条件下通过构建关联实现不同媒体融合，即 ISLI 关联标识的功能和用途，本着实用的原则，在 ISLI 关联类型中，把信息内容最基本的表现形式和呈现的文字、图片/图画、声音、影像/影视（简称图、文、声、像），作为特定的 ISLI 关联分类类型。

基于出版等信息内容企业的内容产品使用 ISLI 的实际需要，ISLI 关联标识对象中的源和目标的实体类型和关联类型，如下面 2 张图所示（选自《ISLI 应用指引（信息内容产业）》，简称《指引》，P27-28）。

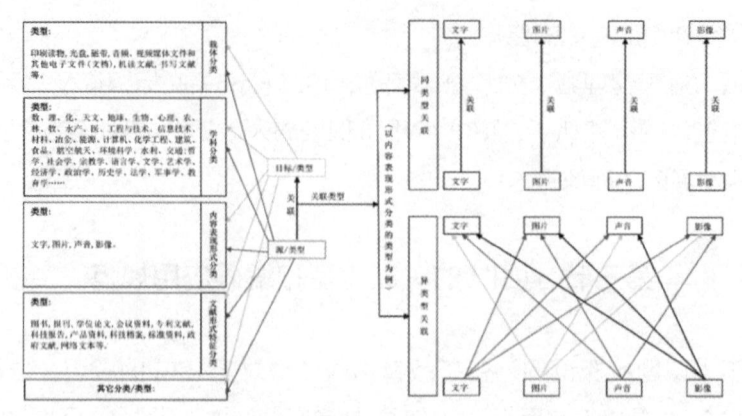

图 4　信息内容出版常用 ISLI 关联类型示意图 1

图 5　信息内容出版常用 ISLI 关联类型示意图 2

通常情况下，内容产品可被关联标识对象的源的类型和目标类型，可基本采用国际或本国本区域有关信息与文献分类标准所划分的类型进行归类，也可以采用按分类实体所专用的标准标识符和文献载体代码等划分的类型进行归类。

ISLI 可以实现跨媒体、跨学科、跨语种、跨图文声像等表现形式去构建关联，并使关联的源与目标内容同步呈现。这些划分类型和类型名称为标准机构所确认，并不需要出版机构和消费者进行操作。

二、编码应用规范

ISLI 编码是包括服务字段、关联字段和校验字段的数字编码，各字段均为 ISLI 完整编码的有机组成部分，三个特定位数的数字字段构成一个完整的 ISLI 编码。一个有效可用的 ISLI 编码，其长度（位数）是确定的，编码结构是完整的，语法定义是明确的。一致的 ISLI 编码长度、结构和语法定义，可以用于不同的分类实体。ISLI 编码设有容量扩充机制，因此不会出现编码资源枯竭的问题。

随着新技术的不断发展，诸如动漫、游戏、VR、AR 等新兴内容产品形式不断涌现，信息与文献的分类或将随之发展和完善。ISLI RA（ISLI 国际注册机构的英文简称）本着基于传统和面向未来的思想，首先着眼于使用或未使用 ISBN、ISSN、ISRC 等国际标准标识符等标识的内容实体，并根据不同实体分类对 ISLI 的应用需要，制定能够满足某些分类需要的 ISLI 关联编码长度、编码结构及数位分配和语法定义。《ISLI 应用指引公布了已经分配给信息内容产业的 ISLI 编码如下（摘自与本课题有关的部分《指引》P43）。

从《指引》所公布的编码规范，ISLI RA 组织已经对出版业的 ISLI 应用做了大量的规范性和指导工作，如何应用 ISLI 已经有了比较完整的工作流程和技术操作系统。

服务分类	服务字段编码	关联字段编码及结构	备注
ISBN 图书 电子图书 网络图书	000000	15 位数字 （10 位 +5 位）	关联字段编码分前置编码（10 位数字）和后置编码（5 位数字），每一个前置编码分配给一种出版物唯一使用。每个前置编码携带 99999 个后置编码（即 99999 个 ISLI 编码），可用于片段/碎片关联标识和其他特定关联使用。 用于本项服务分类的 ISLI 编码可以生成与该数字编码唯一一对应的 MPR 二维码，以用于 MPR 出版物。 "电子图书"，是指非基于互联网并以电子载体呈现内容的图书。
ISBN/ISRC 音像制品			
音频 内容产品 （以互联网传播的）	000003	24 位数字	关联字段无码段结构划分，整体采用流水形式使用。 如需将本项服务分类的实体类型转为其他服务分类的实体类型和需使用 MPR 二维码时，则须按相应的服务分类另行申领 ISLI 编码。
视频 内容产品 （以互联网和有线电视传播的）	000004		

图 6 信息内容产业的 ISLI 编码

第四节　ISLI 应用模式

根据国际 ISLI 标准组织发布的应用指南，主要包括三个方面：MPR 出版物、ISLI 电子书、非正文应用。另外，中国出版业在 ISLI 标准颁布后，在政府有关部门的组织下，开展了积极的探索和实践，也取得了比较丰富的应用成果。本部分将对国际推广和国内探索的应用模式进行一个梳理和综述。

一、MPR 出版物

ISLI/MPR 标准和技术通过关联编码与 MPR 码符号将感知层、网络层、应用层打通实现关联构建，结合多媒体资源和纸质印刷出版物，出版物中对应的电子媒体文件便借助阅读器表现出来。

ISLI/MPR 标准和技术体系具有编码大容量、低成本、高可靠性和印刷便捷等特色，实现了与数字出版的衔接，为中国传统出版业的升级和顺利转型发挥了重要的支撑作用。

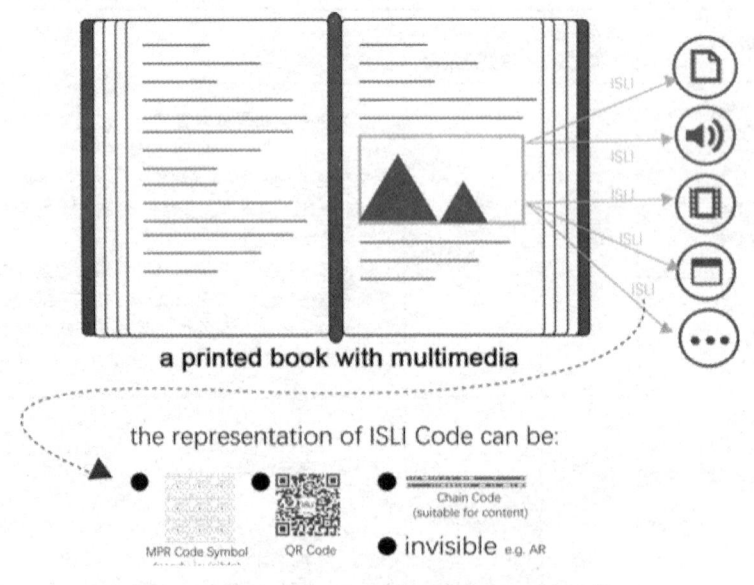

图 7　带有 ISLI 特征的印刷版图书示例 [①]

---

① 该图来自国际 ISLI 标准注册机构的介绍文章 https://www.isbn-international.org/content/isli-introduction。

基于 ISLI/MPR 开发的音乐教材可以丰富课堂教学内容，有利于解决优质基础教育资源稀缺和基础教育资源极度不平衡的问题，并可有效避免盗版盗印，具有深远的社会和经济意义。

这里着重介绍一下图中所示的"链码"（Chain Code）。链码可以通过手机下载"泛媒关联"APP 直接读取链接内容（图文、音频、视频等）的技术。与二维码技术一样，能够通过手机读取，调用手机内相应的程序呈现内容。由于链码可以融入版式设计当中，不影响排版的美观，同时具有 MPR 码和二维码的各种优势，可以实现碎片级内容的精准关联，编码容量 92 亿亿，将具有广泛的应用前景。

图 8　链码 Chain Code 的呈现形式 [①]

二、ISLI 电子书模式

ISLI 电子书是在互联网环境下，基于多终端设备的条件，将数字化的图书内容与更多的多媒体内容或扩展性内容链接起来，形成更加丰富的内容共现而服务于读者。与已经存在的多媒体电子书相比，ISLI 电子书不是一次性封闭内容，而是可持续的，不论出版前还是出版后，增加和删改自己的或第三方的有效授权的可关联的内容，从而借助于多边合作与协调的条件，创造出一个新鲜有活力的出版生态环境，延长一本书的生命力，持续性提供内容服务。

---

① 该图来自深圳天朗公司，2017。

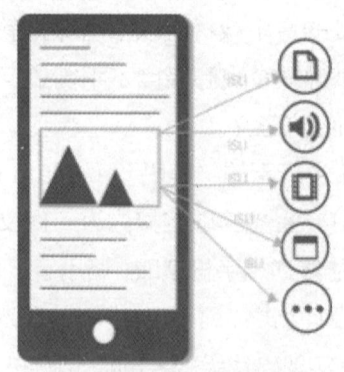

图 9　多媒体电子书[①]

三、非正文应用

ISLI 标准可以用于一本书和其他有关的信息的关联，或者是其他的图书，或者是其他的资源。ISLI 标准可以提供一种方法为出版者推广产品，或使这本书成为一个发现工具，帮助读者找到基于互联网的产品。例如将作者访谈的视频与图书关联，或将某些大型图书网店的页面与纸版图书关联。都是一种非正文内容的关联应用。

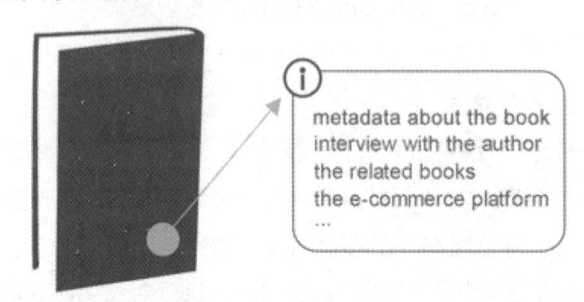

图 10　在图书封底印刷 ISLI 关联元数据链接至电子商务网站[②]

[①] 该图来自国际 ISLI 标准注册机构的介绍文章 https://www.isbn-international.org/content/isli-introduction。

[②] 该图来自国际 ISLI 标准注册机构的介绍文章 https://www.isbn-international.org/content/isli-introduction。

四、ISLI/KLS 关联模式

该模式是北京中新金桥公司研发的 ISLI 标准与知识服务结合的应用。这一研究，通过对 ISLI 在知识服务中的应用（ISLI/KLS）体系——ISLI/KLS（Knowledge Linking Service），关联编码结构及元数据，注册管理体系，编码分配 / 解析业务，产业化应用体系进行研究及应用，最终通过这种方式构建的知识服务生态体系以 ISLI 标准，连接知识、资源和服务。

知识服务的核心技术之一是"知识图谱"技术，这个技术作为底层支撑，是资源管理层面形成关联的保障措施，即从任何一个知识点都可以非常方便地提取出所有与其相关的知识点，从而找到链接这些知识点的关联的更多内容资源。

ISLI/KLS 产业化应用体系由各个面向具体知识关联应用的 SP（Service Provider 服务提供商的英文简称）构成，专业出版社或者个人都可以成为 SP 的申请者。SP 想要构建知识关联服务可以利用自身构建的或者通过 ISLI/KLS 的已有关联。将来构建知识体系、构建知识和资源的关联关系都可能是数字出版编辑的主要工作[①]。内容资源仍是知识关联服务的核心，所关联内容可以是不同的颗粒度，ISLI/KLS 为如何挖掘内容进而产生更多的价值提供了可行性方案和广阔的想象空间。

但目前的 ISLI 框架还不够成熟，无法完全支撑知识服务的应用场景中存在的关联需求，还需对其进行扩展。对应 ISLI 现有体系，下图就是设计出的体系框架——ISLI 国际标准在知识服务中的应用研究（ISLI/KLS），该框架的主要任务为：以知识元和资源为源 / 目标，以知识——知识、知识——资源、资源——资源和资源——知识为关联模式，遵照 ISLI 从源到目标的关联模型和标准体系，构建知识关联服务应用中的 ISLI/KLS 扩展元数据和 ISLI 编码结构，提供 ISLI/KLS 的运营支持和技术支持。

---

① 赵海韬.周长岭.李文燕.ISLI《在知识服务中的应用研究》出版参考，2017，（4）：14-17

图 11　ISLI/KLS 框架图 [1]

五、增强现实（AR）模式

增强现实（AR）技术实现的方法一般有四种，分别是图案法、轮廓法、定位法和表层法[2]。

"AR 出版物"一般是通过图案法实现，也就是以唯一关联识别的 AR 标识图片为识读符号，将多种数字媒体与出版载体进行精确关联，形成多媒体交互的一种出版物。其实现流程是智能设备通过摄像头识别图案，然后经过特征点检测、匹配等技术找到识别标识图片，以此为参考找到需要呈现的并可交互操作的音视频、3D 模型等媒体，即识别 AR 标识图片，然后呈现交互信息。

从这个角度考量，实际上 MPR 和 AR 出版物在实现原理上基本相同，来源是纸质书报刊，目标在于呈现多媒体数字资源，实现两种不同媒体资源的关系。因此，在 ISLI 框架下二者因属同一关联类型，编码上也可一致，只不过是两种产品的不同形态，两者是并列关系，都可以通过向 ISLI 注册机构申请相关媒体资源的关联映射。

但 AR 技术，目前可以扫描识别静态的图书，还无法扫描动态的图像，未来的技术发展，可能会突破这一技术瓶颈，并在信息内容产业当中展现出更加广阔的应用。

---

① 此图源自《ISLI 在知识服务中的应用研究》，出版参考。
② 杨晓新．杨海平．AR 出版物标准体系建设．中国出版．2018，（8）：12-16

第三章　ISLI 标准典型应用案例分析

在原国家新闻出版广电总局的大力支持下，国内部分出版社就音乐类图书和教材进行了 ISLI/MPR 标准的试验，到目前为止还没有见到 ISLI 电子书的应用试验。下面的两个案例是在政府支持下的实际应用，也都取得了一定的成绩，展示了这项标准的应用前景。

第一节　音乐类 ISLI/MPR 数字出版物项目——陕西人美社

一、应用模式

2012 年 12 月 23 日，原国家新闻出版总署在珠海举行了"MPR 国家标准应用推广工作三省试点启动仪式"。陕西、河南、广东三省出版集团正式被批准为首批 MPR 出版物的试点。陕西新华出版传媒集团的陕西人民美术出版社大力发展新型文化业态，积极引用 MPR 技术对义务教育阶段音乐教材进行改版。历经一年的组织、编写、调研和推广，在试点学校（官底小学、玉泉坝小学、青木川小学等）进行 MPR 音乐教材的试用，取得初步成果。

陕西人民美术出版社编写的 ISLI/MPR 小学音乐教材（四年级上册），根据设计方案，将 ISLI 编码、MPR 码符号、MPR 识读器、教材、"泛媒网络平台"结合起来，实现了文字、音频、视频相结合的目标，同时又有海量的资源以供学习。

MPR 识读器是用来识别 MPR 码符号的工具。天朗公司的识读器分 1026 和 1026D 两个版本。当识读器扫描教材中 MPR 码符号，可播放音频，还可以扫描功能码来对正在播放的音进行暂停、停止、调节音量等操作。

1026D 型号识读器具有"蓝牙"功能，即将识别后的信号传递给所连接的电脑、音响等设备。教师可以在教室内随意走动，扫描识别教材中的 MPR 码符号，连接状态下的电脑、投影仪等播放器就会播放相应的音、视频。例如背景介绍、人物资料、相关舞蹈等等。也可以登录配套的"泛媒网"下载更多的学习资料。

事实上，识读器成为整个应用的核心环节。

二、功能设计

ISLI/MPR 教材和人民音乐出版社合作，精心收录了音乐教材中每一课的教学歌曲，并以 MPR 出版物的形式配以 MPR 码符号制成 ISLI/MPR 版《小学音乐教科书》。

功能 1：原唱、伴奏、切换播放功能

在每一课歌曲开头，嵌入了两个单独的 MPR 码符号。其中左边小青蛙图标中的 MPR 码为歌曲原唱完整播放，而右边这个小猴子图标中的 MPR 码，则是原歌曲的完整伴奏的 MPR 码。有了这个独立的原唱码与伴唱码就大大地方便了老师与学生的试用。走到学生中去，随意地切换原唱与伴奏，与学生一起聆听美好快乐的音乐。同时让学生也能更好地融入课堂中。通过聆听伴奏能更好地了解每一课歌曲的结构与和声走向。

功能 2：ISLI/MPR 乐曲碎片化标识，分句播放功能

每一课的 ISLI/MPR 功能不仅仅有原唱与伴唱码，还对每一课教学歌曲进行了逻辑碎片化标识，就是对每一首教学歌曲从音乐词汇角度，语言逻辑角度进行分析，然后碎片分割，再完成关联构建。使用的时候想听哪一句就听哪一句，使得学生在课前预习歌曲，课后复习歌曲都能脱离老师与家长，自主完成。

功能 3：乐理小知识

在一些课程中为了学生方便理解歌曲，老师方便传授课程知识，专门制作了 ISLI/MPR 乐理知识码。使学生理解知识，对音乐的理解从感性理解上升到理性理解。

功能 4：乐器音色试听

在一些课文中为了方便学生理解乐器，单独制作了乐器音色 ISLI/MPR 码。码符号专门制作成了该乐器的形状。点击专属乐器音色 MPR 码，便可以聆听到乐器的原声音色，使学生从视觉与听觉上直观了解乐器。

功能 5：音乐背景知识

课文中为了方便学生理解歌曲的历史背景知识，还专门制作了有关背景知识的 FLASH 动画。从而通过生动有效的方式进行歌曲背景知识介绍（文成公主进藏的例子）。

功能6：歌曲舞蹈动作教学分解

有关舞蹈的课文中，制作了ISLI/MPR视频码。用以播放舞蹈观赏视频、舞蹈教学视频，使得老师可以将舞蹈知识穿插进课堂教学中，使学生可以在欣赏动听歌曲的同时，还能欣赏到美丽的舞蹈，甚至去学习舞蹈。

功能7：MPR游戏码功能

在每本ISLI/MPR版小学音乐教材的最后，根据原教材的内容进行拓展（游戏馆—猜歌名的例子）。开发出了ISLI/MPR交互式点读游戏，让学生在聆听音乐、欣赏舞蹈的最后，还能通过游戏进行复习。

三、下一步计划

陕西人民美术出版社已经制作完成的读物有《MPR版小学音乐教材》《MPR音乐考级教程——钢琴》《MPR版美术学习教材》。该社计划建设ISLI/MPR音乐考级中心平台建设和丰富ISLI/MPR音乐教学资源库。将教学资源和考级平台有机结合，打造多种形式、立体化音乐教学环境。

四、对本案例的分析

1. 单一的MPR模式。ISLI标准在教育领域的应用基本上都是MPR模式。因为目前受到多方面条件的限制，教材必须是纸质版，所以多媒体辅助教学的资源，一般都是与纸版教材关联的情况下展现的。

与纸版图书关联的普遍做法目前是基于"二维码"的立体书做法。但是如果用于片段的展示，则很难在一个图书页面内印刷大量的二维码。相比于二维码，MPR的进步在音乐教学中的体现，一是解决了碎片化标识，分片播放；二是解决了直观的问题，即看到乐器直接点选即可，这是直观教学的重要进步。

2. MPR标准的不足与MP码的改进。现有的MPR技术路线中，由于需要提前固定标识、赋予编码；而后期根据教学的发展和作者的进步而产生新的关联资源的加入，需要再次更改底码印刷，给编辑和图书策划人员带来较大的重复工作量，灵活性不够。这一点在另外一家公司研发的MP编码中得到了解决。

MP编码是麦片科技（深圳）有限公司的核心技术，MP编码具有全书预铺码功能，该功能主要基于 MP 编码的码值空间近乎无穷大的特性，在在纸版图书投入印刷前，为每一页图书都进行全页铺码，通过预铺码，可以精确到 0.2mm 的坐标位置，同时该编码都可以同与资源管理后台一一对应，当需要在纸版图书的某一页面的某一个位置加入关联资源时，即可在资源管理后台进行操作，将资源同该页码的位置信息进行关联。当前台读者通过专业识别器，扫图或文字识别的时候，可以自动读取所设置的关联资源。并且该预铺码方式具有后台灵活调整资源，便于资源实时更新等特点。

由于码制的容量大，几乎可以在后期根据情况的发展变化而不断加入，无论碎片化还是完整的资源，可逐步实现一书一世界的理想境界。但作为入口角度去看待码符号，码符号对应的一个编码将同时对应多个目标资源，也就是说一个编码所标识的源可以关联多个目标，这与 ISLI 标准的关联模型不同，未来在标准规范性和解析的便捷性上还需要进一步论证。

第二节　ISLI 电子书的应用——"I 施工"

一、应用介绍

到目前国内对于 ISLI 标准的应用实践中，最接近于国际 ISLI 标准机构推荐的 ISLI 电子书的应用的是北京中新金桥公司研发的有关产品。

该公司基于 ISLI/KLS 标准的建立和相关技术的研发，于 2016 年与中国建筑工业出版社共同研发了建筑施工知识服务产品"I 施工"[①]。

这是一款多终端的交互型建筑施工领域知识库产品，以中国建筑工业出版社品牌图书《建筑施工手册》（第 5 版）为核心，精选大量建筑施工类图书进行结构化、知识化加工，构建以专业阅读为基础的"读练测"一体化的在线学习，以及以专业知识共享为核心的建筑施工知识服务平台，用户在获得建筑施工领域的专业、权威、可信的知识资源时将更加便捷，提升知识水平将更快速，学习和吸收先进技术时更有效，与其他各方进行交流沟通。

"I 施工"中整理了近 30000 个建筑施工领域知识元，并利用 ISLI/KLS 关联描述框构建关联关系，形成大约 45000 对知识——知识的关联关系，通

---

① 赵海韬．周长岭．李文燕．《ISLI 在知识服务中的应用研究．出版参考》2017，（4）：14-17

过知识化加工形成了百万对知识——资源的关联关系。

在向读者呈现的页面上，该产品利用阅读器，分为左右双屏展示，一半是纸版图书内容，一半是关联的内容。在图书内容页面上，就知识点有关联资源的字段进行了标示，引导读者在阅读学习时去点击。点击后可以看到相关的知识图谱、音频、视频、百科词条、相关习题等等任何有关的资源。资源和资源之间也可以几乎无限制地继续连接下去，不断发现自己需要学习的内容。

下图所展示的即为"I施工"的阅读界面。

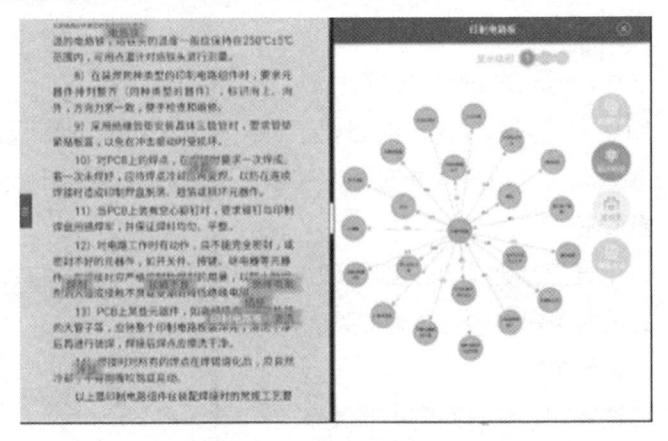

图 12　ISLI/KLS 应用 1[①]

图 13　ISLI/KLS 应用 2[②]

---

① 此图源自"I施工"系统截图，北京中新金桥公司。
② 此图源自"I施工"系统截图，北京中新金桥公司。

二、ISLI/KLS 的扩展应用场景

ISLI 当前框架扩展为 ISLI/KLS 框架所面临的首要问题是 ISLI 框架中"源"和"目标"指的是什么，ISLI 框架关联模式有哪些。知识资源组织核心在于构建知识或资源的关联，所以 ISLI/KLS 关联的"源"和"目标"是知识元及内容资源（知识元是知识的最小组成单元，它可以完整的表达一项知识）。

通过分析，结合 ISLI 具有关系方向性的特征，可以总结出以下四种典型的关联应用场景[1]：

知识——知识关联。

定义：描述知识元之间的关联关系。

场景：用户在学习某项知识时想要了解与该知识相关的知识。问题在于相关的知识数量庞大，用户需要在知识关系上加以筛选并判断哪些知识和当前知识关联更紧密。

分析：以上场景描述了知识到知识关联的需求，对关联关系描述提出了要求，其目的是为用户推送更准确的关联知识。

知识——资源关联。

定义：描述知识元到资源的关联关系。

场景：用户需要获取某项知识的相关内容资源，但资源过多且来自不同的版权所有者。

分析：以上场景描述了知识到资源关联的需求，ISLI 已为一个产品中跨多个领域的资源供给提供了基础架构，但并未提供关联关系描述和关联程度作为筛选依据以更准确地推送资源。

资源——资源关联。

定义：描述资源之间的关联关系。

场景：论文中引用其他论文中的相关内容，用户对此处引用的内容有所疑惑，需要定位到被引用论文并能浏览被引用位置及其上下文。

分析：以上场景描述资源到资源的关联需求，但仅仅获取到被关联的资源是不够的，还需要提供被关联资源内部位置的描述以准确定位。

---

[1] 赵海韬.周长岭.李文燕.ISLI 在知识服务中的应用研究.出版参考.2017，（4）：14-17

资源——知识关联

定义：描述资源到知识元的关联关系。

场景：用户在网页中浏览到一个建筑图片，非常感兴趣，想进一步了解该建筑的建造结构等相关知识。

分析：以上场景描述资源到知识的关联需求，需要提供内容资源到知识的关联，以帮助用户获取资源背后所蕴含的知识。

总体而言，专业内容资源知识服务的核心基础是深入研究知识和资源的关系，知识是相对稳定、抽象的，而对应知识的资源形式多样且内容丰富，可以供使用者深入了解、学习、研究并将知识转化到实际工作应用中。在新闻出版业，内容资源海量存在，借助 ISLI 体系可以更高效地实现基于知识组织有效梳理并整合资源的目标。

三、本案例分析

这个应用较好地体现了 ISLI 标准应用的广阔前景，突破了 MPR 的局限。将版式电子书和扩展性资源有机地关联起来；并通过碎片化，在知识点层面，将资源按照知识体系贯穿起来，形成了网络化的闭环系统。

这比国际 ISLI 标准机构所推荐的 ISLI 电子书前进了一步，即将所有的资源，按照知识图谱关联起来了，即所有的资源有序地进入一个知识的组织，有序地并根据知识体系脉络进行循环的展示。

这个案例给音乐类图书出版以很大的启发和导向作用。音乐类出版物在完全的数字化环境下，页面内容由于乐谱的特殊性，很难进行流媒体处理，以版式文件为主。在这种情况下，如何立体化地展示音乐教学与出版内容，并能充分地利用各种设备的优势，这个案例都给予了很好的诠释。

第三节　音乐教材 APP 与教材本身的融合使用

就为音乐教育而做的出版实践，存在一种电子书包的应用，并不是偏向于纸版教材上的某些知识点或技能点，通过 MPR 码与电子资源形成关联互动。而是以集成性的 APP 应用为基点，构造一个配合教材与教学大纲的比较全面的电子化应用，在教师实际的教室教学实践中使用。教材和 APP，可以结合使用,按照学习单元进行设计和编辑。

一、案例介绍

广西教育出版社对所出版的初中音乐课本进行了数字化改造升级,将桂版音乐优质音乐教学资源,通过智能化、有声化、以及音乐资源库的建设,打造成为一款适用于手机和平板电脑等移动端使用的音乐学习APP。学生可使用APP轻松自学,快速地找到自己喜欢的音乐歌曲。老师也可使用APP,进行快速、轻松有序的教学。

APP产品通过多媒体视听技术,为学生呈现生动的音乐审美体验,让音乐体验变得更为生动,坚持以审美教育为核心,注重培养学生对音乐的兴趣、爱好及情感;通过音乐教材有声化处理,降低学生音乐学习难度,提升学生音乐学习兴趣;通过智能搜索技术,为老师和学生提供灵活、轻松的乐曲欣赏和学习体验;尽量开发有利于学生学习的有声音乐素材。

APP以音乐为最小资源单位,保留每首音乐学习板块与结构;以单元主题为文件夹单位;打造初中音乐资源库的概念,增加智能关键词导航,可以快速找到需要类别的音乐,供自学、欣赏或备课教学。每个音乐资源,根据属性与板块的不同,含有如下通用页面。每一个板块单独成一页。页面顺序根据书中板块顺序来:

版块	设计目标和原则
导入	邻邦之音　　　　　　　　　　　　　　　　　　　　　　七年级上册 竹枝青青 越南民歌 目标:在教学之前,将趣味的插画封面作为配音本课音乐作为启发学生兴趣的导入页,以音乐的美感启发学生的学习兴趣。 原则:精美插画、趣味动效、音乐欣赏。

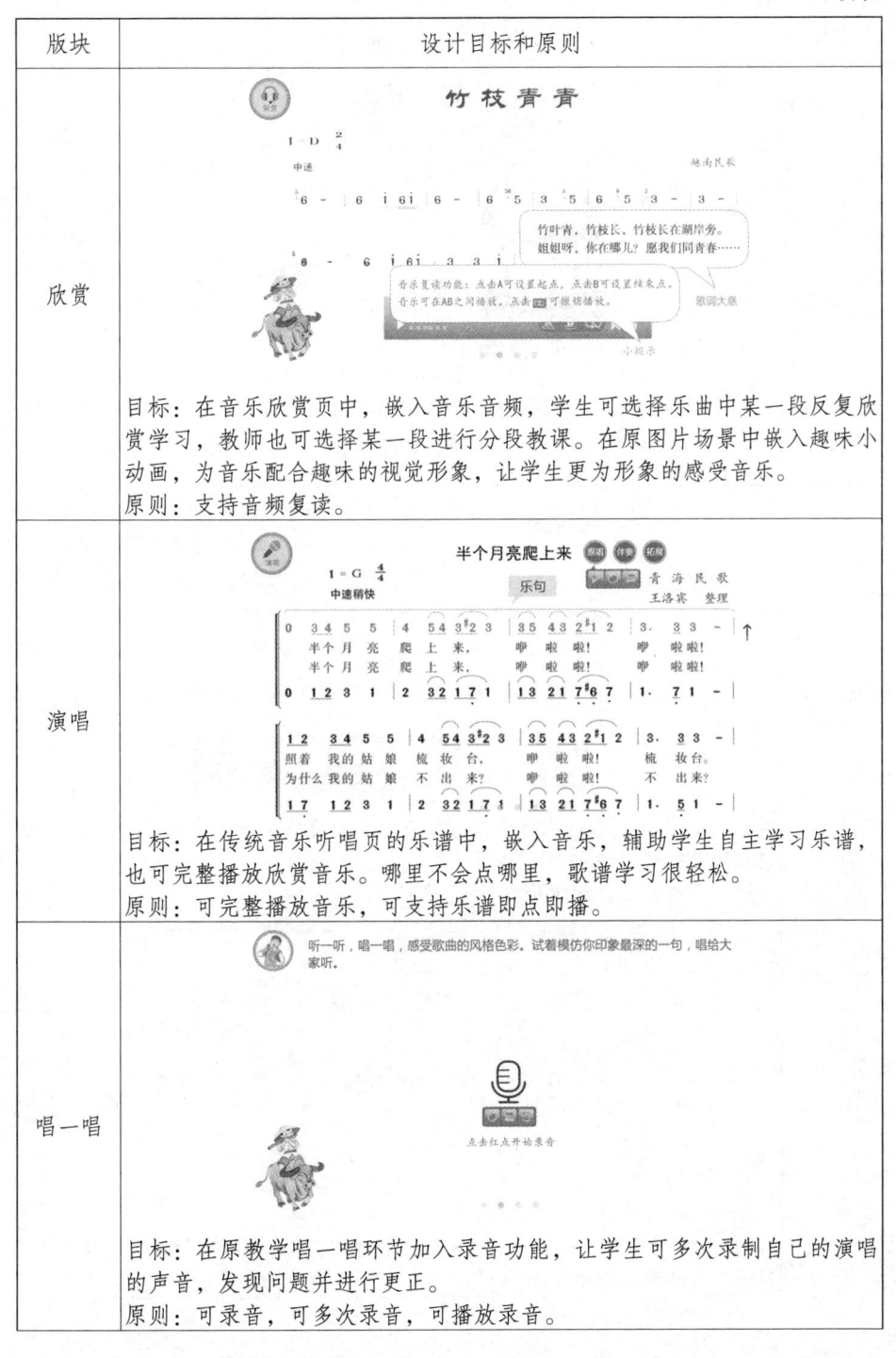

三等奖
ISLI 标准在音乐教育和音乐出版领域的应用研究

续表

版块	设计目标和原则
欣赏	（乐谱图：竹枝青青，越南民歌，1=D 2/4，中速） 目标：在音乐欣赏页中，嵌入音乐音频，学生可选择乐曲中某一段反复欣赏学习，教师也可选择某一段进行分段教课。在原图片场景中嵌入趣味小动画，为音乐配合趣味的视觉形象，让学生更为形象的感受音乐。 原则：支持音频复读。
演唱	（乐谱图：半个月亮爬上来，青海民歌，王洛宾 整理，1=G 4/4，中速稍快） 目标：在传统音乐听唱页的乐谱中，嵌入音乐，辅助学生自主学习乐谱，也可完整播放欣赏音乐。哪里不会点哪里，歌谱学习很轻松。 原则：可完整播放音乐，可支持乐谱即点即播。
唱一唱	听一听，唱一唱，感受歌曲的风格色彩。试着模仿你印象最深的一句，唱给大家听。 （图示：点击红点即开始录音） 目标：在原教学唱一唱环节加入录音功能，让学生可多次录制自己的演唱的声音，发现问题并进行更正。 原则：可录音，可多次录音，可播放录音。

069

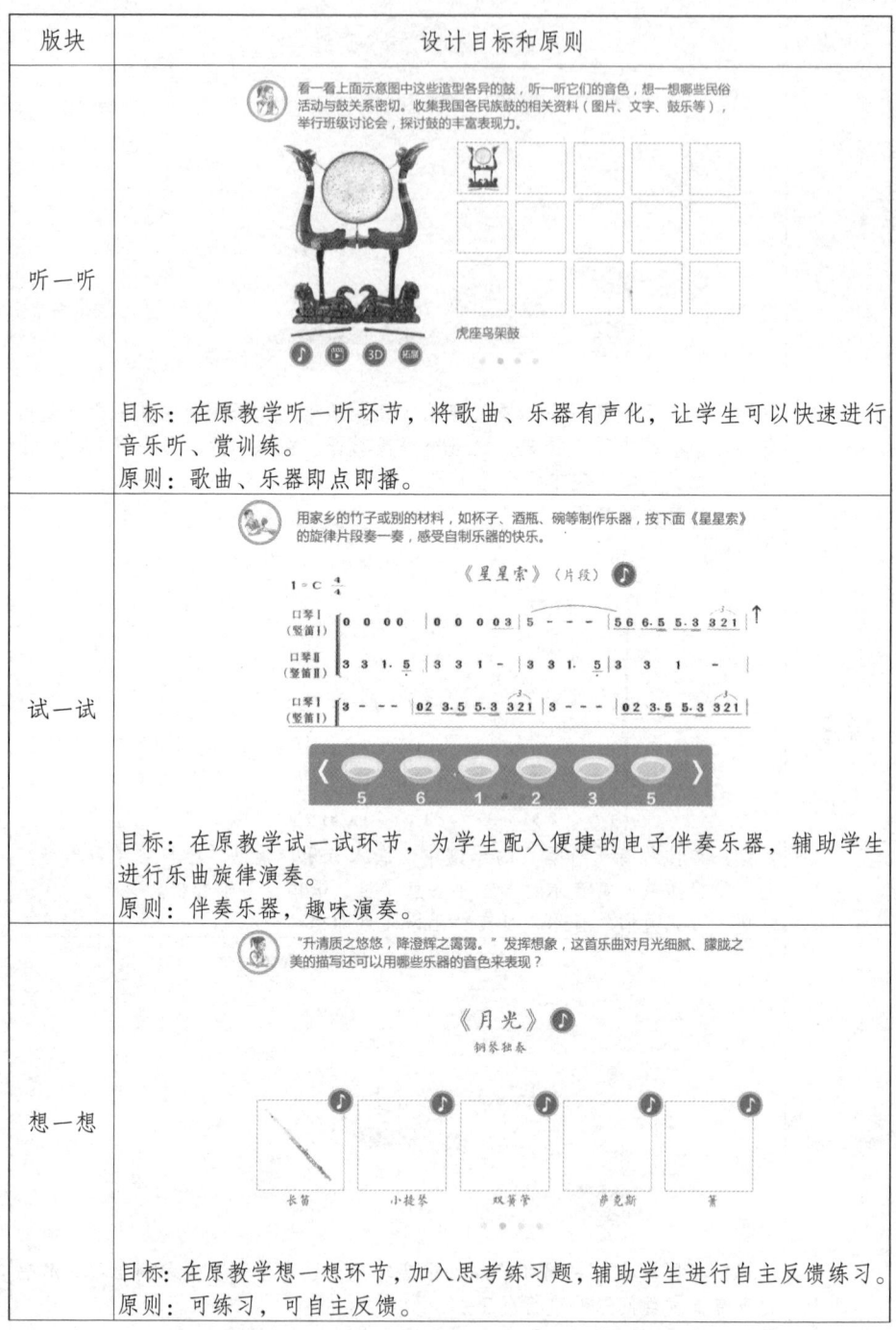

续表

版块	设计目标和原则
听一听	看一看上面示意图中这些造型各异的鼓，听一听它们的音色，想一想哪些民俗活动与鼓关系密切。收集我国各民族鼓的相关资料（图片、文字、鼓乐等），举行班级讨论会，探讨鼓的丰富表现力。 虎座鸟架鼓 目标：在原教学听一听环节，将歌曲、乐器有声化，让学生可以快速进行音乐听、赏训练。 原则：歌曲、乐器即点即播。
试一试	用家乡的竹子或别的材料，如杯子、酒瓶、碗等制作乐器，按下面《星星索》的旋律片段奏一奏，感受自制乐器的快乐。 《星星索》（片段） 1=C 4/4 口琴Ⅰ（竖笛Ⅰ）： 0 0 0 0 ｜ 0 0 0 3 ｜ 5 — — ｜ 5 6 6.5 5.3 3 2 1 ↑ 口琴Ⅱ（竖笛Ⅱ）： 3 3 1.5 ｜ 3 3 1 — ｜ 3 3 1.5 ｜ 3 3 1 — 口琴Ⅰ（竖笛Ⅰ）： 3 — — — ｜ 0 2 3.5 5.3 3 2 1 ｜ 3 — — — ｜ 0 2 3.5 5.3 3 2 1 5 6 1 2 3 5 目标：在原教学试一试环节，为学生配入便捷的电子伴奏乐器，辅助学生进行乐曲旋律演奏。 原则：伴奏乐器，趣味演奏。
想一想	"升清质之悠悠，降澄辉之霭霭。"发挥想象，这首乐曲对月光细腻、朦胧之美的描写还可以用哪些乐器的音色来表现？ 《月光》 钢琴独奏 长笛　小提琴　双簧管　萨克斯　箫 目标：在原教学想一想环节，加入思考练习题，辅助学生进行自主反馈练习。 原则：可练习，可自主反馈。

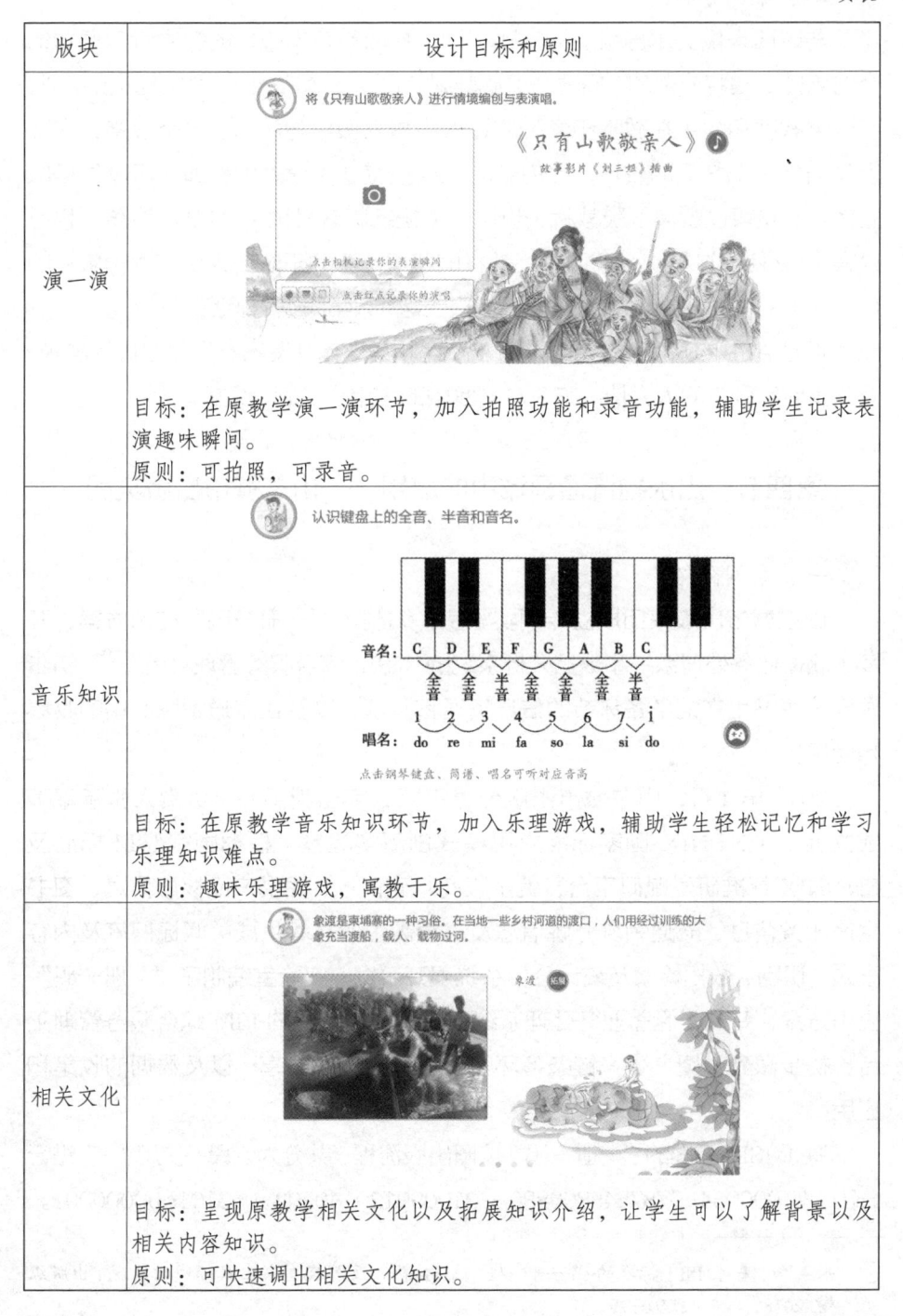

三等奖
ISLI 标准在音乐教育和音乐出版领域的应用研究

续表

版块	设计目标和原则
演一演	将《只有山歌敬亲人》进行情境编创与表演唱。 目标：在原教学演一演环节，加入拍照功能和录音功能，辅助学生记录表演趣味瞬间。 原则：可拍照，可录音。
音乐知识	认识键盘上的全音、半音和音名。 目标：在原教学音乐知识环节，加入乐理游戏，辅助学生轻松记忆和学习乐理知识难点。 原则：趣味乐理游戏，寓教于乐。
相关文化	象渡是柬埔寨的一种习俗。在当地一些乡村河道的渡口，人们用经过训练的大象充当渡船，载人、载物过河。 目标：呈现原教学相关文化以及拓展知识介绍，让学生可以了解背景以及相关内容知识。 原则：可快速调出相关文化知识。

071

二、案例分析

与陕西人民美术出版社的实践不同，广西教育出版社的初中音乐课本结合的APP，是将分散的、需要与纸版教材资源，在APP中自成系统进行集成，可以供教师和学生在教学和学习的过程中独立操作与使用。这个思路，实际上是另外一个产品的设计，为内容的应用拓宽了用途。即教师即可以依据纸版教材，也可以脱离纸版教材，也可以依据纸版教材调用APP的资源，也可以在APP使用过程中，调用纸版教材的使用。不同于陕西人民美术出版社的ISLI/MPR教材，单纯以纸版教材为核心逻辑教学演进的思路。

但是APP的开发与运营成本较高，尤其是迭代开发不断优化改进的需求，对于出版社较少的人力情况下，在实践中的应用会受到一定的限制。

第四节　出版物流通领域中的应用——山东城市出版集团

一、案例介绍

山东城市出版集团成立专门实验室，编制了"一册一码"应用方案，开发了涵盖业务处理系统和数据分析系统的"ISLI综合服务管理平台"[1]，初步做到了图书生产链条各环节的信息畅通和共享，以及在流通领域数据的收集和使用。

2017年4月，山东城市出版传媒集团数字出版中心（负责人张承军）成立ISLI/CNONIX国家标准应用模式创新实验室，根据国家ISLI标准及CNONIX标准研发赋码平台，就出版商基础信息、图书产品核心信息、图书生产印务信息、流通领域分解信息及末端需求信息等生成关联标识符及内容录入、识别、数据检索及统计分析系统展开研发。实验室编制了"一册一码"应用方案，开发了涵盖业务处理系统和数据分析系统的ISLI综合服务管理平台，初步做到了图书生产链条各环节的信息畅通和共享，以及数据的收集和应用。

基于ISLI标准的"一册一码"按照出版流程，共分为六段，使用"-"进行分割，如000034-9787548800880-2010090120140202-053101-00000001。

---

[1] 张承军.基于ISLI标准的"一册一码"平台建设及其在图书出版领域的实现.出版纵横.2018，（1）：91-95

为 28 位数字，前 6 位服务码为 000005，关联码为 21 位，包含出版物编码、图书版次、印厂、印次、图书册号等信息。最后校验码 1 位。册码在出版社得到图书 ISBN 号后和在下印厂之前申请，申请时在系统中向 ISLIRA 提交出版社、ISBN 号、总册数、版次、印厂、印次的信息，出版社提交这些信息后，ISLI 申请系统经过审批后，自动生成所需的 ISLI 册码，发放给出版社，出版社及其印厂分别有账号可通过系统查询到这些册码。

"册码"因其唯一的特性，用作防盗版的解决方案，图书销售出去的时候，销售方通过扫描 ISLI 码，系统比对其唯一性，如不唯一，系统发出预警，通知相关出版社进行防控。销售扫码的同时，还可以获取销售的信息，如销售时间、销售地点等等，作为大数据的采集，通过后期大数据的分析达到指导选题、促进营销的目的。

ISLI 综合服务管理平台有着功能强大的数据分析系统，可以就生产统计报表、库存统计报表、读者区域分布等进行大数据分析。例如，读者通过微信平台，在扫描书籍中的二维码时，平台就可以获取到读者在社交平台中丰富的个人信息，可以进一步为出版社、编辑、作者、经销商等组织的相应的活动信息（比如电子资源获取、促销折扣、读者见面会、新书发布会、读者群等）提供引流入口，以便出版行业各参与方充分地与读者进行更多沟通和交流。不断积累与丰富的读者信息资源，也有利于对读者用户画像的构建和分析，助力精准营销。

二、分析与启示

1. 山东城市出版集团的思考。借助 ISLI 标准及其应用体系的战略布局，出版业各利益相关方可以实现在信息内容产品的创作、生产、传播、消费全流程中的利益可控性。以此为基础，进而实现不同参与方之间的商业对话、商业合作，从各个小环境的商业模式开始，基于新的信息技术，最终搭建起一个复杂的、立体的、多维度的信息内容产业整体发展模式。ISLI 体系的不断完善，是信息内容产业在信息技术时代的转型升级，是其与信息技术产业对话并合作的基础。同时 ISLI 体系还将促进信息技术产业的发展，引导信息技术从信息内容消费的需求出发，为信息技术产业的前进指明方向。

2. 对音乐教育出版的启示。"一册一码"的初衷主要是防止盗版和对读者的精准跟踪以获取市场反馈的大数据，是设想将最开始的资源或作者与终端的消费者联结起来、贯通整个出版发行产业链，盘活全链条上的数据，从而激活真个产业链的活力，精准营销，扩大市场。

为教育服务的出版，应该构建这样一个贯通"创作——出版——发行——教师——学生"的大平台，依靠云服务和大数据技术，搜集所有相关的数据，尤其是每一个教学知识点的教与学的信息和数据，做好用户画像，从而帮助出版社更好地设计选题和编辑加工，提高用户体验，减轻学习痛苦和压力，为产品的升级优化和最大限度的销售，提供坚实的基础。

第五节　业内广泛的应用实践

一、MPR 码出版物的广泛应用

接近 ISIL 标准最为普遍的应用，还是 MPR 出版物，目前已经有 8000 余种（深圳天朗公司统计数据）出版物上市销售。例如外语教学与研究出版社的《新概念英语》点读笔系列，中州古籍出版社的《我爱学汉字》系列 6 册等，基本上是采用了 ISLI-MPR 标准或类似标准制作，供消费者进行点读。

广东科技出版社出版的《舌尖上的中国——寻味顺德》一书，将电视纪录片中的有关视频分主题进行碎片化分解和制作，利用"链码"技术，将纸版图书与手机扫码对应配合起来，读者扫描链码即可看到相应页面上匹配的独有的视频。由于"链码"还没有得到普遍的应用，所以必须事前下载专用的 APP 软件。但这仍然是个明显的进步。即链码的"下划线"式样的码，让页面排版没有受到明显的影响，并摆脱了专用点读笔的依赖。普遍的二维码应用，一个比较大的缺点就是影响了页面的排版效果，链码的出现一定程度解决了这个问题。

二、基于二维码技术的立体书概念与做法的普及

出版业近年所兴起的"立体书"做法，实际上是没有遵循 ISLI 标准的 ISLI 应用。主要以二维码链接多媒体资源或相关的服务，例如音频、视频资源，或问答服务等，收费或免费。

立体书的做法，以武汉理工数传公司、书链公司等为代表，后续的方正

电子、同方知网、北京触阅公司、网梯科技等数字出版公司也纷纷以"融媒体发展"为方向介入这一领域。所基于的都是二维码技术，即将二维码印刷在相关的页面上，当读者需要进一步了解相关内容时，即可通过手机或PAD扫码观看。

由于APP数量增长过快，真正适合消费者需求并在竞争中赢得市场的案例集中在少数应用上，大多数APP的生命周期短暂，用户量极少。为使立体书的应用能够留存在消费者的手机等设备上，顺应消费者的使用习惯，腾讯公司的微信小程序成为融媒体开发的首选工具。类似武汉理工数传、书链等，普遍以微信小程序为依托工具，实现立体书的建构，并取得了一定的成功。以书链公司的APP为例，已经成功地将超过3万种立体书上线，并以每年2万种的速度增长。这个速度已经远远超过了MPR出版物的推广。将是未来ISLI标准应用的主战场之一。

三、AR扫码识别逐渐进入实用阶段

进入到2018年，各出版技术厂家开始普遍将AR（增强现实技术）直接扫描识别技术集成到立体书的技术系统中来。AR扫描识别技术，所追求的是"万物识别"，不论是实体商品，或者平面上的图像、文字，可以不用任何条码技术，直接扫描页面中的明显标记，例如图片即可链接到相关的资源上去。

AR扫码技术门槛的降低，为出版业能够方便地使用这一技术开拓读者应用资源的渠道提供了方便之门，更使得ISLI标准的应用能够得到更简易的落实。特别强调的是，AR识别并不需要事前在图书上做任何工作，也不需要一次性将配套资源准备完整，完全可用依据图书销售的市场反映，不断向具体页面上添加有关的配套资源，例如讲解、问答、音频、视频、互动课程等，创新了出版流程，并大幅度提升了消费者的体验。

出版社所要做的，就是出版配套的AR电子书，以使得消费者能够及时和不断地知道配套内容的更新，也使得过去不断重印的老书，得到同样的立体化服务，而不是像二维码或MPR码等，必须要事前将图像码印刷到纸书上。这个技术优势，将为过去购买过该书的读者带来同样的服务，既体现了市场的公平，又为新媒体资源带来了老客户。所以，这一技术在ISLI标准的基础上，将能够极大地促进出版物的发展，并提升ISLI标准的行业应用地位。

第六节　上述案例对 ISLI 音乐图书出版的启示

一、全媒体资源管理平台是 ISLI 的基础建设

ISLI 标准的意义就是"关联"，在制作 ISLI 图书之前，所有相关资源的碎片化、数字化、元数据加工，都必须制作完成。而且，关联资源的建设是一个长期的过程，不论图书出版前还是出版后，作者或者第三方资源所有者，都可以不断添加，发挥作者的潜能，为读者提供更好的服务。

这项工作需要强大的全媒体资源管理平台，并与知识服务加工平台相互融合；甚至与版权资产平台也融合在一起。

二、专业阅读器的新发展

音乐类图书的页面复杂程度，需要版式阅读器的有力支持。在非流式内容的情况下，版式内容的代码化成为技术关键。显然目前的技术已经解决了这个问题。多种内容的"共现"，是新一代阅读器的重要特征。保留传统阅读和使用习惯的前提下，增加了显示屏幕，为未来的二分屏、三分屏甚至多屏互动等的灵活应用提供了技术可能性。例如目前的"投屏技术"将手机、iPAD 上的一个分屏投到大屏幕上，而手机屏幕显示的是对应的曲谱或课文页面。

三、碎片化展示的必要性

音乐的曲谱有其复杂性的特点，客观上需要反复按照小节倾听，ISLI 标准所对应的 MPR 技术较好地解决了这个难题，可以按照每一小节灵活设置关联，方便用户按小节练习和使用。未来可以扩展到更多的技术，从纸版、网络环境下电子书上，有更好的灵活的解决方案。

四、知识服务技术的引入

ISLI 标准支持"词"一级的关联应用。目前知识服务技术，还主要停留在"词"的关系构建上，深入到知识本体，在理论和技术上都还存在着较大的问题。但即使如此，已经能够基本建设一个知识点的网络结构，形成知识图谱，比较准确地为检索、关联发现提供了工具。即，管理"关联"这件事，

背后一定有其逻辑依据，最常见的是根据图书的脉络，或者是分类结构，但是最灵活的，还是知识体系。管理"关联"的方法，从一书的结构——一个主题或学科的分类父子关系——学科知识体系（知识树），把"关联"引导到一个体系中来。

五、通过蓝牙技术将设备在教室局域内整合

陕西人民美术出版社的实践中，利用蓝牙技术，将教室内的各种设备统筹利用起来，是解决现场教学、没有网络支持环境下的简单有效的解决方案。通过这个简单的方案，可以在教学中充分发挥多媒体、多屏幕互动的良好效果，有力支持各种现场教学活动。

六、全流程应用 ISLI 的可能性和必要性

出版是一个整体，从创作到阅读和学习使用，是一个完整的供应链。这个供应链非常复杂。如果能够基于一个标识符标准，将这条供应链上的所有环节串联起来，并能搜集到有关的数据，则可将整个链条升级为数据驱动型的产业链，将对产业的发展起到巨大的推动作用。这个也是 ISLI 标准形成的一个重要的思想。

第四章 协同理念引入 ISLI 应用

第一节 协同的必要性

ISLI 标准应用的核心之意是将资源或任意两个独立的实体"关联"起来以实现"共现"，这不会是单一的系统解决方案。例如，图书元数据，20 年前的系统已经能够很好地解决；但是现在加上音频元数据，然后两种元数据要统一关联起来，形成 ISLI 元数据。从一个步骤，变成三个步骤；如果加上注册，成为四个步骤；加上随后并入出版物的产品制作过程，复杂程度不断提高。所以，对原有数字出版系统产生了一定的挑战。

当下随着资源碎片化以及 XML 结构化标引等数字化技术的普及性应用，出版从业者实际上已经面临着越来越复杂化的一个工作大系统。将 ISLI 标准

导入出版业，这一过程进一步构成了一个复杂的系统工程。

例如下图，展现了 ISLI 标准的系统循环圈。

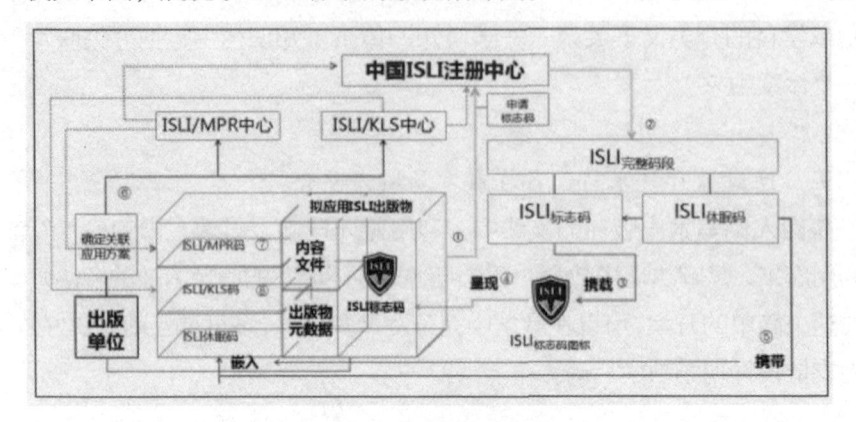

图 14 ISLI 标识符注册申领流程图[①]

系统的有效性，依赖于系统要素之间的"协同"。ISLI 标准的应用，实际是要基于这个标准，塑造一个可执行可操作的一整套模式，包括前台消费者如何在各种场景下的应用，使用什么样的 ISLI 出版物；然后在后台，这些 ISLI 出版物，怎么在出版社能够快速并且低成本、少环节地生产出来。从创意到生产到传播到购买和使用，再到反馈，是一个系统性的供应链，只有协同操作，才会有序地发挥出版社的生产作用。

为避免前文所提到的：资源孤立非协同、信息孤岛非整合、服务共性非个性等几个出版社在产品生产和服务过程中所面临的问题，针对 ISLI 标准的应用，必须采用协同的思想和方法，来指导整个 ISLI 标准在音乐出版和教育领域的应用系统。

第二节 协同的指导思想

协同的本质就是打破资源之间的各种壁垒和边界，使它们为共同的目标而进行协调的运作，通过对各种资源最大的开发、利用和增值以充分达成共同的目标。

---

① 此图源自 ISLI 注册中心。

一、资源网状思想

建立一个立体的、多维的资源获取、共享和使用的环境，无论资源的来源、结构是什么，都可以纳入统一的管理；同时系统的协同为这些资源节点之间提供了立体化的网状关联通道，从任何一个资源节点进入，都可以到达任意的相关资源节点，方便内部编辑人员和外部消费者获取完整的、真实的符合要求的资源。知识服务技术就支持这一思想，ISLI/KLS 技术已经部分地实现了这一构想。

二、业务关联思想

对各个业务环节系统化地进行整合，使得协同化的系统可以面向整个业务过程来进行管理。表面上看，在协同的出版系统中还是采用某个模块或某个功能完成某个业务环节的要求，但随之这个应用可以自动启动其他的关联应用，并完成相关的数据更新，使得出版社无须在不同应用之间切换便可以完对业务链的管理。

三、随需而应的思想

将应用中的人、物、资源、设备和流程，进行充分的整合，在协同的系统中，这些资源可以实现各种关联，当因为某个目的触发一个应用的时候，相关的资源可以随之被自动加入统一管理和协同工作的环境中，从而进行紧密的协调和运作。

总之，因为 ISLI 标准的"关联"的天性，需要各种资源之间的各种"关联"，要为各种"关联"做出元数据，这是巨大的工程，必须以"协同"配合"关联"。根据 ISLI 的要求，完善数字出版系统，在整合协同状态下，利用原有的各种条件，优化系统，协同运转，形成完成的、高效的生产与服务系统，并能清晰得到反馈，不断改进 ISLI 出版物产品。ISLI 出版物，也只有在协同的状态下，才能可持续地在出版社落地生根，发芽成长。

第三节　资源协同实现"关联"

正如 ISLI 标准所阐述的，每个资源都是相对独立的"实体"，一篇文章、一段音频，都有各自的标识符，各自独立存在。现代化的全媒体资源管理系统，能够将他们存储在一个服务器内，但是彼此仍然是各自独立的"实体"。资源之间并不协同和自动地关联。

一、基于系统的资源关联流程

传统"关联"的处理，是手工在两个资源之间建立基于系统 ID 号或国际标识符标准的关联，例如 ISMN 与 ISRC 之间，建立有路径链接。但一旦离开这个系统，没有通用标识符标准的连接，都将无效。资源的协同，就是要解决一个"关联"关系如何自动或半自动地进行关联，关联后的所形成的"关联关系"能够被标识，且能够实现跨平台的应用。

资源协同的建立机制是以全媒体资源管理系统为基础的资源全属性建构的模块集成，各个模块之间有自动的系统协同工作机制，能够一动则连动，使得资源之间形成真正的关联以至于所有资源的互联和相应工作的协同。这个机制可以用下图表示：

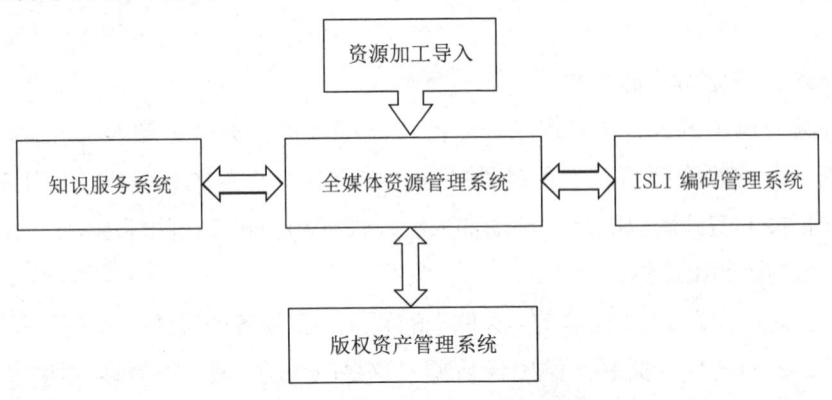

图 15 资源关联协同流转框图

基于这个系统关系，一个资源的 ISLI 标准关联的流程是：

某一资源（也可以是独立的片段资源）先进入资源管理系统，进行元数据制作和标引；

该资源的元数据加工完毕提交后，导入知识服务系统触发自动的知识标引，必要时有人工干涉修正，标引后返回资源管理系统；

元数据进入版权管理系统关联后，半手工、半自动做好版权标引，返回资源管理系统；

该资源在做好元数据的各种标引后，系统自动计算数据情况，自动推荐关联资源；

人工就所推荐的关联进行筛选、确认和确权；

系统对确认后的"关联"自动按照 ISLI 标准制作元数据，并保存在 ISLI 编码管理系统，保存时生成内部系统的 ID 号；

当碎片化资源组合成为一本书后，相应的 ISLI 关联元数据因此而集聚，按照图书的页面位置进行排序；编辑就关联内容查漏补缺，并进行删改等工作，以确保关联的内容，符合出版要求；

涉及版权的资源提前进行处理（购买、协商等）；

申请注册 ISLI 标识符；

在 ISLI 编码管理系统中将所有选定的"关联"赋予 ISLI 编码。

将所有选定的关联所涉及的资源，通过系统发布到相关的应用系统中，供读者使用。

所有赋予了 ISLI 编码的元数据，再返回到资源管理系统，与资源元数据融合做好标记。

以上的流程，就是基于全媒体资源管理系统的协同操作，最终形成了一个 ISLI 出版物"关联"部分的过程。

总结上述流程，资源管理系统是基础，形成每个资源"实体"的元数据和 ID 号，知识服务系统、版权资产系统、ISLI 编码系统，都是对这个元数据赋予增加字段，系统自动返回到资源管理系统，形成最完整的资源元数据记录。每次关联的形成，实际是在资源管理系统中操作。

二、对现有资源管理系统的改造

国内现有的各大主流数字出版技术公司的全媒体资源管理系统，都设置有"关联"这一功能，在知识服务技术的支持下，目前在资源管理系统中可以实现的关联是：

基于来源的天生属性关联；

基于外部描述的元数据描述关联；

基于知识标引的知识关联；

基于其他属性的各种关联；

上述四种关联的做法，在系统中都是手工处理的，即调取可以关联的资源，利用"设置关联"按钮，将二者在数据库中，利用关系型数据库的关联建立技术机制设置。当检索到一个"实体"时，被关联的"实体"也会在数据库的显示页面上呈现出来。

但目前做法的关键问题是，这些"关联"并没有系统化地管理起来，赋予ID号，并能够独立进行处理，形成新的出版物。

改进的重要方面是：

给"关联"一个内部ID号，一个元数据；完全依据ISLI元数据标准；

产生的关联元数据，建立新的功能模块进行管理，自动从已经有的元数据中抽取，全程XML结构化；

实现与ISLI编码管理系统的协同。ISLI编码管理系统，可以依据ISLI标准注册中心的技术指导进行建设；媒体资源管理系统，需要各大厂商在自己技术的基础上进行改造。

三、应用的协同

ISLI标准能够在出版社内部应用起来，简易的操作是十分必要的。上述的做法，把全媒体资源管理系统，当成中央数据库管理各类资源，数据可以通过任何与其相关的应用更新或被提取。从应用层面看，改造后的全媒体资源管理系统将所有的信息进行全面的整合，信息与信息之间无阻碍链接，用户可以从资源归结的友好界面入口，进行大范围和深层次的信息提取，而完全无须在不同的数据库和应用平台之间切换。从编辑管理的层面看，它基于知识图谱网状的体系思想和功能，从任何一个数据点都可以方便地抓取出与其相关的数据，所有的数据和应用都是多维的、立体化的、强关联的，无论其来源、结构和存储方式。系统实现的是以点带面、协同运转，任何一个因素的变化，都会在系统的相关节点中反映出来，从而使整个业务过程达到高效、协作的目的。

四、与用户的应用协同

将作者、出版者、第三方版权所有者、教师用户等看成一个整体，将所有不同类型的资源也看作一个整体，所有的人和所有的资源，在一个整体化的系统上操作，利用系统的协同操作完成关联的协同应用，也便于各个环节的流转。

比较理想的模式是，从应用层面，通过发布平台，以内部与外部的流程操作去带动资源本体和数据的流动，跨过各个环节实现无障碍的使用，并完成相关数据的更新等。

例如教师的备课，其主要工作是"课件"的制作，在课堂上，也是以课件为核心来组织教学。如何将教材上的关联，导入到课件上，使得教师通过课件完成教材上的资源关联。解决这个问题，可以由出版社在制作教材的时候，制作一套课件，供教师直接使用。但在实践中，不同的学校、班级，都会有差异，教师要更改课件，这时提供给教师 ISLI 关联资源包，由教师自己选择、下载、导入，形成新的课件。同时，教师也可以发挥自身的力量，自创或从别的资源方找到合适的资源进行关联，并可提交这个"关联"给系统，形成 UGC 的信息格局。UGC 的关联，经过编辑审核与版权确权，可以即时成为系统关联资源包的一部分，发送给所有购买资源包的用户。

这个例子说明在应用层面上，后台也是前台，前台也做后台的事情，最大限度地通过协同，方便客户的使用。

第五章　音乐类 ISLI 出版物的应用场景和类型

ISLI 出版物要和具体需求相结合才会得到应用，而需求往往是某些具体场景下的需求，考虑场景与需求，拉动 ISLI 出版物的设计、生产与推广。

第一节　各种音乐教育场景

一、学前音乐美育教育

这个时期的音乐等美育教学，幼儿园购买绘本供儿童公共使用，从保护孩子的视力出发，不使用手机进行扫码，点读笔是一个很好的选择。儿童在教师的组织下，使用点读笔，对于绘本上的图画点读，故事、歌唱等都能通过点读笔呈现。相关的舞蹈，可以通过点读笔的蓝牙接口与大屏幕相连接，播放视频，让孩子们跟着模仿。幼教工作不同于中小学，教师的备课工作较少，所以，教师与儿童可以共同使用同一种绘本，带领孩子们实现认知能力的培育。同时，家长也可以在家里使用同样的，或同系列相似的绘本，与孩子互动。家庭中的手机、电视，基本都普及了蓝牙功能，部分设备也有了投屏功能，利用纸版和电子设备，呈现书中的场景，完成娱乐和教育功能。

应对这一场景，ISLI/MPR 标准下的应用即可。但由于后期无法更新，需要逐步利用位置码的技术以升级 MPR 技术。

二、中小学音乐教学

中小学阶段的音乐教学属于正规教育，有统一的教学大纲和教材，教学目标明确，并有相对统一的考核机制。

在中小学音乐教育中，音乐不仅是欣赏，提高美育修养，更重要的是练习，学生在不断练习的过程中，大脑和身体受到反复的正确的刺激，逐步领悟和掌握乐理和演唱、演奏技术等，实现教学目标。这一阶段的需求主要有：

教师备课，制作课件；

课堂播放 PPT、音频、视频；

教师弹奏乐器，学生跟唱、跟学；

课堂练习和游戏；

课后练习作业和提交作业；

学习水平测试。

这一阶段教学的规范性要求比较高，所以后期不断添加资源是不适合的。另外音乐教室往往被限定不能使用互联网，所以课堂是一个无网的环境。

由于目前的教材以纸质为主，所以匹配目前这些需求，一是教师备课制作课件的流程，通过网络平台一体化完成，如前文所述；二是教材、课件通过专业点读笔与播放设备关联，或教师电脑与其他播放设备关联；三是专业点读笔与学生的课本关联，用于课后学习；四是点读笔在家庭环境下，与手机、电视等的互联播放，或延伸阅读与练习。

三、课外少儿音乐学习

目前越来越多的家长愿意为孩子的音乐教育做更多的支出，全国社会音乐考级等相关的市场规模已经达到 700 亿元以上（《中国音乐产业报告》，2017）。这种社会音乐培训的形式，以"一对一"为主流，即 1 名教师对 1 名学生，在专用教室上课或教师上门教学。学生学琴主要有 2 个场景，一是与教师一对一，二是在家长监督下的自学自练。

  在少儿与教师一对一的情况下，主要的场景是教师授课，工具是纸版的曲谱为主，很少涉及听音频或看视频。在自己练习的场景下，家长往往会把教师的教学过程用手机录制下来，重复教学场景以供孩子复习使用；此时，家长也会聘请陪练，或听一下配套的音频，或看一看配套的教学视频。目前，还有远程陪练系统，陪练教师通过视频对话系统观看学生的演练，并发出指导的信息。这些场景能产生的需求：

  教师需要通过配套的音频和视频课程学习了解教学的标准；

  学生需要通过听配套音频建立对曲目正确的条件反射；

  学生需要看标准的视频课程，对照检查自己的练习，并参考家长录制的教师的教学视频；

  学生需要调取标准的测评系统，边弹奏边检查自己的掌握情况；

  学生对自己的练习情况录音录像，以供家长和学生日后检查。

  由上述需求可见，纸版教材仍然是主要的工具，多媒体的配套资源，按需取用；对于教学的细节，例如每个小节怎么教、怎么练，相关支持都是必要的；练习的测评很重要，如陪练教师，或者是软件测评工具，实际上都是为了对于练习的纠错。目前测评软件并不成熟，但也能发挥一定的作用。

四、其他自学或阅读图书的场景

  对于成年人的音乐学习与研究场景，以使用者个人为主体，环境比较自由，随手的工具会以手机为主。一般性的扫码识别，通过手机、或手机可以连接的设备，查看配套资源；并可以将自己掌握的资源，关联上传，成为 UGC 资源。

五、发展中的应用场景

  1. 音乐教学从纸版图书为主到以音视频课程为主。由于教学不能缺少文本的角色，视频课程一直难以成为主角。但由于音乐的天然的视听特征，从视频课程为主切入教学是完全成立的。ISLI 标准可以强化这一形式，通过 ISLI 标准与音乐教学逻辑的结合，将音乐教学资源进行有序的关联组织和表示呈现。在课堂教学、一对一、教师自学、课件制作、学生自学中，都可以应用 ISLI 有针对性的音视频课程。

通过将音视频切片、标引，可以关联图书文本上的所有内容，以碎片化的方式对应切片后的视频，教师和学生也可以同步资源，完成教学过程。

2. 直播课中应用 ISLI 标准。在直播课大行其道的今天，将 ISLI 标准应用于直播课，将大大改善直播课的体验。音乐教育领域中也存在大量的直播课，并且经过多年的实践，目前看来市场价值比较高的就是直播课，包括"东学西输"的西部地区教学支援的双师课堂的解决方案。

在教师授课过程中，通过 ISLI 标准对资源进行关联，随着授课的进程，不断添加关联资源和扩展资源维度。在应用场景设计中，可将涉及的教材内容、片段到整部乐曲等，与远程教室内的其他设备关联，实现立体化多媒体的教学。课后，教师可以整理关联内容，形成 ISLI 视频课程，供课后复习和自学。

第二节　音乐类 ISLI 标准出版物的构建

所有场景的应用，最终要落实到可以进行定价销售的出版物的构建上，才能实现在场景中的应用（这里的定价包括一次性定价与会员制时间性定价等灵活的形式）。经过以上各部分的分析，ISLI 出版物的构建，用一句话概况可以表达为：

将资源（图书、音像）按需切边形成最小应用单元（内容颗粒与颗粒度），对资源单元进行标引、关联挖掘，经人工关联筛选，形成正式关联并产生关联元数据。随后对元数据进行注册，再实体的生产、加工和呈现。

根据目前音乐教育出版在市场上流通的出版物，主要包括：纸版图书（乐谱）、电子书、电子乐谱（含 PDF 版和 XML 互动版）、音像制品（光盘）、录播课（网站）、综合数据库出版物。

按照 ISLI 标准从"源"到"目标"的逻辑思想，所有的 ISLI 出版物，都是由某个"源出版物"为主要载体形式，然后面向"多类型目标资源"进行关联，组成集成式的 ISLI 出版物，以内容的交叉组合共现，完成对读者文化与知识的传递。

结合音乐教育与出版的场景，从现实的主流使用的出版物到未来发展的出版物，我们可以初步构建出如下的 ISLI 出版物。

一、音乐类 ISLI/MPR 标准出版物

鉴于目前在整个音乐教育领域，在整个过程中最为通行的出版物还是纸版图书，所以基于纸版图书而衍生的 MPR 出版物仍然是一个重要的应用。从销售的角度考虑，由于 MPR 出版物受到点读笔销售的制约，从这一点对出版物进行了区别。

1. 基于 MPR 点读笔扫码识别的出版物。这类出版物主要包括目前的中小学音乐教材、儿童课外音乐学习材料，适合于课堂教学和不适合使用手机识别的幼教场景。使用时，按照前文所述的陕西人民美术出版社在小学应用的实践，即通过蓝牙技术与教室内设备连接，进行音频和视频的播放，组织课堂教学。

应用于幼儿园等幼儿或儿童的教学中，以游戏的方式，帮助幼儿以简单的互动方式，较好地融入游戏场景中。在教室中，幼儿教师可以通过点读笔将说、演、做、玩等活动完整或随机地串联起来，完成幼儿教学的目标。同时也可以与家长通过图书，实现课上与课后的幼儿园和家庭的协作。

2. 手机模式下（无点读笔）的 ISLI/MPR 出版物。基于二维码和链码技术，可以使用手机扫码识别。由于 MPR 底码类出版物需要购买专用的点读笔，导致市场规模偏小，推广难度大；加之点读笔也成为厂商的一个重要盈利工具，导致点读笔的价格居高不下，更加剧了市场占有率的低迷。为此，若使纸版类型的"源出版物"能够更加广泛地应用 ISLI 标准，手机识别成为市场推广的关键。

对于音乐教育类图书，目前已经普遍使用二维码代替传统的光盘配书的业务。但二维码的应用，目前并没有与 ISLI 标准结合起来。

链码技术的优势，在保证了纸版图书美观的前提下，实现了手机扫码的一个突破，读者在不用特别购买专用设备的前提下，利用自己的手机或平板电脑等普及性的设备，即可实现关联资源的充分使用。

音乐类出版物，全部都可以使用链码技术进行 ISLI 化的改造和新建。并可通过手机或平板电脑的功能，实现进一步的教与学的互动等。

目前链码面临标准推广的问题，即普遍的微信扫码等，还不能兼容链码技术，这个需要进一步改进。目前只能先通过移动设备下载专门识别链码的应用软件，然后才能开始工作。由于移动设备的应用程序 APP 的短命现象，读者更加习惯于微信扫一扫的二维码；所以，这是一个亟待破解的课题。

二、音乐类 ISLI 电子书

音乐类出版物，目前都可以做成电子书，不论 PDF 版还是 E-pub 版。但由于音乐类出版物曲谱与文字的混排，或曲谱较多的情况，PDF 版是一个比较好的选择。基于可复制粘贴的矢量级的 PDF 版本，在保留版式的同时，也可以被检索和被标注，并适合于几乎目前所有的阅览器和阅读器使用。

音乐类 ISLI 电子书可以实现纸版图书 MPR 版的所有功能，还可以更加容易地在后期不断增加和删改所关联的资源，可以方便地发布新的版本替代旧的版本。也可以替代纸版 MPR 图书在任何场景下的使用。

屏幕的分割与切换、甚至投屏演示，是支持 ISLI 电子书体验更好的一个方面。即读者在使用 ISLI 电子书时，可以在同一个屏幕上进行屏幕的分割，并使设备与电视等可以投屏的设备连接，实现多屏幕的互动，得到更好的体验和更多场景的利用。

音乐类 ISLI 电子书的生产，可以在知识服务的基础上，即利用 ISLI/KLS 标准，进行碎片化达到知识点级别，与知识标引相结合，实现网络化、循环的关联应用。

利用数据驱动的原理，将 ISLI/MPR 纸版图书或 ISLI 电子书中的关键词、百科词类，按照数据出现的频率进行排序，以发现关键内容。在图书的后面专门设立"关联索引"通过 ISLI 元数据将关联资源重点指向都能够揭示出来，方便读者使用。

三、ISLI 视频课程出版物

音乐教育课程，因为演奏和演唱示范的重要性，视频课程（慕课、微课）有着很高程度的必要性。但视频课程由于缺乏互动，在音乐这种技能性要求很强的教学中，即纠错和个性化辅导的要求比较高的教学环境下，又远远不能直接达到教学目标，到目前只能成为一种资料性的辅助。

但 ISLI 视频课程，可以一定程度地将视频课程逐步强化成为一种主要的授课方式。视频课程的拍摄，脚本的写作依据教材的标准和顺序，所以视频课程仍然是一部相对严谨的教材，只是形式发生了变化。基于音乐视听的特点，依据 ISLI 标准，可以逐步开发以视频课程为主的课程形式。主要方式：打点关联碎片化教材。

打点是在人工辨别的基础上，将相关的视频和文字内容或其他内容关联起来，对视频进行解释说明。打点技术，实际上是视频切片后对应的时间轴和数据库之间的关联，将内容编写存储在数据库中，其过程是：

切片后视频内容——时间轴——标记——编辑器——存储。

这个过程与 MPR 出版物很相似：

碎片化后的图文内容——位置——标记——后台对应多媒体。

对于视频而言，在时间轴和标记的过程，加入 ISLI 标准，使关联纳入 ISLI 的编码管理总的序列当中。例如，在视频课程过程中，按照课程标准，将知识点、曲谱、所需要的不同风格的唱法或指法、课文 PDF 文件等，都可以随着视频课程弹出，并可以根据实践的需要，进行随时的增补和删改。

这是将以纸书为主源，关联目标多媒体的顺序倒过来。其意义是适应音乐教学以视听为主要特征的教学方式，即先形成对音乐本身的认识，再深入到文字课文的解释说明或总结提升。

视频课程的应用领域广泛，包括课堂教学、一对一课程、自学等多种场景，可以作为主讲教材，也可以作为辅助的课件，同时作为学生课后复习和做题，都可以起到前后一致，一气呵成的重要作用。

四、ISLI 音频课程出版物

目前听书、知识付费等节目已经逐步普及，并渗透进入音乐领域，出现了很多音乐教学方面的音频知识付费节目。但是单纯的图文，或音频，或视频投入到音乐教学中，都会造成学习功能上的支撑短缺，从而失去长期可持续的推广能力。

解决这一问题，如同视频课程一样，可进行 ISLI 音频课程的改造，以音频为主授课，兼顾图文、视频或扩展的音频打造综合性的音频课程出版物。

具体的制作原理与 ISLI 视频出版物相同，在此不赘述。

五、ISLI 直播课出版物

直播课是音乐教学中越来越受到重视的课程。主要原因是音乐教学需要互动，教学双方互见，在社会音乐教学中，也适应了家长的心里，觉得有现场感，帮助孩子学习的作用更大。

直播课的形式目前有大师课 + 助教、双师课堂、一对一陪练等。但是教材与直播课往往不能融为一体，虽然可以同步传一些资料，但是内容的关联仍然是松散的；在直播课结束后，录播课仍然没有打点，需要后期处理。解决直播课的这些痛点，ISLI 标准是一个重要的选择。对于直播课的改进，可以通过 ISLI 关联数据库的方式解决。

即通过 ISLI 编码的管理系统，将直播课涉及的课程内容事前准备并做好编辑，赋予 ISLI 编码。直播课事前也有备课，按照讲课的进程，将对应的 ISLI 元数据标注在进程的时间轴节点上即可，学生端设备可以同步查看。若事前没有准备，有学生进行提问，可以从数据库中调用，并加注于时间轴节点上。直播课结束后，所有打点工作也同步结束。教师也可以在后期进行整理，与 ISLI 直播课出版编辑人员协同，规范所有打点内容。

第三节　ISLI 智能关联应用技术——智能声音识别

基于声音的识别技术，是音乐教学中未来发展中一个重要方向。例如基于声音识别的检索功能，哼唱一段，能找到整首歌曲的应用，是目前已经在部分音乐 APP 中广泛使用的功能。这是声音识别技术与关系型数据库技术发展结合的结果。

音乐以声音为本，文字在某种程度上只是辅助。所以如何将声音与其他可看、听、视的资源直接关联起来，是一个重要的应用方向。目前出现了微软 Cortana（小娜）、自动语音翻译器等，都是音频识别的重要技术进步。如果机器听了歌唱或演奏，即刻能够输出评价结果，并进行纠错指导，同时关联各种指导材料和资源，以图文和多媒体呈现，将实现学习者在练习的时候的重要伙伴，也会成为教师授课时的有力助手。未来，在应用 ISLI 标准时，可以将学习者作为关联实体，对于学习者的评测结果对应教学资源进行关联和描述，可以有效地为教师提供学生的情况和"对症下药"。

一、音乐作品分析（欣赏）

在音乐教学中，一段音频所包含的信息量会包含多个知识点，整首乐曲或一个小节，都会有相应的分析。如何针对一首乐曲进行分析，在没有教师的情况下，可以依赖未来的智能技术处理。这需要事前将各种乐曲的声音进行关联处理，形成丰富的声音与知识点文字描述匹配的元数据，进行 ISLI 标引后存入 ISLI 编码管理系统，当这个数据库达到足够丰富的情况下，一段新进入的乐曲，将会被自动拆分，然后对应数据库中的各种声音要素，通过关联，系统自动推荐音频所需要的作品分析的知识点、评论或视频讲解等多媒体分析资源，帮助尽快完整实施一个作品的分析。

这个应用场景，可以是大众或专业教学中的音乐欣赏，可以是专业的音乐作品分析讲解，也可以是一对一社会音乐培训或自学练习中对所学习作品的理解。

二、用于直播过程中的调度

目前基于智能语音识别的智能音箱已经有了比较广的应用，一定程度实现了人机通过声音识别的交互操作，例如微软的智能音箱。以声音为源，关联某个图文或音视频为目标，也是符合 ISLI 标准的框架要求的。在授课过程中，教师通过特定的声音指令，传到声音识别系统，系统自动将所关联的目标媒体与当下的课程，通过时间轴节点进行关联，也帮助学生实现内容的同步，并可以更加随机地产生更多的现场关联，例如指令调取百度等搜索引擎的关联内容，或者翻译软件上的某个翻译，都可以丰富学生现场或课后学习的内容，完成学习任务。

三、ISLI 智能测评出版物

学习音乐过程中的关键点是对于学生练习的反馈，以纠错和获得指导。教师毕竟是稀缺资源，不能时时陪伴学生，这时对于远程在线辅导或机器智能测评的需求就产生了。智能测评的基础，依靠大数据的支持，与资源数据库的发展并存。

1. 基于声音的关联。这是与上面一条相对应的，即声音与评价的关联，练习发出的声音与标准的声音进行比对，所产生的结果是数据分析，分析的结果关联各种纠错信息和学情分析反馈，并以图文和多媒体的方式呈现指导意见和资源，供学生下一步的练习。

2. 基于曲谱比对的关联。演唱或演奏的声音会通过 XML 结构化数据的计算，与曲谱进行关联，并在曲谱上标记正误。智能分析系统对曲谱对比的分析，系统会依据曲谱对比的数据分析，得出演奏或演唱的问题所在。问题所对应的分析和指导意见，将以图文或音视频、游戏等多媒体的方式呈现，从而帮助学习者纠正自己的错误，尽快掌握正确的要领。

3. 知识服务的底层支持。能够针对各种音乐练习中的正误做出判断，并提供指导意见，离不开三个技术的支持，即云计算、大数据和人工智能。在音乐教育与出版中，为这三个技术打下基础的，是知识服务技术的基础。由于 ISLI/KLS 技术标准的出现，为这个过程奠定了一个基础。

四、从标引到本体构建的跨越

知识服务技术，或语义网技术，不论知识内容本体，还是声音本体，如何基于复杂的源语言与声音，关联目标的资源，都离不开本体构建理论和技术的成熟。当这个领域的研究获得突破后，人工智能与大数据技术也将获得促进与发展，反映到音乐出版与教育的关联构建，将会呈现出一种更加简易和丰富的局面。

第六章　从文献关联向教学关联的跨越

ISLI 标准在音乐教育领域的应用研究，不能单独从文献的角度出发，结合应用场景进行关联就停止了；虽然这是作为出版物标识最为基本的。如果将关联标准落地应用到音乐教育领域并在具体的教学和学习场景中得到"闭环"的效果，ISLI 标准还应该融合进入实际的教学过程当中，与更多的教学和学习要素相互结合起来，并达到相应的教学或学习目标，包括总目标和分目标，才能算完成了 ISLI 标准的应用目的。这个意思是说，ISLI 标准，应当跳出出版物的要素之间的关联，而应该将出版物的要素，与教学和学习要素关联起来，在教学和学习过程中，发挥出版内容资源的应有的作用。

第一节　学习元理论破除了知识元理论在教育中的尴尬

知识管理和服务，长期以来是停留在"文献"这一级别上的，出版"文献"也成为出版业的核心工作。但人类对于知识的需求并不总是是以"文献"为单位的，这也是出版物与读者需求之间长期存在的供求矛盾之一。徐如镜[①]（2002）指出，一旦实现知识的控制单位由文献深化到知识元（知识构建的不可分割的最小单元），大量文献中所包含的知识元及相关信息间的链接，将产生极大的知识增值。由于知识分裂化现象在信息化社会中发展加速，文献中存在着大量的未被发现的隐含的知识元及其关联，这种隐性知识元的关联发现，要比信息本身的增长更有价值。这段话的意思，一方面说明了人类已有的知识和学问，已经非常丰富，但还远远没有被充分地发掘和利用，即大量隐含的知识；另一方面说明，关联能够产生新的发现。

中新金桥公司开发的"E 知元"ISLI/KLS 标准应用系统，实际上是基于这一知识元的理论，建立了知识元（点）之间的关联，并嵌入图书之中通过数据库为底层进行关联媒体资源的应用。实践中，这种关联，为读者快速发现自己最需求的内容和多维度理解知识点带来了重大的改进。

但是这一做法，并不能适合所有的实践场景，在教育领域的应用中，就存在着一定的缺失。本文的研究，一定程度上弥补和丰富了 ISLI 标准与知识元理论的结合，或者说，将知识元在 ISLI 标准的结合，推送到具体的教育场景当中。

一、知识元与学习目标不匹配

知识元是揭示文献内容的最小单元和发现知识之间的关联。并没有面向某一个特点的学习目标。即在教育领域的知识元关联，是可能在忽略教学目

[①] 徐如镜．开发知识资源 发展知识产业 服务知识经济．现代图书情报技术．2002.S1.

标的情况下的关联。这是一个根本的区别，即原来知识元与 ISLI 标准的结合，并不存在一个"目标"，而是凭借着内在的关联就好，为各种场合下的知识发现做准备。而在教育场景下，这一点就有些不大适合了。

二、对知识元的了解不等于学习和教学

知识元的出现，更多的目的是为了发现，即通过语义知识体系，将知识元之间构建网状图谱结构。但是了解了这些关联，仍然只是学习的其中一个环节，并不是学习的全部，尤其不是在正规学校体系中，有规定教学目标和实际时间限制的情况下。所以，超越"知识元"，建立"学习元"，是 ISLI 标准在音乐教育领域当中应用的一个关键点。

三、学习元是 ISLI 标准在音乐领域应用的基础理论

学习元是北京师范大学教授余胜泉（2009）提出的，自提出开始持续至今，余胜泉及其学生进行着相关的实践活动。学习元定义为：具有可重用特性支持学习过程信息采集和学习认知网络共享，可实现自我进化发展的微型化、智能性的数字化学习资源[1]。

简单理解学习元，可以理解为：

面向学习目标；

最小的课程学习单元，知识元是学习元的组成部分，以知识表述的方式存在；

微型化和标准性，即学习元可以成为更高级别学习资源的基本组成部分；

此处的"元"反映了学习元具有类似神经元不断生长、不断进化的功能，其本质指的是学习元的智能性、生成性、进化性和适应性。

第二节　以教学目标引领的 ISLI 标准应用才是根本路径
——学习元的结构

出版界对于教育容易理解为以资源代替教学，即从资源出发去理解教学

---

[1] 余胜泉.杨现民.程罡.泛在学习环境中的学习资源设计与共享——学习元的理念与结构.开放教育研究.2009，（2）：47-53

过程。实际上，教学的复杂度是出版界的工作所不能覆盖的，尤其是教育目标，是出版界所无法完成的，只有教育界自己的力量才能完成，出版界为教育界准备了资源基础。学习元理论的出现是教育界在教育技术领域发展的一个结果，与出版界相通的地方是，学习元的基础也是数字化学习资源，而这些资源的加工与组织形式，与出版界的数字化内容，越来越相近似。简单地说，学习元的基础就是数字化学习资源，而基于ISLI标准和其思想与方法论的融合，成为构建学习资源的重要指南和路径。

学习元是对学习对象（教材课本）的进一步发展，是在汲取学习对象、学习活动技术促进教育资源共享理念的基础上，针对现有学习技术在非正式学习支持不足、资源智能性缺乏、学习过程中的生成性信息无法共享、学习内容无法进化等缺陷，提出的一种新型学习资源组织方式。

如下图，学习元包括的内容包括下列几个方面。

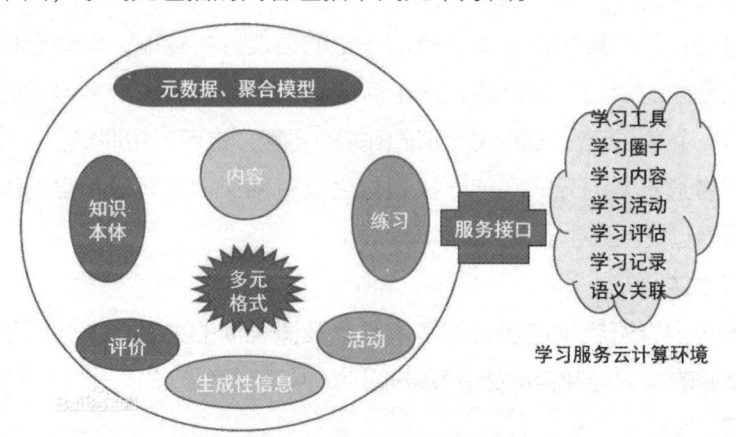

图16 学习元结构模型图[1]

学习元面向具体的学习目标，既能够自给自足、独立存在，又可以实现彼此联通，构建以学习者为中心的个性化知识网络，其内部包含元数据、聚合模型、领域本体、内容、练习、评价、活动、生成性信息、多元格式、服务接口等部分。

元数据

用于描述学习元的各种相关属性，以方便对学习元进行结构描述、分类

---

[1] 此图源自余胜泉，杨现民，程罡.《泛在学习环境中的学习资源设计与共享——"学习元"的理念与结构》OER.2009，15(1)

管理、浏览查找和共享互换等。

聚合模型

规定了学习元内部不同要素以及学习元之间的联结方式，与学习对象的层次聚合模型（篇、章、节、目的父子关系式的模式结构）不同，学习元采取基于语义的网络聚合模型（知识图谱式样的网络状结构），不同的元素和学习元之间以网状方式动态联结。它既可以将不同的学习素材聚合成学习元，也可以将不同的学习元聚合成更大结构的学习元或数字课程。其中，学习元动态联结的产生主要包含如下四种形式：

学习元的创作者将有关联的学习元按照一定领域知识的内在结构聚合成一个更大的知识网络。

学习元的使用者在使用过程中发现了相关的学习元和其他学习资源，将他们联结成自己的个性化知识网络。

通过设定的领域知识本体，借助一定的语义分析功能，自动查找具有相同或相似主题的学习元和资源，产生联结；记录和分析一个学习元的用户访问过的另一个学习元，从而寻找可能相关的要素，进而产生联结。

学习者通过学习元的联结，找到与之具有相似学习兴趣和学习历史的学友，从而透过资源产生人与人的网络联结。

领域本体

学习元内容所属领域包含的基本概念及概念间的关系，主要用于在相同或相似领域的学习元间自动建立动态联结、共享交换信息。

内容

学习元的主要部分，学习者从这里获取学习材料并对知识进行编码，在长时记忆中将原有的认知结构重组以建构新的认知结构。内容要有明确的主题和目标，粒度要小并且独立完整。

练习

主要用于促进新旧知识的整合，帮助学习者将新知识从短时记忆归属到长时记忆中进行重组以建构新的认知结构，练习的设计既要注重学习内容的细节又不能忽略学习内容的结构性。

评价

能够确定学习者对于内容的掌握情况，可以根据评价结果调整教学策略的应用。文本、声音、视频、程序语言、Flash 动画等任何所需的资源都可以作为说明、内容、练习和评估的材料，以便保证学习元的自给自足。

活动

指参照 IMS-LD 对学习活动的描述规范和运行机制，建构学习活动，从而实现学习过程、教学策略、教学活动层面的资源共享。

生成性信息

指学习元在使用过程中的生成性信息，包括用户的基本信息、交互过程中产生的信息、对学习元历次更新的信息等等。

多元格式

指学习元包含的学习内容、评估、练习、活动等允许以多种不同的文件格式存在，比如文本、图片、动画、视频、音频等。

服务接口

学习元与外部云计算环境进行信息交换的核心"通道"，一方面定义了用于获取和更新学习者在学习元内部进行学习活动的过程性信息的函数接口，另一方面定义了更新学习元内部各要素内容与结构的函数接口和数据结构，体现学习元的生成性（例如学习者对某段内容的笔记或者评论，提交的新的切合主题的资源，都会被以特定的格式标注，保存在学习元中，这些内容同样可以无缝迁移，为其他系统上的学习者所分享）。

以上 10 个结构元素，除去聚合模型、服务接口、多元格式、领域本体四个技术类因素外，其余都是学习要素，是可以纳入 ISLI 标准进行管理的。

元数据、内容、练习、评价、活动、生成性信息等 6 个要素，是 ISLI 标准在实施关联时，都应考虑到的。

第三节　ISLI 标准应用与资源聚合模型的关系

"关联"实际是一种资源的聚合与共现。以往 ISLI 标准的文章论述中，多强调了"共现"的问题，而没有就其前提条件，即"聚合"进行深入的研究。实际上，有了聚合，才能梳理关联关系，而关联进一步促进了聚合，在此基础上，经过标识符的标引之后才能有序地实现相关资源的共现。

学习元理论探讨了聚合模型，但是没有覆盖到内容资源更广泛的和更普遍的领域。

事实上，信息聚合正成为信息组织与检索领域的研究热点。曹树金[①]（2016）提出，现有信息聚合相关研究提出了以情景、关系和对象作为信息聚合概念的主要构成，依据聚合的情景、关系和信息粒度大小，将现有研究和实践中相关聚合模式归纳为情景聚合、语义聚合、引用聚合、社会网络聚合和粒度聚合五种主要模式和十二种表现形式。曹树金在此基础上提出多模式综合的深度聚合发展趋势：情景（场景）是决定关系和粒度等其他聚合要素的依据，而对不同粒度信息对象的聚合则是情景和关系聚合的落脚点。

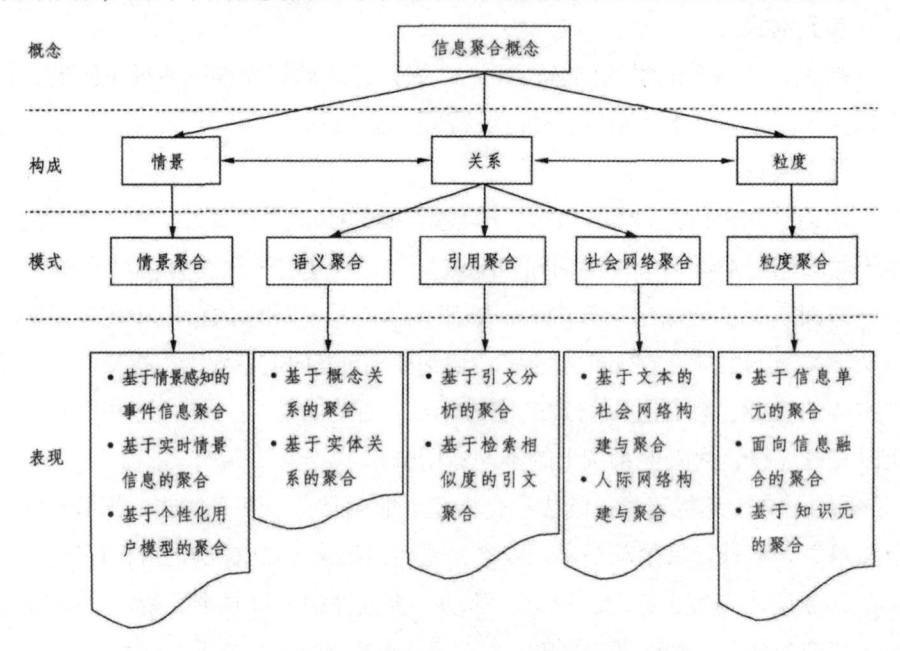

图 16　基于信息聚合概念构成的聚合模式与表现形式[②]

通过这个图示，可以比较清楚地知道，与"学习元"理论、与音乐教学相关的聚合模式，主要包括：语义聚合、粒度聚合、社会网络聚合三种模式。情景聚合，适合于新闻类信息和应急性场景的个性化使用的聚合，超过了

---

① 曹树金.马翠嫦.信息聚合概念的构成与聚合模式研究.中国图书馆学报.2016，（5）：4-19

② 此图源自曹树金、马翠嫦《信息聚合概念的构成与聚合模式研究》，中国图书馆学报，2016.5

ISLI 标准事前标引制作的范围；引用聚合，主要是学术文献的引用相互作为检索条件。所以就都从"学习元"的聚合模型中和 ISLI 标准的应用中去除。

一、语义聚合

语义聚合模式着重探索文本信息资源内容所包含的概念间或实体间关系，从而通过语义关系网络实现多类型资源（文本、馆藏、数据和服务）的聚合。

概念关系可分不同的层次，主要包括概念的包含关系，如分类法的类目等级关系，叙词法的属分关系，本体类的树状结构包含关系等。例如有学者研究如何揭示馆藏资源内部的知识对象以及知识对象间的语义关系，通过聚类、融合和重组使分散无序、相对独立的馆藏资源重新组织为一个新的有机整体。

二、基于信息资源粒度的聚合

基于聚合对象粒度的聚合主要是指对文本信息资源的解构与重组，例如知识元就是一种最小粒度。相关研究按照知识融合与发现的深度依次为基于信息单元的聚合、信息融合和基于知识元的聚合三大类型。因此，粒度聚合模式下的研究和实践除了具有聚合对象粒度较小的共同特征外，还可能同时具有情景聚合模式、关系聚合模式的特征。

1. 基于信息单元的聚合。基于信息单元的聚合主要是对数字或网络环境下文本信息单元中包含的相关信息的抽取、检索或重组。相关研究涉及数字文档和网络各类信息片段的解构与重组，既包括基于逻辑单元的聚合，也包括基于语义单元的聚合。当前，无论是数字资源还是网络资源的聚合，大都是基于逻辑单元的聚合，例如期刊论文章、节、段、句和图表等逻辑单元的聚合。

2. 面向信息融合的聚合。面向信息融合的聚合是指通过多源文本或多媒体片段的摘要与融合，实现面向特定需求的多类型信息融合与服务的聚合效果，可包括文本自动摘要、多媒体信息融合。

3. 基于知识元的聚合。基于知识元的聚合是以知识元理论为基础，实现基于知识单元及其语义关系的揭示与组织，从而达到按特定目标聚合的效果。基于知识元的聚合按照应用可分为学科领域的知识元聚合与舆情领域的知识元聚合两类。

知识元的识别与抽取常被用于构建具有一定结构和关联的知识体系，相关研究可包括：知识链接研究，学科领域多粒度知识组织体系构建、检索与整合，基于知识元的领域知识系统构建，通过情境下基于知识元的知识组织系统构建，实现按照学科领域需求从更小的粒度构建和揭示知识的聚合效果。

三、社会网络聚合

基于社会网络的聚合是指以社会关系分析的结果为依据进行的资源聚合。社会网络将社会行为者表达为节点，节点之间的联系表达为边。其中，边可以表达不同类型的关系，如血缘关系、合作关系、敌对关系等，而构成网络的实体关系可以延伸到表达事件中的谁（个人或组织等社会机构）、什么（任务、事件）、哪里（位置）、为什么（观念、情感、信仰）、如何（资源、信息）和何时（时间）等类中，从而实现多维度的甚至语义层面的聚合。

基于社会网络的聚合主要包括两种表现形式：基于文本的社会网络构建与聚合，基于文本的人际网络构建与聚合。

在教育过程中，学校、教师、学生之间组成了复杂的社会网络关系，以教育内容为纽带，产生了多维度的内容关联聚合关系。例如班级的同学之间，就一个学习内容的学习、讨论和发言的结果，都可以产生各种关联。在其中所发生的可以复用的学习成果，则可以进入教学的某种辅助体系当中，从而成为学习元的生成性信息，建立了新的关联，为学习元在其他学校或学习群体之间发挥复用的作用。

四、多模式综合的深度聚合发展趋势

在情景（场景）、关系和聚合对象三个聚合概念构成中，情景是由社会环境、信息组织和检索环境以及用户需求共同决定的；聚合对象的粒度大小实际上是根据社会环境和用户需求而定的，既受到来源信息粒度的影响，又受到信息组织和检索系统性能的影响；关系则是反映聚合情景和聚合对象关系的总和与落脚点；因此，情景是决定聚合其他要素的依据。情景的细化和深入研究势必带来多模式的综合应用，通过探索不同关系类型和不同粒度信息对象与各种情境下用户需求的关联关系，可以进一步满足用户复杂的、多

样的和动态的需求。

对基于关系的聚合而言，这种多模式综合发展的趋势突出表现为语义聚合所包含的基于概念关系或实体关系的聚合普遍存在于情景聚合和粒度聚合等多种模式中。

对于粒度聚合而言，作为组织对象的信息资源粒度的细化，使得面向情景的聚合控制可以跨越载体单元而深入内容本身，从而为面向用户多种情景下的动态需求和海量信息环境下对于目标信息的获取提供有力的支持；聚合粒度越小主题数量越丰富，主题间的语义关系越明确和丰富，为聚合单元的基于主题和非主题因素的多方面描述提供可能性，进一步增加聚合搜索的语义准确性，以及多种情景下语义聚合的智能化。

对比以上的论述，可以看出教育场景的内容聚合，融合了基于关系的聚合以及基于粒度的聚合。教育场景规划了各种聚合的目的与结果，而粒度的聚合，尤其是为教学目标服务的知识元（知识点）的聚合，这个粒度也是教学的最小粒度，与教育过程中形成的社会关系一并组成了更大的学习内容群组和适应更高的学习目标。从而与学习元的理论形成了相对完整的对接。

第四节 学习元聚合模型的比较分析及与 ISLI 标准的结合

一、聚合模型的比较与优化

根据曹树金（2016）等的研究，信息资源聚合模型从场景、关系、粒度三个方面构成 5 种模型，12 个表现。

根据余胜泉（2009）等的研究，学习元的聚合模型包括 4 个模型：学习元之间聚合、个性化需求人工聚合、语义智能聚合、学习者关系使用记录聚合。

显然曹树金的研究更加富有系统性和高度的总结性，学习元的聚合模型应当优化提升。根据 ISLI 标准的特点和前述本文的分析，学习元的聚合模型可以表示为：

学习内容粒度的聚合。即（1）最低层级的学习元内部的内容的知识元之间的聚合；（2）学习元内部构成要素之间；（3）学习元之间；（4）学习元上各级内容"知识群"课程之间。

语义关系聚合。学习元概念之间、实体之间的聚合，与粒度聚合中的知识元聚合有相同关联之处。

学习关系聚合。学习者之间、学习者与教授者之间、作者与学习者、教授者之间，都可以因学习元的某个要素而发生关联，形成聚合。

个人学习场景聚合。个人因个性化学习需要而将不同的内容聚合并共现。

二、ISLI 标准对于学习元的扩展应用

从以上对比分析中，可以看出，学习元的聚合模型，仍然在信息聚合概念范围之内的针对教育领域的应用。

就面向音乐教育的出版而言，依据优化后的学习元的聚合模型，将 ISLI 标准应用其中，构建新型的出版物，是本研究课题的重点。

借鉴前文提到的"E 知元"的研究成果，从知识服务的角度，中新金桥的研究已经将基于知识元的 ISLI/KLS 标准达到应用的水平。从"粒度聚合模型"来看，学习元实际是粒度大于知识元的信息单元的聚合，仍然属于粒度聚合范畴当中。所以，学习元的 ISLI 标准应用，可以在"E 知元"应用的基础上，扩展到如下几个方面：

学习元内部构成要素之间的关联，包括：元数据、内容、练习、评价、活动、生成性信息等 6 个方面（元数据仅在网络环境中出现）。

学习元之间的关联。

学习元与"知识群"之间的关联。若干个学习元组成知识群，完成更高一级的教学目标。

三、学习社会关系的关联

ISLI 标准并没有限定关联仅存在于资源之间。基于社会网络聚合的理论，学习元与学习者之间，知识元与学习者之间，在系统环境下，都可以建立关联关系，从而掌握每个学习者的学习状态和对于知识的掌握情况，建立学情分析的基础数据。在学习者与学习者之间，也可以建立关联，从而方便学习者之间的交流和对于学习痕迹的追踪，从而形成经验的分享，在学生中自然产生的"意见领袖"，将从另外一个角度，辅助教师或通过互相帮助实现学习目标，从而提高普遍的或整体的学习效果。

鉴于本课题的理论性，暂时没有条件对于学习元的 ISLI 标准应用进行

技术实施和验证。余胜泉教授及其学生,已经开发有相关的知识元服务系统[①],未来如果有需要,可以单独建立一个课题,对于ISLI标准和学习元的结合展开深入的研究,并进行有关的教育教学实际操作,从而验证理论的正确性和丰富ISLI实践的多样性,将ISLI标准的应用朝着发挥实际效果更进一步。

第七章　对于ISLI标准应用发展的建议

如前文所述,目前ISLI/MPR出版物已经超过8000余种,从2015年标准正式颁布开始到目前,已经过去三年。成绩虽然可喜可贺,但是与我国每年40余万种新书和重印书的数量相比,所占比重还是过小。距离新闻出版署和行业的期望值还有比较大的距离要走。音乐类出版物,因为其学科特点,即先天的图、文、声、像俱全和对于关联的需求的必要性和充分性,可以作为一个品类的突破口。例如,曲谱和音频的对应,或曲谱对于视频中教师的弹奏、音频的进度的对应,在光标以不同的速度扫描曲谱时,音频以不同的速度播放,教师的视频示范以不同的速度进行演示。这种教学当中常见的多媒体互动和内容的关联,将为ISLI的应用展示出生动的场景。

目前ISLI标准推广过程中的痛点主要有2个:

一是产品的问题:ISLI产品的单一性和技术限制,导致出版者认识的局限,阻碍了发展;即目前做出的产品限于MPR产品,也形成了既定的产品线,操作也比较熟悉。但是,这种局限的长期发展,确实限制了创新思维的拓展。

二是生产上的问题:制作方面的限制,阻碍了ISLI出版物丰富创意无法落地的尴尬。由于数字出版工具的不成熟,制作比较复杂的ISLI产品,需要很复杂的系统开发,这个不是一家出版社或内容机构所能承担的,需要一个生态环境所共同制造。

本课题的研究的所有路线,都是围绕上述两个痛点展开的。本课题对于目前ISLI标准的应用推广,提出两个方面的建议,建议在开展下一步的研究中,促进ISLI标准应用成为出版社的日常工作之一。

---

① 杨现民．王娟．魏雪峰．学习资源建设与发展(第一版)．电子工业出版社．2017

第一节　出版社内部生产系统的完善

一、关联挖掘与自动组配标引

出版社应当首先建构和完善碎片化与标引加工系统，在这个系统的工作中，将每个数字"实体"都得到标引和相应的元数据。在此基础上，可以进行"关联挖掘"，即不断通过主题词表、知识图谱技术发现关联的内容，并经过筛选后，自动或半自动设置关联。建立 ISLI 元数据库，并在出版物出版时注册 ISLI 编码，在出版物组合好有关的关联后，进行 ISLI 注册编码的分配，进入下一个编辑成书的程序。

这一过程，需要对于"全媒体资源管理平台"进行升级改造，并在 ISLI 注册中心的指导下建立"ISLI 编码管理系统"，与资源管理系统、版权资产管理系统、知识服务系统等紧密结合在一起，形成转型升级的资源管理大平台。

目前比较可行的做法是，在全媒体资源管理系统之外，另外建立独立的 ISLI 标准元数据库，通过接口标准，将全媒体资源系统与 ISLI 元数据库实现协同运作，作为整个复合出版系统的基础构件。

二、关联词典

经过关联挖掘后，通过一系列筛选技术，不断在消化新内容的基础上形成关联词典，并逐步丰富和优化这个关联词典。尤其是在知识服务的支持下，将知识叙词表构建和知识本体构建，逐步与 ISLI 关联结合起来，形成丰富的关联词典，使其不断地在实践中得到检验，成为标准可靠的关联底层，供所有类型出版物，在任何时间和情况下使用，灵活支持 ISLI 出版工作。

事实上，关联词典的构建，也是内容聚合的基础，通过关联词典，将更广泛的内容，发现内在的联系，通过技术手段，进行聚合，为 ISLI 标准的应用，打下基础。

三、与第三方版权资产系统结合

关联应用的丰富性和自身拥有资源的有限性以及生产资源的成本之间的矛盾，总会是突出存在的。为解决这一问题，需要与更多的第三方版权资源方合作。这时应呼吁有更多的公共版权机构的诞生，为行业服务，并开放 API 接口，为出版社的资源关联系统服务。从而实现版权交易的碎片化和自动化。

第二节　ISLI 产品形式的多样化

从音乐教育和出版的场景应用出发考察对于 ISLI 出版物的需求，最后都要落实到出版物本身的设计和生产上。所以 ISLI 标准下的技术发展、ISLI 出版物的产生、传统的场景和场景的革命，几个问题交织在一起，凝结在最后的还是 ISLI 出版物的产生，可定价、可操作、可更新。

针对音乐教育特点的出版物，主要是：

ISLI 音频课程

主要包括音乐欣赏课等适合单独音频传播的课程。

ISLI 视频课程

上述 2 种课程都是把传统音乐教学以文本为主，变成顺应音乐天性，以视听为主，但不抛弃文本，而是通过关联，把碎片化的文本，随着课程的进度完美地呈现。最后整个课程也可以关联共现完整的文本教材。

ISLI 直播课

在 ISLI 资源库的支持下，动态与直播课的进度相结合，同步实现关联，将文本阅读、听音频、看视频、听讲解、回答问题，在直播的过程中一气呵成，以互动的方式，实现在线的纠错与知识的吸取。

ISLI 智能测评出版物

通过声音直接通过智能识别系统进行测评，并能纠错，给予指导。指导以关联的图、文、音视频等多媒体呈现，从而帮助学生克服缺陷，抓住要领，实现学习目标。这种关联是动态关联，在需要纠错的地方，进行动态关联，需要有强大的智能识别系统和数据库系统进行支持。

第三节 技术的改进

一、后期的无限制增补与删改

不论纸版图书还是 ISLI 电子书等源载体，在关联目标资源时，需要不断根据出版物的使用情况进行新的资源的关联，或者增补和删改。目前不能做后期处理的，主要是 ISLI/MPR 标准，可以如前文所提到的"麦片科技的 MP 码"技术融合，形成可以后期进行关联的纸版 MPR 技术。

二、AR 技术的引入

音乐类图书有个特点，就是数十年内反复使用的教材很多，例如"汤普森钢琴教学"、人音社的"红皮书"系列。这些教材反复印刷，如果新的印刷版本中加入了 ISLI 标准应用，老的版本使用者如何应对，就成了一个问题。对这一问题，AR 技术可以发挥作用。按照页面，将关联的资源与新版一样进行 AR 技术的关联处理，做成 AR 书。当使用 AR 进行扫描页面的时候，在 AR 扫描框内可以看到所关联的资源。这样，旧版图书的新旧更替的问题就解决了。

三、降低点读笔的成本，蓝牙关联其他设备

简化和改进点读笔的设计，产品分级生产，降低普通消费者购买成本是推广 ISLI 标准图书的重要一点。当前，出版社难以推广 ISLI 标准的一个障碍就是，出版社对点读笔的 MPR 构建等同认知了 ISLI 标准，认为动辄数百元，甚至上千元的点读笔，给读者附加设备才能阅读一本书，必将对纸书销售形成障碍。所以出版社对于 ISLI 的热情不高。但点读笔的成本是可以通过技术改进下降的。

四、行业机制的改进

出版社传统意义上的关联资源，并不受到重视，音乐类的音视频大多由作者生产，量少而难以做到精品。单独出版的音视频，产品特性更好，但是成本比较高。第三方版权与服务的专业机构的产生显示了其必要性，即成为行业资源的集成商，并能在海量资源中进行关联挖掘，与出版社自己建设的

关联资源结合，从而支持出版社构建一本更加丰富的 ISLI 出版物。

五、成为出版社融合出版战略规划

鉴于融合出版的发展趋势，ISLI 标准是促进融合发展的最关键的标准，在这一标准之下，新技术不停地被开发出来，能够支持的 ISLI 出版物的品种也会越来越多，意味着融合出版的路径越来越丰富，也就更加地适应了市场对于融合出版的需求。ISLI 标准与融合出版密不可分，所以出版社应当把 ISLI 标准的实施提升到融合出版的战略高度，认识到融合的关键是"关联"，关联的标准是 ISLI，反映了出版工作从"实体"标识符发展到"关联"标识符的重大历史意义。

第八章 总结

ISLI 标准的发布，将出版业海量的内容资源中零星的关联构建，推上了系统化和全球化的高度，适应了在互联网＋和数字化时代的融合出版的发展大趋势。ISLI 标准的发布，从本质的意义上讲，是将出版物媒体要素之间的"关联"管理起来了，正如 ISBN 号把全世界的图书管理起来了。在 ISBN 出现之前就有图书，同样在 ISLI 标准之前，出版物中就有着大量的关联构建，但是各行其是，各有标准。

ISLI 标准给予了"关联"以巨大的空间，本质上是各种类型的媒体碎片化到最小单位，然后进行关联挖掘实现关联，从源到目标，与知识体系相结合，循环关联，随需应变。从曲谱到音频也好，从图书到视频，或者是倒过来，都是 ISLI 标准框架范围内的，不论消费者有什么样的使用习惯，当需要多种媒体从不同的角度以不同的方式进行"共现"的时候，ISLI 标准都将发挥作用。

鉴于音乐领域的天然多媒体、立体化的特性，资源"共现"的场景比较多，所以是从某一个领域全面应用并有所突破 ISLI 使用的重要试验场。突破现有 ISLI/MPR（纸、电）的应用，可以开发 ISLI 音频课程、ISLI 视频课程、ISLI 直播课程、ISLI 智能测评出版物等，并实现对于课堂或远程或自学的各种场景的适应，甚至在智能技术发展的推动下，实现场景的革命。

但要使得 ISLI 标准在音乐领域的应用能推广开来，内部以 ISLI 标准为核心进行适应性系统改造是必要的环节，才能支持持续性的、及时的、大规模的 ISLI 出版物的开发。内部系统的改造受 ISLI 出版物市场的拉动，并推动整个应用的不断升级。

参考文献

[1] 杨现民.王娟.魏雪峰.学习资源建设与发展（第一版）.电子工业出版社，2017

[2] 黄肖俊，吕肖庆.数字出版与数字图书馆（第一版）.电子工业出版社，2013

[3] 左美丽.ISLI 在出版领域的应用综述.出版参考，2016，（8）：9-11

[4] 刘颖丽.ISLI 在数字教育出版的应用探析.科技与出版.2016，（11）：44-47

[5] 冯思然.关于 ISLI 标准应用推广工作的思考.出版参考.2017，（4）：20-22

[6] 杨晓新.杨海平.AR 出版物标准体系建设.中国出版.2018，（8）：12-16

[7] 冯宏声.出版的未来与 ISLI 标准的应用.出版参考.2017，（4）：5-9

[8] 张承军.基于 ISLI 标准的"一册一码"平台建设 及其在图书出版领域的实现.出版纵横.2018，（1）91-95

[9] 赵海韬.周长岭.李文燕.ISLI 在知识服务中的应用研究.出版参考.2017，（4）：14-17

[10] 余胜泉.杨现民.程罡.泛在学习环境中的学习资源设计与共享——学习元的理念与结构.开放教育研究.2009，（2）：47-53

[11] 杨现民.程罡.余胜泉.学习元平台的设计及其应用场景分析.环境建设与资源开发.2013，（3）：55-61

[12] 曹树金.马翠嫦.信息聚合概念的构成与聚合模式研究.中国图书馆学报.2016，（5）：4—19

[13] 陕西人民美术出版社.ISLI/MPR 数字出版物项目报告.2017

[14] GB/T32867—2016.中国标准关联标识符（ISLI）.中国质检出版社.2016

[15] ISLI 国际注册机构.ISLI 应用指引（信息内容产业－简体中文）.2017

[16] 广西教育出版社.桂版《音乐》初中版方案报告.2017

（课题组成员及执笔人：张书卿、杨文胜、贾大林、丁旭东、余原）

我国出版企业上市募投项目研究[1]

第一章 总体情况

一、上市公司情况

随着出版发行业迎来新一轮上市潮，上市企业中，陆续出现了一些出版发行企业的身影，如：中南出版传媒集团股份有限公司、读者出版传媒股份有限公司、新华文轩出版传媒股份有限公司、南方出版传媒股份有限公司、北京中文在线数字出版股份有限公司、中国科技出版传媒股份有限公司、中国出版传媒股份有限公司等等。这些上市企业基本都具有明显的内容产业特色；全产业链的公司定位，立足于出版又超越了出版；依托公司核心优势，具有传统与新兴产业并重的特点，而这些特点的集中体现就是募投项目。从企业募投项目中就能看出一个企业的发展前景，而从一些企业募投项目，也可以看出出版发行业的转型趋势。

截至2017年12月，国内已经上市的和已向在证监会提交上市申请（含曾经提交上市申请但已终止审核的企业，不包含借壳上市和印刷企业）的出版传媒企业共有25家，包括山东世纪天鸿文教科技股份有限公司、中南出版传媒集团股份有限公司、江苏凤凰出版传媒股份有限公司、北方联合出版传媒（集团）股份有限公司、南方出版传媒股份有限公司、中国科技出版传媒股份有限公司、中国出版传媒股份有限公司、读者出版传媒股份有限公司、广东广州日报传媒股份有限公司、安徽新华传媒股份有限公司、新华文轩出版传媒股份有限公司、新经典文化股份有限公司、天舟文化股份有限公司、

---

[1] 此课题研究范围不包含港澳台地区。

山东世纪天鸿文教科技股份有限公司、掌阅科技股份有限公司、北京掌趣科技股份有限公司、中文在线数字出版集团股份有限公司、北京昆仑万维科技股份有限公司、人民网股份有限公司、新华网股份有限公司、江苏可一文化产业集团股份有限公司、湖北知音传媒股份有限公司、吉林出版集团股份有限公司、北洋出版传媒股份有限公司和中信出版集团股份有限公司。

其中，除中信出版集团股份有限公司、北洋出版传媒股份有限公司已提交申请证监会正在审核中，江苏可一文化产业集团股份有限公司、湖北知音传媒股份有限公司、吉林出版集团股份有限公司3家公司终止审查或暂停上市外，其余20家出版传媒公司均已成功上市。已上市的20家企业中，有4家出版发行类公司，4家出版类公司，1家报业公司，5家发行公司，6家新媒体公司。（具体情况详见表1-1。）

二、募投项目情况

课题选取了截至2017年12月国内已经上市的或已在证监会备案的21家出版上市企业（包括山东世纪天鸿文教科技股份有限公司、中南出版传媒集团股份有限公司、江苏凤凰出版传媒股份有限公司、北方联合出版传媒〔集团〕股份有限公司、南方出版传媒股份有限公司、中国科技出版传媒股份有限公司、中国出版传媒股份有限公司、读者出版传媒股份有限公司、广东广州日报传媒股份有限公司、安徽新华传媒股份有限公司、新华文轩出版传媒股份有限公司、新经典文化股份有限公司、天舟文化股份有限公司、山东世纪天鸿文教科技股份有限公司、掌阅科技股份有限公司、北京掌趣科技股份有限公司、中文在线数字出版集团股份有限公司、北京昆仑万维科技股份有限公司、人民网股份有限公司、新华网股份有限公司、中信出版集团股份有限公司）的109个IPO募投项目进行研究。此109个募投项目分为传统出版类、复合出版类、数字出版类、发行类、印刷类、管理信息系统建设类、游戏类、其他类以及补充流动资金九个大类。其中传统出版类项目共有8个，复合出版类项目共有4个，数字出版类项目共有25个，发行类项目共有28个，印刷类项目共有5个，管理信息系统建设类项目共有11个，游戏类项目共有9个，其他类共有8个。（以上7类分类详情见本文第二章到第九章。）

补充流动资金是指募集资金用于补充流动资金的部分。在募投中，列有

表1-1 25家出版传媒公司基本信息表

序号	公司代码	上市公司名称	股票简称	业务类型	上市地与股票类型	公司所在地	公司上市时间
1	601019	山东出版传媒股份有限公司	山东出版	出版发行	上证A股	山东省济南市市中区英雄山路189号	2017-11-22
2	601098	中南出版传媒集团股份有限公司	中南传媒	出版发行	上证A股	湖南省长沙市开福区营盘东路38号	2010-10-28
3	601928	江苏凤凰出版传媒股份有限公司	凤凰传媒	出版发行	上证A股	江苏省南京市鼓楼区湖南路1号凤凰广场B座	2011-11-30
4	601999	北方联合出版传媒（集团）股份有限公司	出版传媒	出版发行	上证A股	辽宁省沈阳市和平区十一纬路29号	2007-12-21
5	601900	南方出版传媒股份有限公司	南方传媒	出版	上证A股	广东省广州市越秀区水荫路11号	2016-2-15
6	601858	中国科技出版传媒股份有限公司	中国科传	出版	上证A股	北京市东城区东黄城根北街16号	2017-1-18
7	601949	中国出版传媒股份有限公司	中国出版	出版	上证A股	北京市东城区朝阳门内大街甲55号	2017-8-21
8	603999	读者出版传媒股份有限公司	读者传媒	出版	上证A股	甘肃省兰州市城关区南滨河东路520号	2015-12-10
9	2181	广东广州日报传媒股份有限公司	粤传媒	报业	深证A股	广东省广州市白云区增槎路1113号	2007-11-16
10	601801	安徽新华传媒股份有限公司	皖新传媒	发行	上证A股	安徽省合肥市包河区北京路8号	2010-1-18

续表

序号	公司代码	上市公司名称	股票简称	业务类型	上市地与股票类型	公司所在地	公司上市时间
11	601811	新华文轩出版传媒股份有限公司	新华文轩	发行	上证A股	四川省成都市金牛区蓉北商贸大道文轩路6号	2016-8-8
12	603096	新经典文化股份有限公司	新经典	发行	上证A股	北京市西城区北三环中路6号	2017-4-25
13	300148	天舟文化股份有限公司	天舟文化	发行	深证创业板	湖南省长沙市岳麓区银杉路31号绿地中央广场紫峰写字楼	2010-12-15
14	300654	山东世纪天鸿文教科技股份有限公司	世纪天鸿	发行	深证A股	山东省淄博市张店区高新区天鸿路9号	2017-9-26
15	603533	掌阅科技股份有限公司	掌阅科技	新媒体	上证A股	北京市朝阳区东三环中路39号建外SOHO23号楼	2017-9-21
16	300315	北京掌趣科技股份有限公司	掌趣科技	新媒体	深圳创业板	北京市海淀区宝盛南路1号奥北科技园领智中心C座	2012-5-11
17	300364	中文在线数字出版集团股份有限公司	中文在线	新媒体	深圳创业板	北京市东城区东总布胡同58号天润财富中心13-14层	2015-1-21
18	300418	北京昆仑万维科技股份有限公司	昆仑万维	新媒体	深圳创业板	北京市东城区西总布胡同46号明阳国际中心B座	2015-1-21
19	603000	人民网股份有限公司	人民网	新媒体	上证A股	北京市西城区新街口外大街28号B座234号	2012-4-27
20	603888	新华网股份有限公司	新华网	新媒体	上证A股	北京市西城区宣武门西大街129号金隅大厦	2016-10-28

续表

序号	公司代码	上市公司名称	股票简称	业务类型	上市地与股票类型	公司所在地	公司上市时间
21	已提交申请，审核中	中信出版集团股份有限公司	—	出版发行	深证A股	北京市朝阳区安立路66号4号楼	2017-5-2
22	A01726.SH	湖北知音传媒股份有限公司	知音传媒	出版	上交所	湖北省武汉市武昌东湖路169号	20141114申报（终止审查，未上会）
23	A01577.SH	江苏可一文化产业集团股份有限公司	可一集团	发行	上交所	江苏省南京市栖霞区尧化街道尧胜村	20140506申报（终止审查，未上会）
24	A02982.SH	吉林出版集团股份有限公司	吉林出版	出版发行	上交所	吉林省长春市人民大街4646号	20170707申报（终止审查，未上会）
25	A02753.SH	北洋出版传媒股份有限公司（河北出版集团）	北洋传媒	出版发行	上交所	河北省石家庄市友谊北大街330号	20171013申报（预先披露更新，未上会）

资料及数据来源：文中多涉及各上市公司数据及资料均采集于中国证券监督管理委员会网站（http://www.csrc.gov.cn/pub/newsite/）所公布的"发行监管部首次公开发行股票审核工作流程及申请企业情况"及上海证券交易所和深圳证券交易所网站公告的上市公司年报、上市公司年报、专项报告等情况信息披露文件。

114

补充流动资金项的公司共 11 个，分别为山东出版、中南传媒、凤凰传媒、南方传媒、中国科传、中国出版、新经典、出版传媒、天舟文化、掌趣科技和已在证监会备案排队中的中信出版集团股份有限公司。山东出版的补充流动资金金额为 54219.72 万元，占公司募投项目投资总额的 20.69%；中南传媒的补充流动资金金额为 18500.00 万元，占公司募投项目投资总额的 9.99%；凤凰传媒的补充流动资金金额为 25000.00 万元，占公司募投项目投资总额的 9.05%；南方传媒的补充流动资金金额为 10000.00 万元，占公司募投项目投资总额的 10.10%；中国科传的补充流动资金金额为 8500.00 万元，占公司募投项目投资总额的 10.19%；中国出版的补充流动资金金额为 6000.00 万元，占公司募投项目投资总额的 2.59%；新经典的补充流动资金金额为 7000.00 万元，占公司募投项目投资总额的 10.54%；出版传媒的补充流动资金金额为 18650.00 万元，占公司募投项目投资总额的 26.50%；中信出版集团股份有限公司的补充流动资金金额为 2000.00 万元，占公司募投项目投资总额的 2.08%；天舟文化和掌趣科技所列的其他与主营业务相关的营运资金项无具体投资。这些公司补充流动资金金额均未超公司募投项目投资总额的 30.00%。

第二章　传统出版类项目

传统出版类项目主要指纸质出版项目。此类项目共有 8 个，分为图书项目、期刊项目、内容策划与发行项目三小类。

第一节　图书项目

一、公司业务类型

传统出版类图书项目共有 4 个，分别是山东出版的特色精品出版项目、中国科传的"中国科技文库"重大图书出版项目、中国出版的品牌目录图书出版项目、读者传媒的特色精品图书出版项目。这几个项目的上市公司业务类型以出版或出版发行为主。（详见表 2-1。）

表 2-1 传统出版类图书项目公司业务类型表

序号	公司代码	上市公司名称	股票简称	业务类型	募投项目名称
1	601019	山东出版传媒股份有限公司	山东出版	出版发行	特色精品出版项目
2	601858	中国科技出版传媒股份有限公司	中国科传	出版	"中国科技文库"重大图书出版项目
3	601949	中国出版传媒股份有限公司	中国出版	出版	品牌目录图书出版
4	603999	读者出版传媒股份有限公司	读者传媒	出版	特色精品图书出版项目

二、建设内容

山东出版的特色精品出版项目契合并遵循了正在实施的提升公司核心竞争力的出精品书、创品牌社的"双品工程"建设规划。以"特色精品出版项目"的出版为契机和基础,建设"特色精品图书出版基地",延伸一般书出版的产品线,打造一般书出版的产品集群,形成具有齐风鲁韵、展现中华优秀文化特色和悠久传统的产品体系,进一步提升公司在国内图书出版市场的竞争力和影响力和品牌形象,逐步实现公司主业出版的战略发展目标。项目分为 6 个板块,即传统典藏板块、人文阅读板块、文化艺术板块、少儿启迪板块、医学精品板块、名人文集板块,共计 870 卷(种)图书,24 套,总印数 937.6 万册。项目依托山东省、国内外丰厚的特色文化资源、作者资源和内容资源,在充分的选题构思和内容策划、细致的目标市场和读者群体分析的基础上,进行了深度的挖掘和详细的阐释,使地域文化的优势得到最大程度的发挥和充分的利用。

中国科传的"中国科技文库"重大图书出版项目以立足知识创新源头,融入学术活动过程,进一步提升内容生产能力与核心竞争力为核心,选择"中国科技文库"重大图书出版项目作为重点投资方向之一。通过项目建设,公司将在 6 年内,编辑、出版基础科学研究、工程技术、科学文化与医药卫生等方面 14 个系列 89 种丛书(系列书),共计 3649 种图书,提升公司整合内容资源的能力,强化公司在各专业出版领域中的市场地位和竞争优势。

中国出版的品牌目录图书出版项目计划在 5 年内投资符合国家重大战略需求的品牌目录图书项目。项目包括"优势拓展"和"品牌提升"两大板块。"优势拓展"板块包括《法律讲堂》《中国历代名家精品集》《思溪藏》《自然文库系列》以及《秦岭中草药资源志》共 5 个系列。"品牌提升"板块包括《汉译世界学术名著丛书（第 17—24 辑）》《少儿音乐快乐启蒙丛书》《一学就会演奏系列丛书》以及《快乐鸟注音读物系列》共 4 个系列。

读者传媒的特色精品图书出版项目是对《读者》杂志为核心的人文情感类期刊以及以甘肃地域文化为代表的西北史地类图书两大出版物的深度挖掘与发展，是公司的核心竞争力所在。它将建设"读者传媒特色精品图书出版基地"，丰富公司一般图书出版产品。本项目计划共出版 6 个系列共 125 种的人文经典类图书、4 个系列共 224 种的西部文史类图书、2 个系列共 239 种的青少年启迪类图书，另外搭配一定的资金用于该项目相关的管理费用、营销物流费用等。

三、投资规模及执行情况

山东出版的特色精品出版项目建设期为 3 年，总投资 15090.04 万元，占公司募投项目投资总额的 5.76%。截至 2017 年 12 月 31 日，该项目暂无进度，项目处于执行中。中国科传的"中国科技文库"重大图书出版项目建设期为 6 年，总投资 26546.33 万元，占公司募投项目投资总额的 31.83%。截至 2017 年 12 月 31 日，该项目暂未启动。中国出版的品牌目录图书出版项目建设期为 5 年，总投资 11800.00 万元，占公司募投项目投资总额的 5.10%。截至 2017 年 12 月 31 日，该项目暂未启动。读者传媒的特色精品图书出版项目建设期为 3 年，总投资 4754.73 万元，占公司募投项目投资总额的 9.43%。截至 2017 年 12 月 31 日，该项目已完成 10.65%，项目处于拟变更阶段。

表 2-2　传统出版类图书项目投资及进度表

序号	公司代码	上市公司名称	股票简称	募投项目名称	项目投资金额（万元）	建设期（年）	17年项目进度情况(%)	项目状态
1	601019	山东出版传媒股份有限公司	山东出版	特色精品出版项目	15090.04	3	—	执行中
2	601858	中国科技出版传媒股份有限公司	中国科传	"中国科技文库"重大图书出版项目	26546.33	6	0.00%	未启动
3	601949	中国出版传媒股份有限公司	中国出版	品牌目录图书出版	11800.00	5	—	未启动
4	603999	读者出版传媒股份有限公司	读者传媒	特色精品图书出版项目	4754.73	3	10.65%	拟变更

第二节 期刊项目

一、公司业务类型

传统出版类期刊项目共有1个,是读者传媒的刊群建设出版项目这个项目的上市公司业务类型主要以出版为主。

二、建设内容

读者传媒的刊群建设出版项目以中等收入阶层和青少年为目标读者群体,强化本公司的信息筛选辨别能力。该项目陆续开发或升级改版6类期刊,分别为综合阅读类、社会漫评类、科普探索类、家庭理财类、高端时尚类和健康生活类。该项目将迎合大众期刊市场小众化、深度化、专业化的发展趋势,优化期刊发行收入和广告收入的结构。该项目的实施,进一步丰富公司现有期刊集群,扩展读者覆盖面,巩固公司在大众期刊出版领域的市场竞争地位,增强整体经济实力和市场竞争力。

三、规模及执行情况

读者传媒的刊群建设出版项目建设期为3年,总投资25510.50万元,占公司募投项目投资总额的50.61%。截至2017年12月31日,该项目暂无进度,项目处于拟终止阶段。

第三节 内容与策划发行项目

一、公司业务类型

传统出版类内容与策划发行项目共有3个,分别是出版传媒的出版策划项目、天舟文化的内容策划与图书发行项目、世纪天鸿的内容策划与图书发行项目。这几个项目的上市公司业务类型以出版或出版发行为主。(详见表2-3。)

表 2-3　传统出版类内容与策划发行项目公司业务类型表

序号	公司代码	上市公司名称	股票简称	业务类型	募投项目名称
1	601999	北方联合出版传媒（集团）股份有限公司	出版传媒	出版发行	出版策划项目
2	300148	天舟文化股份有限公司	天舟文化	发行	内容策划与图书发行项目
3	300654	山东世纪天鸿文教科技股份有限公司	世纪天鸿	发行	内容策划与图书发行

二、建设内容

出版传媒的出版策划项目是公司利用本次募集资金设立辽宁出版策划有限责任公司，在一个更高的平台上，将出版资源与资金有机的整合起来，同时面向全国和国际出版市场，利用资本运作机制发现好的选题、作者、版权，实现业务良性的发展，达到中国出版业资本和出版资源相互融合的目的。这对提高公司的选题策划能力、提高市场占有率、增强公司核心竞争力、提升公司在中国出版业的影响力有积极的作用。

天舟文化的内容策划与图书发行项目包括"天舟学练王"品牌系列内容开发、"红魔英语"品牌系列内容开发、"少儿图书"系列内容开发和内容设计制作设备购置 4 个子项目，以及相应的图书发行项目。公司采取"首次开发"与"升级改版"相结合，并"持续开发"的模式进行开发。

世纪天鸿的内容策划与图书发行项目以建立强大的内容策划能力为核心，以提升健康阅读提高素质为宗旨，通过精钻高考教辅图书，延伸幼儿图书产品线，开拓学生工具书，升级心理健康书籍等举措，逐步将公司打造成为实力雄厚、品牌突出、管理规范、运行高效的高水平、综合性、国际化内容策划与发行集团。本次内容研发及图书发行项目主要分为高考专项书籍、幼儿书籍、学生用工具书和心理健康教育 4 个方向，共发行图书 247 个新品，致力打造适销对路的精品书籍。

三、投资规模及执行情况

出版传媒的出版策划项目总投资 8646.00 万元，占公司募投项目投资总额的 12.28%。截至 2017 年 12 月 31 日，该项目已终止。天舟文化的内容策划与图书发行项目建设期为 3.5 年，总投资 7604.24 万元，占公司募投项目投资总额的 53.83%。截至 2017 年 12 月 31 日，该项目已完成。世纪天鸿的内容策划与图书发行项目建设期为 3 年，总投资 7962.85 万元，占公司募投项目投资总额的 38.95%。截至 2017 年 12 月 31 日，该项目已完成 0.69%，处于执行中。

表 2-4　传统出版类内容策划与发行项目投资及进度表

序号	公司代码	上市公司名称	股票简称	募投项目名称	项目投资金额（万元）	建设期（年）	17年项目进度情况(%)	项目状态
1	601999	北方联合出版传媒（集团）股份有限公司	出版传媒	出版策划项目	8646.00	—	已终止	已终止
2	300148	天舟文化股份有限公司	天舟文化	内容策划与图书发行项目	7604.24	3.5	100.00%	已完成
3	300654	山东世纪天鸿文教科技股份有限公司	世纪天鸿	内容策划与图书发行	7962.85	3	0.69%	执行中

第四节　小结

传统出版类项目共有 8 个，其中的图书项目有 4 个，一般以出版纸质系列图书产品为建设内容，其公司业务类型主要以出版或出版发行为主，收入来源主要为图书销售收入；期刊项目有 1 个即期刊出版项目，以开发或升级改版期刊为建设内容，其收入来源为期刊销售收入；内容策划与发行项目有 3 个即"图书出版+图书发行"的项目，其投资主要用于图书内容的研发和相应的图书的发行，收入来源为图书销售收入。

此外，传统出版类项目占公司募投项目投资总额的比例超 30% 的有 4 个，分别为中国科传的"中国科技文库"重大图书出版项目，占公司募投项目投资总额的 31.83%；世纪天鸿的内容策划与图书发行项目占公司募投项目投资总额的 38.95%；读者传媒的刊群建设出版项目建设占公司募投项目投资总额的 50.61%；天舟文化的内容策划与图书发行项目占公司募投项目投资总额的 53.83%。这 4 个公司中，有 2 个公司是以出版为主要业务的公司，2 个是发行为主的公司。可见，此类项目在出版、发行类公司的整个项目募投中占据了较大的份额。

传统出版类的执行情况：截至 2017 年 12 月 31 日，已完成的项目有 1 个，执行中的项目有 2 个，已终止或拟终止的项目有 2 个，拟变更的项目有 1 个，未启动的项目有 2 个。

第三章　复合出版类项目

复合出版类项目主要指采用"纸质书＋数字化内容＋平台系统"三者相结合的形式进行产品策划及出版的项目。此类项目共有 4 个，分为教育项目和大众项目两小类。

第一节　教育项目

一、公司业务类型

复合出版类教育项目共有 3 个，分别是中南传媒的中南基础教育复合出版项目、凤凰传媒的职业教育教材复合出版项目和山东出版的职业教育复合建设项目。这几个项目的上市公司业务类型均以出版发行为主。（详见表 3-1。）

表 3-1　复合出版类教育项目公司业务类型表

序号	公司代码	上市公司名称	股票简称	业务类型	募投项目名称
1	601098	中南出版传媒集团股份有限公司	中南传媒	出版发行	中南基础教育复合出版项目
2	601928	江苏凤凰出版传媒股份有限公司	凤凰传媒	出版发行	职业教育教材复合出版项目
3	601019	山东出版传媒股份有限公司	山东出版	出版发行	职业教育复合建设项目

二、建设内容

中南传媒的中南基础教育复合出版项目是以先进的教育理念为指导，面向全国中小学生、教师及家长，以基础教育辅导服务为核心，采取线下教辅产品和线上服务相结合的方式，依托公司现有的出版资源和优势，以名师网为综合性数字化运营平台，利用新技术，采取线上线下互动的方式汇集优质教育资源，实现数字出版与纸质出版的多层次互动，实体教育服务的综合运营以及出版业务与教育服务的融合，建立具有跨媒体、跨平台特点的复合型教育出版和服务体系。

　　凤凰传媒的职业教育教材复合出版项目由凤凰职教公司实施，为进一步拓展凤凰职教公司的职业教育教材编写能力而建设的项目，项目预计完成：（1）策划并组织编写语文、数学、英语、物理、化学、就业与创业指导、计算机应用基础等公共文化课教材，共70种。（2）选择10大类行业，教材出版规模为2100种。其中，中等职业教育专业教材涉及10个大类行业、176个专业、1150种教材；高等职业教育专业教材涉及10大类行业、76个专业、950种教材。在上述950种高等职业专业教材中，包含根据江苏省职业教育发展规划出版的普通高等职业教育"十二五"国家级规划教材300种，涉及的重点行业有信息技术、加工制造、土木水利、农林牧渔、交通运输等。（3）开展加工制造、交通运输、电子信息、医药卫生、土木水利、农林牧渔等六大类行业100个专业的虚拟实训教学软件开发。主要内容包括：开发仿真教学软件、开发虚拟实训软件和开发专业考试软件。本项目实施完成后，本公司将成为全国职业教育精品教材重要出版基地，进入全国职业教育第一梯阶，成为全国职业教育的领先者。本公司所出版的职业教育教材将占江苏省职业教育教材需求量的30%以上，占其他省市需求量的3%以上。

　　山东出版的职业教育复合建设项目以提升职业教育综合竞争实力为核心，拟开发中等职业教育专业课教材和高等职业教育专业课教材（简称"专业课教材"）；搭建职业教育数字化服务平台（简称"数字化服务平台"）并配套数字内容资源库（含职业教育精品视频课程、三维动画、PPT课件及试题资源库）；开发虚拟实训教学软件；根据项目需要组建项目团队并开展营销活动，立足山东，面向全国发行推广。公司拟通过项目建设，开发中等职业教育专业课教材280种，高等职业教育专业教材90种；制作精品视频课程3750个，三维动画2800分钟，PPT课件8000个，试题45000道，并完成与之配套的技术平台建设；新建14个专业虚拟实训软件，实现内容资源实力的跨越式增长。

三、投资规模及执行情况

　　中南传媒的中南基础教育复合出版项目建设期为1.5年，总投资

20013.00万元，占公司募投项目投资总额的10.80%。截至2017年12月31日，该项目暂未启动。凤凰传媒的职业教育教材复合出版项目建设期为3年，总投资25231.00万元，占公司募投项目投资总额的9.14%。截至2017年12月31日，该项目已终止。山东出版的职业教育复合建设项目建设期为3年，总投资18125.17万元，占公司募投项目投资总额的6.92%。截至2017年12月31日，该项目正在执行中。

表3-2 复合出版类教育项目投资及进度表

序号	公司代码	上市公司名称	股票简称	募投项目名称	项目投资金额（万元）	建设期（年）	17年项目进度情况(%)	项目状态
1	601098	中南出版传媒集团股份有限公司	中南传媒	中南基础教育复合出版项目	20013.00	1.5	0.00%	未启动
2	601928	江苏凤凰出版传媒股份有限公司	凤凰传媒	职业教育教材复合出版项目	25231.00	3	—	已终止
3	601019	山东出版传媒股份有限公司	山东出版	职业教育复合建设项目	18125.17	3	—	执行中

第二节 大众项目

一、公司业务类型

复合出版类大众项目共有1个，是新华文轩的中华文化复兴出版工程项目，此上市公司业务类型主要以发行为主。

二、建设内容

中华文化复兴出版工程项目本项目通过整合公司现有的出版资源，通过与知名专家学者的合作，联合旗下5家出版社，对中华文化系列1000多种图书进行系统地编辑和出版，并通过搭建中华文化网站、制作中华文化系列专题片等方式，为中华文化在国内的宣传和研究做好基础工作，为中华文化在世界的传播做好媒介传播工作。

三、投资规模及执行情况

中华文化复兴出版工程项目建设期为5年，总投资5000万元，占公司募投项目投资总额的3.53%。截至2017年12月31日，该项目暂未启动。

第三节 小结

复合出版类项目即采用"纸质书+数字化内容+平台系统"三者相结合的形式进行产品策划及出版的项目,它是以纸质图书出版为核心,以提供数字化内容为增值服务的一种新的出版模式。其收入来源多为图书销售收入,但其定价一般要比普通的纸质图书略高。这类项目共有4个,按其面向对象的不同分为教育项目和大众项目两类,其中教育项目3个,大众项目1个。复合出版类项目公司的类型多以出版或出版发行为主。

此外,复合出版类项目占公司募投项目投资总额的比例分别为中南传媒的中南基础教育复合出版项目占公司募投项目投资总额的10.80%;凤凰传媒的职业教育教材复合出版项目占公司募投项目投资总额的9.14%;山东出版的职业教育复合建设项目占公司募投项目投资总额的6.92%;中华文化复兴出版工程项目占公司募投项目投资总额的3.53%。

复合出版类项目的执行情况:截至2017年12月31日,正在执行的1个,未启动的项目2个,已终止项目1个。

第四章 数字出版类项目

数字出版类项目主要指数字出版项目即将所涉及的产品内容的数字化,或生产模式和运作流程的数字化,或传播载体的数字化和阅读消费、和学习形态的数字化,从而最终形成数字化产品的项目。此类项目共有25个,分为教育项目、大众项目、专业项目、技术平台项目和集合项目五小类。

第一节 教育项目

一、公司业务类型

数字出版类教育项目共有8个,分别是山东出版的学前教育复合建设项目、基础教育阳光智慧课堂建设项目,凤凰传媒的基础教育出版数字化建设项目,南方传媒的跨网络教育内容聚合服务平台项目,中国出版的CLOUDBAG教育云服务平台项目,新华文轩的教学云服务平台项目,世纪天鸿的教育云平台项目和新华网的新华网在线教育项目。这几个项目的上市公司业务类型以出版、发行或出版发行、新媒体为主。（详见表4-1。）

表 4-1 数字出版类教育项目公司业务类型表

序号	公司代码	上市公司名称	股票简称	业务类型	募投项目名称
1	601019	山东出版传媒股份有限公司	山东出版	出版发行	学前教育复合建设项目
2	601019	山东出版传媒股份有限公司	山东出版	出版发行	基础教育阳光智慧课堂建设项目
3	601928	江苏凤凰出版传媒股份有限公司	凤凰传媒	出版发行	基础教育出版数字化建设项目
4	601900	南方出版传媒股份有限公司	南方传媒	出版	跨网络教育内容聚合服务平台项目
5	601949	中国出版传媒股份有限公司	中国出版	出版	CLOUDBAG教育云服务平台
6	601811	新华文轩出版传媒股份有限公司	新华文轩	发行	教学云服务平台项目
7	300654	山东世纪天鸿文教科技股份有限公司	世纪天鸿	发行	教育云平台
8	603888	新华网股份有限公司	新华网	新媒体	新华网在线教育项目

二、建设内容

山东出版的学前教育复合建设项目主要围绕技术平台升级、内容资源完善、实验中心建设进行开发运作，各建设内容之间相互联结、互为依托。它以幼儿园园长、教师、家长和幼儿为服务对象，为其提供技术、管理和服务升级的园务管理系统，以及幼儿教师培训平台，其内容丰富，形式多样，是一个多媒介在同一平台上的家园互通系统。

山东出版的基础教育阳光智慧课堂建设项目运用大数据分析贯穿整个教育管理业务，将教学资源与教学业务、学生学习进行综合性集成，从教学业务的"课前、课中、课后、课外"等环节，面向全国基础教育学段师生提供一体化产品功能与服务的整体解决方案。项目主要功能包括教师备课、学生预习、传统课堂、创新课堂、作业练习、问答交流、考试测试、自学复习、专家讲堂、教师研修、资源中心、数据分析等。平台内包含各类授权内容资源110390种（集），通过平台与资源的结合，方便用户根据需要调取相关资源进行学习；产品根据用户的需求及规模的不同，通过市场化运作，提供不同层次、不同用途的网络服务，配备一定的营销保障力量面向全国销售，实现由"数字校园"向"智慧校园"的转变，并通过对用户大数据的分析和应用，完善增值服务，打造成全国在线基础教育领军品牌。基础教育阳光智慧课堂建设项目的产品服务于基础教育的教育局、学校、学生。现阶段各个教育局、学校购买此类教育信息化软件产品、教学精品资源多数是通过招标的纯市场模式择优购买，不存在政府补贴产品供应商的行为，所以基础教育阳光智慧课堂建设项目涉及基础教育部分不具有公益性、非营利性，为市场化运作。

凤凰传媒的基础教育出版数字化建设项目建设包括基础内容平台、网络平台和电子书包3个项目。通过本项目建设可以带给公司新的利润点。也可以进一步提升"凤凰"版教材的影响力，扩大其覆盖面，并推动本公司形成内容资源充沛、具有自主创新能力、出版方式多样、营销模式成熟、市场竞争力强、产品影响广泛的数字化出版产业，推动本公司出版主业的升级与转型。

南方传媒的跨网络教育内容聚合服务平台项目内容涵盖教育内容数字化加工、跨网络应用平台建设、移动终端开发的完整体系。项目基于"多网融合"的信息化发展理念以及云计算技术，通过有线互联网、移动通信网、广播电视网三大网络，为广大中小学教师、学生、家长、学校、教育行政管理部门、教学研究机构提供跨网络、全媒体、多终端的教育内容资源聚合服务平台和规范化、个性化、交互式的教学解决方案，实现随时随地学习的目标。项目将建立新一代基础教育服务体系，可提供的主要产品和服务包括：数字校园系统、电子书包、口语评测服务、家校沟通服务、名师讲堂（视频）以及智能化题库系统等。作为广东国家数字出版基地的建设和运营方，本公司将该项目列为基地建设和运营的核心平台。

中国出版的CLOUDBAG教育云服务平台项目是世图上海根据国家教育信息化发展规划指导精神，适应出版业结构调整和产业升级的发展趋势，结合公司发展战略和自身优势，通过市场调研和分析，确定CLOUDBAG教育云服务平台项目为上市募集资金投资方向。通过项目建设，计划用3年时间建成四个项目：教育云平台项目，教学资源建设项目，市场推广项目，项目运营项目。项目总投资25775.35万元，其中用于教育云平台系统软件开发

4395.76万元，教学资源建设9904.53万，市场推广费用4829.00万元，项目运营费用6646.06万元。本项目提供的产品和服务有三项：（1）教育云平台服务：教育云服务平台整体解决方案和软件；小学、初中、高中各个年级各门学科的课堂教学资源；产品迭代升级、专项的业务指导和培训等。（2）教学资源内容服务：包括教师备课等相关的条目资源、学段学科的题库资源等。（3）增值服务：如开展校与校之间的教研合作；强化家校互动；组织学科教学评比；依托中国出版及合作高校的资源，通过教师之间的学术交流和高峰论坛，举办年度教育教学成果展、教师优秀论文在国内专业刊物上进行公开出版等。

新华文轩的教学云服务平台项目的建设目标是通过提供数字校园相关的产品和服务，使本公司实现产品从纸质教材及助学类读物向数字化产品和服务的延伸，满足教育信息化市场的需要，提高征订渠道的收入和利润，以巩固本公司已有的市场地位，实现本公司从基础教育服务商向教育信息化产品提供商和教育信息化运营服务商的战略转型。基于建设目标，项目总投资4.2亿元，项目建成后完成覆盖700万人的教室教育信息化硬件覆盖工作，并以四川为依托逐步向西部辐射，同时向所覆盖市场提供基于云平台的教育信息化运营服务。

世纪天鸿的教育云平台项目将以数字资源库为核心，教育云平台为基础，集成面向学校、教师、学生和家长的应用程序，为用户提供管理、教学、资讯、学习等全方位的服务，满足用户的教务、备课、作业、教学、自学、预习、复习、测试、考试、监督、社交等需求，实现教育环节各用户间的互联互通，有效提升教学效率，为中小学教育提供更为丰富的互联网模式，满足用户的个性化需求。项目建成后，将在巩固和拓展公司现有市场占有率的基础上，从传统助学读物策划、发行业务向在线教育业务拓展和延伸，有助于进一步提升公司教育服务体系的广度和深度，增强公司教育服务的能力和品牌知名度，确保公司在未来激烈的行业竞争中能持续快速发展。

新华网的新华网在线教育项目充分利用自身独家的新闻获取资源、优秀的编辑团队和产品研发技术力量，建设融合个性化学习方案、多媒体集成交互课件库、专家智库、知识库、大数据采集分析展示系统的在线学习平台。深度整合社内外专家学者力量，与专业的内容提供商深度合作，打造具备深度、广度、权威性，应用多媒体集成交互技术手段，适配4G无线移动技术和多终端载体的教育产品，打造包括教育学习模式研究、教育产品生产、发行、运营于一体的互联网教育产业链。

三、投资规模及执行情况

山东出版的学前教育复合建设项目建设期为3年，总投资15684.32万元，占公司募投项目投资总额的5.99%。截至2017年12月31日，该项目暂无进度，项目处于执行中。山东出版的基础教育阳光智慧课堂建设项目建设期为3年，总投资37129.58万元，占公司募投项目投资总额的14.17%。截至2017年12月31日，该项目暂无进度，项目处于执行中。凤凰传媒的基础教育出版数字化建设项目建设期为2年，总投资35350.00万元，占公司募投项目投资总额的12.80%。截至2017年12月31日，该项目已完成48.73%，项目正在执行中。南方传媒的跨网络教育内容聚合服务平台项目建设期为2年，总投资20680.00万元，占公司募投项目投资总额的20.89%。截至2017年12月31日，该项目暂未启动。中国出版的CLOUDBAG教育云服务平台项目建设期为3年，总投资25775.35万元，占公司募投项目投资总额的11.14%。截至2017年12月31日，该项目暂未启动。新华文轩的教学云服务平台项目建设期为4年，总投资42000.00万元，占公司募投项目投资总额的29.62%。截至2017年12月31日，该项目已完成。世纪天鸿的教育云平台项目建设期为2年，总投资7928.00万元，占公司募投项目投资总额的38.78%。截至2017年12月31日，该项目暂未启动。新华网的新华网在线教育项目建设期为3年，总投资9320.64万元，占公司募投项目投资总额的38.78%。截至2017年12月31日，该项目已变更。

表4-2　数字出版类教育项目投资及进度表

序号	公司代码	上市公司名称	股票简称	募投项目名称	项目投资金额（万元）	建设期（年）	17年项目进度情况(%)	项目状态
1	601019	山东出版传媒股份有限公司	山东出版	学前教育复合建设项目	15684.32	3	—	执行中
2	601019	山东出版传媒股份有限公司	山东出版	基础教育阳光智慧课堂建设项目	37129.58	3	—	执行中

续表

序号	公司代码	上市公司名称	股票简称	募投项目名称	项目投资金额（万元）	建设期（年）	17年项目进度情况(%)	项目状态
3	601928	江苏凤凰出版传媒股份有限公司	凤凰传媒	基础教育出版数字化建设项目	35350.00	2	48.73%	执行中
4	601900	南方出版传媒股份有限公司	南方传媒	跨网络教育内容聚合服务平台项目	20680.00	2	0.00%	未启动
5	601949	中国出版传媒股份有限公司	中国出版	CLOUDBAG教育云服务平台	25775.35	3	—	未启动
6	601811	新华文轩出版传媒股份有限公司	新华文轩	教学云服务平台项目	42000.00	4	100.00%	已完成
7	300654	山东世纪天鸿文教科技股份有限公司	世纪天鸿	教育云平台	7928.00	2	0.00%	未启动
8	603888	新华网股份有限公司	新华网	新华网在线教育项目	9320.64	3	—	已变更

第二节 大众项目

一、公司业务类型

数字出版类大众项目共有5个，分别是中南传媒的数字资源全屏服务平台项目，中国出版的《三联生活周刊》"中阅读"项目，掌阅科技的数字阅读资源平台升级项目，中文在线的数字内容资源平台升级改造项目，人民网的移动互联网增值业务项目。这几个项目的上市公司业务类型以出版、出版发行或新媒体为主。（详见表4-3。）

表4-3 数字出版类大众项目公司业务类型表

序号	公司代码	上市公司名称	股票简称	业务类型	募投项目名称
1	601098	中南出版传媒集团股份有限公司	中南传媒	出版发行	数字资源全屏服务平台项目
2	601949	中国出版传媒股份有限公司	中国出版	出版	《三联生活周刊》"中阅读"项目
3	603533	掌阅科技股份有限公司	掌阅科技	新媒体	数字阅读资源平台升级项目
4	300364	中文在线数字出版集团股份有限公司	中文在线	新媒体	数字内容资源平台升级改造项目
5	603000	人民网股份有限公司	人民网	新媒体	移动互联网增值业务项目

二、建设内容

中南传媒的数字资源全屏服务平台项目是以建设综合性的数字内容资源服务平台为目标，打造一个集书、报、刊、音像、视频、游戏等于一体的优质内容资源聚合、升华和分享平台，该平台通过各类上网终端，实现用户的海量，并获得一个更有信任度的内容资源库。项目将分成三个阶段：第一阶段是重点建设以青少年为主要服务对象、以传统互联网为介质的内容服务平台——"成长无忧"网站，聚合面向青少年用户的内容资源；第二阶段是多维拓展"成长无忧"项目，延伸搭建移动教育平台和线下互动平台，将单纯的通过 PC 互联网聚合内容、提供服务延伸到通过移动互联网以及线上线下互动的方式聚合内容、提供服务；第三阶段是依托"三网合一"扩展业务并相应升级技术平台，建设以所有有阅读需求的用户为服务对象、针对所有终端发布内容的传媒内容基地，形成全方位的全屏内容服务平台。

中国出版的《三联生活周刊》"中阅读"项目是新媒体升级项目，以"中阅读"为核心理念，以独具品味的文字、图片、音频、视频等原创资讯为载体，挖掘并满足用户对工作、生活、娱乐等各类深层次的内容需求，致力于打造一个中高收入群体的精致阅读平台。具体来说，三联生活周刊新媒体项目的产品目标是：（1）基于原创性"中阅读"产品的移动客户端 APP；（2）围绕"中阅读"产品搭建的 PC 网站、微信公号与微博号；（3）围绕"中阅读"建立的三联生活周刊阅读会员体系。

掌阅科技的数字阅读资源平台升级项目主要建设内容为数字版权领域投资及版权加工投资。公司计划通过加强版权内容采购数量，在原有版权供应的基础上，增加和丰富公司所拥有的内容资源数量，同时延伸自有文学供应链，打造数字阅读多样化市场，为用户提供更加优质丰富的数字阅读内容，为公司数字阅读平台的需求提供更全面更多方的供应基础，有利于进一步增强公司的市场竞争力。

中文在线的数字内容资源平台升级改造项目，主要是数字内容的采集和技术平台的建设。包括新增各类数字内容（网络原创数字内容 + 传统出版物数字内容 + 有声读物数字内容），以储备更多的数字内容资源，并建设完成相应的技术平台建设及市场推广活动，增强公司竞争力。

人民网的移动互联网增值业务项目通过与电信运营商合作，向移动互联网用户提供手机游戏、手机动漫、手机音乐、手机阅读、短信、彩信、WAP等多种信息及娱乐服务，打造一个多元化的移动互联网平台。（1）手机娱乐应用。手机娱乐应用是以手机作为载体，为用户提供音乐、电影、游戏等休闲娱乐应用内容。（2）手机媒体应用。本项目的手机媒体应用主要包括：①手机阅读：以手机为阅读内容承载终端的一种移动阅读行为；②短/彩信系统平台：以文字为主的手机短消息（SMS）业务和以图片、音乐和文字为主的手机彩信（MMS）业务；③手机客户端：可以直接调用手机资源，并按特定方式呈现网络内容的应用程序，可方便手机用户在平台上使用各类手机应用；④政企无线互联网门户系统：将现有政企网站业务整合入一个完整的系统平台，对其进行统一管理和运营。

三、投资规模及执行情况

中南传媒的数字资源全屏服务平台项目建设期为3年，总投资30262.00万元，占公司募投项目投资总额的16.34%。截至2017年12月31日，该项目已变更。中国出版的《三联生活周刊》"中阅读"项目建设期为3年，总投资19715.93万元，占公司募投项目投资总额的8.52%。截至2017年12月31日，该项目暂未启动。掌阅科技的数字阅读资源平台升级项目，建设期为3年，总投资93343.36万元，占公司募投项目投资总额的89.14%。截至2017年12月31日，该项目已完成。中文在线的数字内容资源平台升级改造项目建设期为3年，总投资20088.30万元，占公司募投项目投资总额的100%。截至2017年12月31日，该项目已变更。人民网的移动互联网增值业务项目建设期为3年，总投资28853.51万元，占公司募投项目投资总额的100%。截至2017年12月31日，该项目已完成0.85%，项目正在执行中。

表4-4 数字出版类大众项目投资及进度表

序号	公司代码	上市公司名称	股票简称	募投项目名称	项目投资金额（万元）	建设期（年）	17年项目进度情况(%)	项目状态
1	601098	中南出版传媒集团股份有限公司	中南传媒	数字资源全屏服务平台项目	30262.00	3	—	已变更
2	601949	中国出版传媒股份有限公司	中国出版	《三联生活周刊》"中阅读"项目	19715.93	3	—	未启动

续表

序号	公司代码	上市公司名称	股票简称	募投项目名称	项目投资金额（万元）	建设期（年）	17年项目进度情况(%)	项目状态
3	603533	掌阅科技股份有限公司	掌阅科技	数字阅读资源平台升级项目	93343.36	3	100.00%	已完成
4	300364	中文在线数字出版集团股份有限公司	中文在线	数字内容资源平台升级改造项目	20088.30	3	已变更	已变更
5	603000	人民网股份有限公司	人民网	移动互联网增值业务项目	28853.51	3	0.85%	执行中

第三节 专业项目

一、公司业务类型

数字出版类专业项目共有5个，分别是中国科传的中国科技信息数字出版项目，中国出版的中华国学资源总库项目、商务印书馆工具书云平台项目、中国美术全媒体开发应用平台项目和"华音数字"在线教育和数字图书馆的建设与运营项目。这几个项目的上市公司业务类型均以出版为主。（详见表4-5。）

表4-5 数字出版类专业项目公司业务类型表

序号	公司代码	上市公司名称	股票简称	业务类型	募投项目名称
1	601858	中国科技出版传媒股份有限公司	中国科传	出版	中国科技信息数字出版项目
2	601949	中国出版传媒股份有限公司	中国出版	出版	中华国学资源总库
3	601949	中国出版传媒股份有限公司	中国出版	出版	商务印书馆工具书云平台
4	601949	中国出版传媒股份有限公司	中国出版	出版	中国美术全媒体开发应用平台
5	601949	中国出版传媒股份有限公司	中国出版	出版	"华音数字"在线教育和数字图书馆的建设与运营

二、建设内容

中国科传的中国科技信息数字出版项目包括科技内容资源集成项目和技术平台建设。通过项目建设，公司计划建立七大主题（生命科学、资源环境科学、数理科学、化工化工、工程技术、理科基础和文博考古）内容资源数据库，并完成相配套的技术平台建设，努力打造国内第一个集内容采编、信息加工、自动排版、按需印刷、网络传输与销售于一体的科技信息数字出版综合业务平台。

中国出版的中华国学资源总库项目包括内容资源升级和平台建设升级两个子项目，配以适当的营销保障、团队与办公场地建设。通过项目建设，公司将新增各类授权内容资源 20 亿字（其中专业整理本古籍 12 亿字、古籍普及读物 2 亿字、学术资源 4 亿字、工具书 2 亿字），影印本古籍 150 万页，实现内容资源实力的跨越式增长，并完成与之配套的内容资源技术平台建设和市场推广活动，进一步增强公司核心竞争力，巩固和强化在古籍数字化领域的竞争优势和行业地位。

中国出版的商务印书馆工具书云平台项目包括内容资源知识库建设（包括建设工具书数据库、行业资源整合、建设语料资源库等）、内容支撑系统及产品集成开发、市场推广和项目运营四个子项目。项目建设以"整体规划、分期建设、创新驱动、市场化运作"为总体思路，分阶段完成各项目的开发，坚持内容创新、产品创新，以市场化运作模式着力实现国内工具书优质内容资源整合，打造内容优质、产品优化、资源聚合、规模宏大的优质产品。项目总投资 21045.09 万元，用于内容资源采购及数据处理、内容支撑系统建设及产品集成开发和销售、管理等方面。

中国出版的中国美术全媒体开发应用平台项目包括图片资源集聚 80 万张，视频资源集聚 1298 小时，电子书集聚 10400 册。项目投资用于美术内容资源集聚、技术平台建设，以及相应的宣传推广、人员配备和办公场地建设。

中国出版的"华音数字"在线教育和数字图书馆的建设与运营项目是人民音乐数字出版与发行平台"华音数字"的扩充与拓展。"华音数字"已于 2015 年完成基础平台的构建，其中含资讯论坛、音乐分享、赛事活动、数字图书馆、电子商务等板块。本项目募集资金将用于"华音数字"数字图书馆板块的资源新建，在线教育板块的建设与运营。"华音数字"在线教育和数字图书馆项目将以公司的优质资源为基础，同时联合国内外拥有音乐资源的机构和个人，建立内容更广、涵盖面更全的国内知名音乐数字资源库。其中的各类资源（如乐谱、音频、百科与文献、课程等）将形成智能横向链接，形成乐谱—音频—知识—课程的完整的资源链；其间将以音乐百科词条为核心，每个相关联的资源链以语义库智能组合的方式，形成完整的音乐数字资源大百科。

三、投资规模及执行情况

中国科传的中国科技信息数字出版项目，建设期为3年，总投资36259.54万元，占公司募投项目投资总额的43.47%。截至2017年12月31日，该项目已完成0.35%，项目正在执行中。中国出版的中华国学资源总库项目建设期为3年，总投资39808.70万元，占公司募投项目投资总额的17.20%。截至2017年12月31日，该项目暂未启动。中国出版的商务印书馆工具书云平台项目建设期为3年，总投资21045.09万元，占公司募投项目投资总额的9.09%。截至2017年12月31日，该项目暂未启动。中国出版的中国美术全媒体开发应用平台项目建设期为3年，总投资22434.07万元，占公司募投项目投资总额的9.69%。截至2017年12月31日，该项目暂未启动。中国出版的"华音数字"在线教育和数字图书馆的建设与运营项目建设期为3年，总投资27626.53万元，占公司募投项目投资总额的11.94%。截至2017年12月31日，该项目暂未启动。

表4-6 数字出版类专业项目投资及进度表

序号	公司代码	上市公司名称	股票简称	募投项目名称	项目投资金额（万元）	建设期（年）	17年项目进度情况(%)	项目状态
1	601858	中国科技出版传媒股份有限公司	中国科传	中国科技信息数字出版项目	36259.54	3	0.35%	执行中
2	601949	中国出版传媒股份有限公司	中国出版	中华国学资源总库	39808.70	3	—	未启动
3	601949	中国出版传媒股份有限公司	中国出版	商务印书馆工具书云平台	21045.09	3	—	未启动
4	601949	中国出版传媒股份有限公司	中国出版	中国美术全媒体开发应用平台	22434.07	3	—	未启动
5	601949	中国出版传媒股份有限公司	中国出版	"华音数字"在线教育和数字图书馆的建设与运营	27626.53	3	—	未启动

第四节　技术平台项目

一、公司业务类型

数字出版类技术平台项目共有 6 个，分别是掌阅科技的数字阅读技术平台升级项目，人民网的技术平台改造升级项目、采编平台扩充升级项目，新华网的新华网全媒体信息及应用服务云平台项目、新华网移动互联网集成、加工、分发及运营系统业务项目和新华网政务类大数据智能分析系统项目。这几个项目的上市公司业务类型均以新媒体为主。（详见表 4-7。）

表 4-7　数字出版类技术平台项目公司业务类型表

序号	公司代码	上市公司名称	股票简称	业务类型	募投项目名称
1	603533	掌阅科技股份有限公司	掌阅科技	新媒体	数字阅读技术平台升级项目
2	603000	人民网股份有限公司	人民网	新媒体	技术平台改造升级项目
3	603000	人民网股份有限公司	人民网	新媒体	采编平台扩充升级项目
4	603888	新华网股份有限公司	新华网	新媒体	新华网全媒体信息及应用服务云平台项目
5	603888	新华网股份有限公司	新华网	新媒体	新华网移动互联网集成、加工、分发及运营系统业务项目
6	603888	新华网股份有限公司	新华网	新媒体	新华网政务类大数据智能分析系统项目

二、建设内容

掌阅科技的数字阅读技术平台升级项目主要建设内容为公司数字阅读服务业务的技术平台升级。公司通过本次网络平台升级建设，将能够显著提升公司网络平台的承载能力和系统功能，此次项目建设实施后将能够满足公司未来 5 至 10 年的发展需求。

人民网的技术平台改造升级项目主要是提高人民网的运营能力、用户访问速度以促进公司更好更快的发展。项目主要的建设内容是人民网系统平台的整体升级改造。分为：（1）基础平台建设。基础平台是人民网所有数据的运营、存储平台，对于网站整体安全运行有着重要作用。目前，人民网仅有一个核心机房以及一个国内节点（香港）。它将通过网站核心 IDC 建设对目前的 IDC 核心机房进行扩容，以满足人民网核心业务的需求；通过网站灾备中心建设，扩大网站访问容量的同时保证网站数据的安全性和可恢复性；通过国内五个网站节点建设，覆盖五个区域的访问接入。（2）业务支撑平台建设。业务支撑平台是人民网开展各种增值服务、保证网络安全运行的基础。主要包括网站运维管理综合平台建设、网站信息系统安全建设、网站视频支撑系统规划建设、网站无线业务支撑平台建设和网站统一支付平台建设。（3）业务系统建设。主要包括网页游戏系统建设、人民文库／百科系统建设、网站在线阅读系统建设和网站客户端建设。（4）技术团队建设。即建立与技术和业务相匹配的技术人员和研发人员团队。

人民网的采编平台扩充升级项目通过扩充采编类人员、增加演播室和直播车完善地方频道设施，同时，建设网络视频产品采集系统平台，为地方频道采集信息，提供硬件支持，提高公司新闻采编能力，增强公司内容优势。

新华网全媒体信息及应用服务云平台项目立足本公司业务主线，为现有技术平台的升级换代，以支撑业务拓展和事业发展，实现公司长远发展，提升公司的核心竞争力。

新华网移动互联网集成、加工、分发及运营系统业务项目主要包括移动互联网业务、增值业务项目与移动信息化两个项目。移动互联网业务项目和增值业务项目旨在提升本公司在移动互联网行业的竞争中，整合资源的能力和服务用户的水平，从而提高竞争力和舆论引导力。通过项目实施，将各类内容资源转化为适应各类终端的产品元素；具备研发满足用户碎片化需求的产品的能力；同时通过数据挖掘系统，产生后向盈利能力，发挥新华网整合各方运营推广资源的优势。移动信息化项目旨在通过食品溯源和智慧城市两个方面，为群众提供多元化、可服务、有价值的信息化服务。通过项目实施，形成实现食品安全可追溯的信息化体系，满足群众和各级政府对于食品安全、食品行业监管的需求。

新华网政务类大数据智能分析系统项目拟建立较为全面的政务类大数据监测和研判服务体系，以应对日益复杂的网络信息现状以及快速成长的政务类大数据服务市场。

三、投资规模及执行情况

掌阅科技的数字阅读技术平台升级项目建设期为3年，总投资6240.00

万元，占公司募投项目投资总额的 5.96%。截至 2017 年 12 月 31 日，该项目暂未启动。人民网的技术平台改造升级项目建设期为 3 年，总投资 14605.60 万元，占公司募投项目投资总额的 27.71%。截至 2017 年 12 月 31 日，该项目已完成 12.82%，项目正在执行中。人民网的采编平台扩充升级项目建设期为 3 年，总投资 9243.30 万元，占公司募投项目投资总额的 17.54%。截至 2017 年 12 月 31 日，该项目已完成 50.15%，项目正在执行中。新华网的新华网全媒体信息及应用服务云平台项目建设期为 3 年，总投资 59415.95 万元，占公司募投项目投资总额的 43.06%。截至 2017 年 12 月 31 日，该项目已完成 16.08%，项目正在执行中。新华网的移动互联网集成、加工、分发及运营系统业务项目建设期为 3 年，总投资 48993.99 万元，占公司募投项目投资总额的 35.51%。截至 2017 年 12 月 31 日，该项目已完成 6.15%，项目正在执行中。新华网的政务类大数据智能分析系统项目建设期为 3 年，总投资 11955.37 万元，占公司募投项目投资总额的 8.66%。截至 2017 年 12 月 31 日，该项目已完成 6.51%，项目正在执行中。

表 4-8 数字出版类技术平台项目投资及进度表

序号	公司代码	上市公司名称	股票简称	募投项目名称	项目投资金额（万元）	建设期（年）	17年项目进度情况(%)	项目状态
1	603533	掌阅科技股份有限公司	掌阅科技	数字阅读技术平台升级项目	6240.00	3	—	未启动
2	603000	人民网股份有限公司	人民网	技术平台改造升级项目	14605.60	3	12.82%	执行中
3	603000	人民网股份有限公司	人民网	采编平台扩充升级项目	9243.30	3	50.15%	执行中
4	603888	新华网股份有限公司	新华网	新华网全媒体信息及应用服务云平台项目	59415.95	3	16.08%	执行中
5	603888	新华网股份有限公司	新华网	新华网移动互联网集成、加工、分发及运营系统业务项目	48993.99	3	6.15%	执行中
6	603888	新华网股份有限公司	新华网	新华网政务类大数据智能分析系统项目	11955.37	3	6.51%	执行中

第五节　集合项目

一、公司业务类型

数字出版类集合项目共有1个，是读者传媒的数字出版项目，这个项目的上市公司业务类型主要以出版为主。

二、建设内容

读者传媒的数字出版项目将以内容资源集聚为基础，以技术研发和运营为保障，以全产业链整合、多平台复合经营为主线，以出版主业为依托，打造内容、产品、终端三位一体的特色数字产品集群。项目建设包括"读者"数字资源多终端服务平台、中小学语文阅读与作文教育平台、专题资讯手机报和数据加工外包服务。在建设《读者》数字化期刊的基础上，开发多元化的数字产品，丰富公司数字产品线，促进公司从传统纸质出版向数字出版升级转型。

三、投资规模及执行情况

读者传媒的数字出版项目建设期为3年，总投资12001.51万元，占公司募投项目投资总额的23.81%。截至2017年12月31日，该项目已完成3.59%，项目处于拟终止阶段。

第六节　小结

数字出版类项目共有25个，分为教育项目、大众项目、专业项目、技术平台项目和集合项目五小类。其中，教育项目为面向教育领域的数字出版项目，主要为数字化教育产品及平台研发，其收入来源主要为数字产品本身的销售收入，这类项目有8个；大众项目为项目内容面向大众的数字出版项目，这类项目有5个；专业项目为面向专业领域的数字出版项目，主要有针对音乐、美术、艺术品、工具书等其他专业领域的一些数字化建设项目，这类项目有5个；技术平台项目即为提高公司相关数字化水平而专门建设的各类技术平台升级或改造项目，这类项目有6个；集合项目是综合了数字阅读、加工服务、终端平台等多个形式的数字出版项目,这类项目有1个。数字出版类项目公司的类型多以出版或新媒体为主。

数字出版类项目占公司募投项目投资总额的比例超30%的有7个,分别为中国科传的中国科技信息数字出版项目,占公司募投项目投资总额的43.47%;世纪天鸿的教育云平台项目占公司募投项目投资总额的38.78%;新华网的新华网全媒体信息及应用服务云平台项目占公司募投项目投资总额的43.06%;新华网的新华网移动互联网集成、加工、分发及运营系统业务项目占公司募投项目投资总额的35.51%;掌阅科技的数字阅读资源平台升级项目占公司募投项目投资总额的89.14%;中文在线的数字内容资源平台升级改造项目占公司募投项目投资总额的100.00%;人民网的移动互联网增值业务项目占公司募投项目投资总额的54.75%。这些公司里有5个是以新媒体业务类型为主的公司,1个出版业务类型为主的公司,1个发行业务类型为主的公司。可见,此类项目在新媒体公司或出版的整个项目募投中占据了很大份额,尤其是新媒体公司对此类项目较为倾向及重视。

数字出版类项目的执行情况:截至2017年12月31日,已完成的项目有2个,执行中的项目有10个,拟终止的项目有1个,已变更的项目有3个,未启动的项目有9个。

第五章 发行类项目

发行类项目主要是与发行业务相关的项目。此类项目共有28个,分为电子商务项目、门店升级项目、物流项目、营销体系项目和集合项目5个小类。

第一节 电子商务项目

一、公司业务类型

发行类电子商务项目共有4个,分别是山东出版的"爱书客"出版云平台电子书供应能力建设项目,中南传媒的湖南省新华书店电子商务平台项目,凤凰传媒的电子商务平台建设项目,出版传媒的亚马逊-卓越网专区建设项目增资项目。这几个项目的上市公司业务类型均以出版发行为主。（详见表5-1。）

表5-1 发行类电子商务项目公司业务类型表

序号	公司代码	上市公司名称	股票简称	业务类型	募投项目名称
1	601019	山东出版传媒股份有限公司	山东出版	出版发行	"爱书客"出版云平台电子书供应能力建设项目
2	601098	中南出版传媒集团股份有限公司	中南传媒	出版发行	湖南省新华书店电子商务平台项目
3	601928	江苏凤凰出版传媒股份有限公司	凤凰传媒	出版发行	电子商务平台建设项目
4	601999	北方联合出版传媒（集团）股份有限公司	出版传媒	出版发行	亚马逊－卓越网专区建设项目增资项目

二、建设内容

山东出版的"爱书客"出版云平台电子书供应能力建设项目依托"爱书客"出版云平台"逛书店"板块，打造医学、财经、艺术领域专业电子书销售平台，包括电子书货源建设、运营推广建设和团队建设3个子项目。通过项目建设，计划在3年建设期内集聚医学、财经和艺术三大类专业电子书资源167000种，其中医学类（含养生保健类）40000种，财经类68000种，艺术类59000种，实现内容资源实力的跨越式增长，并完成"爱书客"出版云平台专业电子书的市场推广活动，进一步增强公司核心竞争力，将"爱书客"建设成为国内领先、一流的专业电子书销售平台。

中南传媒的湖南省新华书店电子商务平台项目以湖南省新华书店有限责任公司现有的供货商资源、物流资源、网点资源、信息系统资源和人力资源为依托，构建中南地区最大的网上销售平台，主要销售出版物、文化用品和时尚数码产品。平台采用B2B和B2C两种模式，B2B模式主要面向图书馆、大中专院校、企事业单位等传统的大客户，B2C模式面向广大普通读者。

凤凰传媒的电子商务平台建设项目主要是书目数据及马克数据、应用系统、数据库系统、网络系统、安全系统、数据备份系统的建设。其中，应用系统的建设包括了B2B电子商务平台建设、B2C电子商务平台建设、B2G电子商务平台建设和E-BOOK在线电子阅读平台的建设。

出版传媒的亚马逊－卓越网专区建设项目增资项目是以电子商务管理信息系统为信息平台、物流为实物平台的商流、物流、信息流、资金流紧密相连的电子商务环境。整个项目的运营模式是依托北方图书网形成的强大图书信息系统，向亚马逊－卓越网提供图书库存、内容信息和定价等方面查询和订单响应，并通过北方配送公司采购、配送系统实现图书的销售。项目的运作流程是以信息流、图书流和资金流为三条主线的综合业务流程。该项目是以亚马逊－卓越网和北方配送公司电子商务系统为电子商务环境，以北方配送公司物流中心为基础支持的综合业务系统。

三、投资规模及执行情况

山东出版的"爱书客"出版云平台电子书供应能力建设项目建设期为3年，总投资4640.28万元，占公司募投项目投资总额的1.77%。截至2017年12月31日，该项目正在执行中。中南传媒的湖南省新华书店电子商务平台项目建设期为1.5年，总投资9888.00万元，占公司募投项目投资总额的5.34%。截至2017年12月31日，该项目已完成1.23%，项目正在执行中。凤凰传媒的电子商务平台建设项目建设期为1年，总投资5110.00万元，占公司募投项目投资总额的1.85%。截至2017年12月31日，该项目已完成5.86%，项目正在执行中。出版传媒的亚马逊－卓越网专区建设项目增资项目总投资16839.00万元，占公司募投项目投资总额的23.93%。截至2017年12月31日，该项目已终止。

表 5-2　发行类电子商务项目投资及进度表

序号	公司代码	上市公司名称	股票简称	募投项目名称	项目投资金额（万元）	建设期（年）	17年项目进度情况(%)	项目状态
1	601019	山东出版传媒股份有限公司	山东出版	"爱书客"出版云平台电子书供应能力建设项目	4640.28	3	—	执行中
2	601098	中南出版传媒集团股份有限公司	中南传媒	湖南省新华书店电子商务平台项目	9888.00	1.5	1.23%	执行中
3	601928	江苏凤凰出版传媒股份有限公司	凤凰传媒	电子商务平台建设项目	5110.00	1	5.86%	执行中
4	601999	北方联合出版传媒（集团）股份有限公司	出版传媒	亚马逊－卓越网专区建设项目增资项目	16839.00	—	—	已终止

第二节　门店升级项目

一、公司业务类型

发行类门店升级项目共有 11 个，分别是山东出版的新华书店门店经营升级改造建设项目，中南传媒的湖南省新华书店区域中心门店改造升级项目，凤凰传媒的大型书城（文化 Mall）建设项目、连锁经营网点改造项目、文化数码用品连锁经营项目，南方传媒的品牌教育图书出版项目、连锁门店升级改造项目，粤传媒的增加连锁经营网点技术改造项目，皖新传媒的新网工程——安徽图书音像及文化商品经营网点建设项目，新华文轩的零售门店升级拓展项目，中信出版集团股份有限公司的智慧生活服务体系建设项目。这几个项目的上市公司业务类型多以出版、发行或出版发行为主，只有 1 家报业为主的公司。（详见表 5-3。）

表 5-3　发行类门店升级项目公司业务类型表

序号	公司代码	上市公司名称	股票简称	业务类型	募投项目名称
1	601019	山东出版传媒股份有限公司	山东出版	出版发行	新华书店门店经营升级改造建设项目
2	601098	中南出版传媒集团股份有限公司	中南传媒	出版发行	湖南省新华书店区域中心门店改造升级项目
3	601928	江苏凤凰出版传媒股份有限公司	凤凰传媒	出版发行	大型书城（文化 Mall）建设项目
4	601928	江苏凤凰出版传媒股份有限公司	凤凰传媒	出版发行	连锁经营网点改造项目
5	601928	江苏凤凰出版传媒股份有限公司	凤凰传媒	出版发行	文化数码用品连锁经营项目
6	601900	南方出版传媒股份有限公司	南方传媒	出版	品牌教育图书出版项目
7	601900	南方出版传媒股份有限公司	南方传媒	出版	连锁门店升级改造项目
8	002181	广东广州日报传媒股份有限公司	粤传媒	报业	增加连锁经营网点技术改造项目
9	601801	安徽新华传媒股份有限公司	皖新传媒	发行	新网工程——安徽图书音像及文化商品经营网点建设项目
10	601811	新华文轩出版传媒股份有限公司	新华文轩	发行	零售门店升级拓展项目
11	已提交申请，审核中	中信出版集团股份有限公司	—	出版发行	智慧生活服务体系建设项目

二、建设内容

山东出版的新华书店门店经营升级改造建设项目涉及新华书店集团142家市、县中心门店进行经营升级改造，其中包括137家装修门店、4家改扩建门店和1家新购置门店。该项目在综合考量当地GDP、人口数量、人均购买力、门店实际经营面积的基础上，将上述142家门店划分类型进行经营改造，其中部分门店除对图书主业进行升级外，将新增电子产品、文体用品、文具、咖啡简餐、工艺品、眼镜等多元经营项目，部分店只保留图书业务，不增设多元经营项目。

中南传媒的湖南省新华书店区域中心门店改造升级项目是对本公司所辖全省新华书店网络的区域中心门店进行改造升级，主要是完善卖场的硬件设施，扩大卖场的规模，强化时尚数码方面等新兴文化科技产品的销售功能以全面加强硬软件建设，构筑优质的经营网络，提高综合竞争能力，提升盈利水平。项目拟对包括衡阳图书城及衡阳常胜书店、怀化市分公司中心门市部、邵阳市湘中图书城、永州市湘南图书城、岳阳新华书城、张家界图书城、郴州图书城等区域中心门店进行改造升级，合计改造面积42445.17平方米。

凤凰传媒的大型书城（文化Mall）建设项目定位于文化产业，以消费者为主导，以经营图书业务为核心，引进多元化的文化产品和服务，形成书城、电影院线、文化休闲娱乐中心、文化体育用品销售、青少年活动中心等多种文化相关业态协同发展的大型"文化Mall"。本项目建成后，本公司将增加经营面积合计18.79万平方米。

凤凰传媒的连锁经营网点改造项目拟改造有网点内部环境陈旧，服务功能不能满足需求，营业效率较低等情况的分布在江苏全省60个市、县的92个连锁经营网点，经营面积合计约9.6万平方米。本项目将对上述网点内部进行布局调整，对服务设施进行改善，通过提高单位面积的经营效率，使部分网点富余面积用于文化用品和数码产品及其他项目经营，提高各网点的整体经济效益。

凤凰传媒的文化数码用品连锁经营项目在下属51家新华书店内以"店中店"的模式新增设文化数码用品连锁店，其中新设数码用品连锁店40家，新设文化用品连锁店45家；同时，在南京、无锡、苏州等经济发达地区人气较高的大型购物中心内开设 20 家文化数码用品独体店；在高校周围开设 20 家文化数码用品助学便利店。数码用品连锁店主要经营电子词典、学习机、早教机、点读机、学生手机、电脑、摄影器材及学生类数字播放器等教育类数码产品；文化用品连锁店主要经营办公用品、学生用品、礼品、美术体育音乐器具、饮料和预包装食品等。

南方传媒的品牌教育图书出版项目主要建设内容是改建经营场地，同时增加相应人力、设备，成立新的品牌教育图书管理中心负责本公司下属出版社部分优质品牌教育图书的运营管理以及衍生产品的策划、开发、宣传，主要包括但不限于以下品种：品牌学前教育系列、品牌中小学教育系列、品牌职业教育系列。项目预计改建场地共 3860 平方米，新增固定资产及软件投资 7517.30 万元。通过该项目的建设，逐步集中优势资源，建立统一集中的管理平台，避免单个图书出版项目投资较小、风险较高的情况出现。

南方传媒的连锁门店升级改造项目涉及对 24 家市级门店和 24 家县级门店进行升级改造。（1）市级门店改造项目计划将分别位于广州（6 家）、湛江（1 家）、惠州（2 家）、江门（2 家）、梅州（2 家）、清远（2 家）、汕头（1 家）、韶关（2 家）、中山（2 家）、阳江（2 家）、河源（1 家）、汕尾（1 家）共 24 家市级门店通过在原卖场扩建完成升级造。此类书店现有总经营面积 61765 平方米，改造后扩大至 72950 平方米。其中大型门店（改造后面积大于 5000 平方米）有 5 家，中型门店（改造后面积介于 3000—5000 平方米之间）有 8 家，小型门店（改造后面积少于 3000 平方米）有 11 家。（2）县级书店改造计划改造的县级书店共 24 家，分别位于佛山（1 家）、清远（5 家）、肇庆（1 家）、潮州（1 家）、汕头（2 家）、梅州（3 家）、惠州（2 家）、江门（1 家）、韶关（5 家）、湛江（1 家）、阳江（2 家）。县级书店面积介于 80—3000 平方米，通过在原卖场扩建完成升级改造。此类门店现有面积共 18550 平方米，改造后扩大至 27400 平方米。

粤传媒的增加连锁经营网点技术改造项目主要内容是拟在三年内在广东省珠江三角洲地区开设 100 间面积约 50—100 平方米的连锁经营网点，用于书刊销售、广告代理与发布。

皖新传媒的新网工程——安徽图书音像及文化商品经营网点建设项目在安徽省域 17 个省辖市中，新建安庆、巢湖、亳州 3 个省辖市图书城，建筑面积 17566 平方米；新购房产，扩大蚌埠、铜陵 2 地图书卖场，新增省辖市卖场建筑面积 2595 平方米；改扩建淮北、宿州、合肥（四牌楼店）、宣城、池州 5 个省辖市图书城，新增建筑面积 46533 平方米。新建宿松、桐城 2 个县中心卖场，合计建筑面积 6850 平方米；新购增加界首、萧县 2 地卖场，合计新增县中心卖场建筑面积 2536 平方米；改扩建东至、泗县、舒城、利辛、歙县、枞阳、霍山 7 个县级中心卖场，新增建筑面积 30186 平方米。在无为襄安镇新建镇便民店，规划建筑面积 890 平方米；在滁州乌衣镇改扩建镇便民店，规划建筑面积 300 平方米。

新华文轩的零售门店升级拓展项目是为构建公司全新的商业模式和盈利模式，扩大新华文轩连锁品牌在全国及业内的影响力和美誉度，力争成为业内影响力广、标准化管理水平高、专业服务能力强的领先新型出版物连锁经营实体，公司拟投资 2 亿元，4 年内在全省范围建设 87 家直营门店，其中 1500—3000 平方米的区域性文化商城 7 家，500 平方米左右的新型中小门店 80 家。本项目建成后，公司将增加经营面积合计 49560 平方米。

中信出版集团股份有限公司的智慧生活服务体系建设项目使用募集资金建设包括智慧生活服务平台建设、智慧生活终端体系建设两部分内容。（1）理想家总部与智慧生活服务平台信息化建设。计划建设的中信书店理想家总部占地 5000 平方米，未来将规划图书卖场、O2O 互动活动区、商务空间、时尚精品、儿童体验、亲子教育、科技体验区、特色餐饮等功能区域，聚拢线下客户资源，打造富有人性化、科技感的"未来智能书城"，以满足顾客的多元化消费和体验需求，更好的服务全民阅读需求和教育文化事业。（2）智慧生活终端体系本公司将通过对智慧生活服务平台的信息化建设，构建以"阅读+咖啡+文创+精品便利"为主要经营模式的智慧生活终端服务体系，引领都市人群的文化与时间消费；搭建以电子商务平台、数字阅读平台、数字图书馆馆配平台、本地化微商平台、阅读推广服务平台等为核心的综合性线上数字阅读平台，并通过与线下理想家总部以及各地智慧生活终端体系的客户资源互联互通，打造线上线下同步运营的立体中信书店营销网络，实现中信书店业务的数字化运营。

三、投资规模及执行情况

山东出版的新华书店门店经营升级改造建设项目建设期为 3 年，总投资 34221.55 万元，占公司募投项目投资总额的 13.06%。截至 2017 年 12 月 31 日，该项目正在执行中。中南传媒的湖南省新华书店区域中心门店改造升级项目建设期为 2 年，总投资 31982.13 万元，占公司募投项目投资总额的 17.27%。截至 2017 年 12 月 31 日，该项目已完成 4.99%，项目正在执行中。凤凰传媒的大型书城（文化 Mall）建设项目建设期为 2 年，总投资 97712.00 万元，占公司募投项目投资总额的 35.38%。截至 2017 年 12 月 31 日，该项目已完成 82.72%，项目正在执行中。凤凰传媒的连锁经营网点改造项目建设期为 2 年，总投资 7903.00 万元，占公司募投项目投资总额的 2.86%。截至 2017 年 12 月 31 日，该项目已完成 51.54%，项目正在执行中。凤凰传媒的文化数码用品连锁经营项目建设期为 2 年，总投资 7494.00 万元，占公司募投项目投资总额的 2.71%。截至 2017 年 12 月 31 日，该项目已终止；南方传媒的品牌教育图书出版项目总投资 26000.00 万元，占公司募投项目投资总额的 26.27%。截至 2017 年 12 月 31 日，该项目已完成 71.08%，项目正在执行中。南方传媒的连锁门店升级改造项目建设期为 2 年，总投资 20750.00 万元，占公司募投项目投资总额的 20.97%。截至 2017 年 12 月 31 日，该项目已完成 8.92%，项目正在执行中。粤传媒的增加连锁经营网点技术改造项目建设期为 3 年，总投资 7500.00 万元，占公司募投项目投资总额的 20.00%。截至 2017 年 12 月 31 日，该项目已完成 0.68%，项目已暂停。皖新传媒的新网工程——安徽图书音像及文化商品经营网点建设项目建设期为 2 年，总投资 48000.00 万元，占公司募投项目投资总额的 67.42%。截至 2017 年 12 月 31 日，该项目已完成 63.61%，项目已变更。新华文轩的零售门店升级拓展项目建设期为 2 年，总投资 20000.00 万元，占公司募投项目投资总额的 14.10%。截至 2017 年 12 月 31 日，该项目已完成 67.94%，项目正在执行中。中信出版集团股份有限公司的智慧生活服务体系建设项目建设期为 3 年，总投资 30000.00 万元，占公司募投项目投资总额的 14.10%。截至 2017 年 12 月 31 日，公司暂未上市。

表 5-4　发行类门店升级项目投资及进度表

序号	公司代码	上市公司名称	股票简称	募投项目名称	项目投资金额（万元）	建设期（年）	17年项目进度情况(%)	项目状态
1	601019	山东出版传媒股份有限公司	山东出版	新华书店门店经营升级改造建设项目	34221.55	3	—	执行中
2	601098	中南出版传媒集团股份有限公司	中南传媒	湖南省新华书店区域中心门店改造升级项目	31982.13	2	4.99%	执行中
3	601928	江苏凤凰出版传媒股份有限公司	凤凰传媒	大型书城（文化Mall）建设项目	97712.00	2	82.72%	执行中
4	601928	江苏凤凰出版传媒股份有限公司	凤凰传媒	连锁经营网点改造项目	7903.00	2	51.54%	执行中
5	601928	江苏凤凰出版传媒股份有限公司	凤凰传媒	文化数码用品连锁经营项目	7494.00	2	—	已终止
6	601900	南方出版传媒股份有限公司	南方传媒	品牌教育图书出版项目	26000.00	—	71.08%	执行中
7	601900	南方出版传媒股份有限公司	南方传媒	连锁门店升级改造项目	20750.00	2	8.92%	执行中
8	002181	广东广州日报传媒股份有限公司	粤传媒	增加连锁经营网点技术改造项目）	7500.00	3	0.68%	已暂停
9	601801	安徽新华传媒股份有限公司	皖新传媒	畅网工程——安徽图书音像及文化商品经营网点建设项目	48000.00	2	63.61%	已变更
10	601811	新华文轩出版传媒股份有限公司	新华文轩	零售门店升级拓展项目	20000.00	—	67.94%	执行中
11	已提交申请，审核中	中信出版集团股份有限公司	—	智慧生活服务体系建设项目	30000.00	3	—	未上市

第三节　物流项目

一、公司业务类型

发行类物流项目共有 5 个，分别是山东出版的物流二期项目，凤凰传媒的新港物流中心二期建设项目，中国出版的第三方图书智能流通平台项目，皖新传媒的畅网工程——安徽图书音像及文化商品物流体系、信息化建设项目，新华文轩的西部物流网络建设项目。这几个项目的上市公司业务类型均以出版、发行或出版发行为主。（详见表5-5。）

表 5-5　发行类物流项目公司业务类型表

序号	公司代码	上市公司名称	股票简称	业务类型	募投项目名称
1	601019	山东出版传媒股份有限公司	山东出版	出版发行	物流二期项目
2	601928	江苏凤凰出版传媒股份有限公司	凤凰传媒	出版发行	新港物流中心二期建设项目
3	601949	中国出版传媒股份有限公司	中国出版	出版	第三方图书智能流通平台
4	601801	安徽新华传媒股份有限公司	皖新传媒	发行	畅网工程——安徽图书音像及文化商品物流体系、信息化建设项目
5	601811	新华文轩出版传媒股份有限公司	新华文轩	发行	西部物流网络建设项目

二、建设内容

山东出版的物流二期项目是在新华书店集团物流一期项目基础上，进一步扩展物流基础建设及信息系统建设的项目，分为通用库房建设和物流信息及自动化系统升级两个子项目。其中通用库房子项目建设主体为4层8万平方米高规格通用型库房，建成后将主要用于图书主业物流，物流信息及自动化系统升级子项目拟对目前使用的各业务信息系统和自动化设施设备进行优化、升级、研发、整合，从而打造功能强大、使用便捷，能有效支撑业务开展的一体化系统。物流二期项目投产后将主要用于承担公司所辖出版社的主业物流业务，盈利模式为对代理业务按照正向及逆向物流码洋的一定比例收取操作费。

凤凰传媒的新港物流中心二期建设项目是为满足公司业务发展对物流的需要，本公司拟在新港物流中心预留地块内建设二期物流工程，总建筑面积8.4万平方米。本项目建成后，公司物流能力将大幅提升，将主要用于满足内部图书连锁经营、文化数码用品销售、出版社物流、馆配业务和电子商务业务需求。

中国出版的第三方图书智能流通平台项目以公司的图书物流业务整合为依托，通过对传统出版物流流程及设备进行升级改造，并构建贯通出版业上下游产业链的数据信息系统，打造智能型图书物流中心，提高存储空间与作业效率，改变出版社与经销商之间的信息孤岛现状，实现库存与销售信息的即时共享，从而逐渐吸收北京及周边地区分散的图书物流业务，引导行业适度集中，形成规模化、专业化的产业竞争优势，打造以出版物流为特色的专业化物流服务机构。目前，20万平方米物流中心已完成土建主要工程，该中心共分ABCDE五个库区，其中C库4万平方米用于吸收公司以外北京及周边地区的其他出版社物流业务。本次募集资金即用于C库的物流设备购置以及建设贯通上下游产业链的数据信息交换平台。

皖新传媒的畅网工程——安徽图书音像及文化商品物流体系、信息化建设项目主要内容：①物流中心二期工程建设。规划建设建筑面积25000平方米的仓储中心，1000平方米车库，500平方米的辅助配套设施；配备自动化分拣系统10套，电子标签拣选系统20套，手持无线电数据终端（PDT）50套，自动化验收系统3套，专用货架500组。②企业信息化系统升级建设，包括销售链管理模块建设；计划管理模块升级改造建设；库存管理模块升级改造建设；供应链管理模块建设；财务管理模块升级改造建设；人力资源管理模块建设；物料编及BOM模块升级改造建设；办公自动化子系统升级改造建设；BI商业智能系统模块建设；企业网站升级改造建设。

新华文轩的西部物流网络建设项目为满足本公司多渠道、多业态的业务发展下对跨区域、跨行业的全国性商品流通需求，公司拟在出版物产品、销售发达区域建设重要区域物流配送中心，形成按渠道、客户需求进行存储、捡配、加工和包装的商品配送网络。本项目作为本公司全国性物流网络规划的省内建设部分，具体建设内容为在成都市青白江区新建公司在西南区域的核心物流配送基地。

三、投资规模及执行情况

山东出版的物流二期项目建设期为2年，总投资35607.20万元，占公司募投项目投资总额的13.59%。截至2017年12月31日，该项目正在执行中。凤凰传媒的新港物流中心二期建设项目建设期为2年，总投资34990.00万元，占公司募投项目投资总额的12.67%。截至2017年12月31日，该项目已完成71.93%，项目正在执行中。中国出版的第三方图书智能流通平台项目建设期为2年，总投资18021.66万元，占公司募投项目投资总额的7.79%。截至2017年12月31日，该项目暂未启动。皖新传媒的畅网工程——安徽图书音像及文化商品物流体系、信息化建设项目建设期为2年，总投资8000.00万元，占公司募投项目投资总额的11.24%。截至2017年12月31日，该项目已完成65.45%，项目正在执行中。新华文轩的西部物流网络建设项目建设期为3年，总投资59800.00万元，占公司募投项目投资总额的42.17%。截至2017年12月31日，该项目已完成93.43%，项目正在执行中。

表5-6　发行类物流项目投资及进度表

序号	公司代码	上市公司名称	股票简称	募投项目名称	项目投资金额（万元）	建设期（年）	17年项目进度情况(%)	项目状态
1	601019	山东出版传媒股份有限公司	山东出版	物流二期项目	35607.20	2	—	执行中
2	601928	江苏凤凰出版传媒股份有限公司	凤凰传媒	新港物流中心二期建设项目	34990.00	2	71.93%	执行中
3	601949	中国出版传媒股份有限公司	中国出版	第三方图书智能流通平台	18021.66	2	—	未启动
4	601801	安徽新华传媒股份有限公司	皖新传媒	畅网工程——安徽图书音像及文化商品物流体系、信息化建设项目	8000.00	2	65.45%	执行中
5	601811	新华文轩出版传媒股份有限公司	新华文轩	西部物流网络建设项目	59800.00	3	93.43%	执行中

第四节　营销体系项目

一、公司业务类型

发行类营销体系项目共有7个，分别是中南传媒的全国出版物营销渠道建设项目，凤凰传媒的教育类出版物省外营销渠道建设项目，出版传媒的北方图书城北方区域出版物连锁经营体系项目，中国科传的中国科技出版物营销体系项目，读者传媒的营销与发行服务体系建设项目，天舟文化的营销网络建设项目，世纪天鸿的营销网络建设项目。这几个项目的上市公司业务类型均以出版、发行或出版发行为主。（详见表5-7。）

表 5-7　发行类营销体系项目公司业务类型表

序号	公司代码	上市公司名称	股票简称	业务类型	募投项目名称
1	601098	中南出版传媒集团股份有限公司	中南传媒	出版发行	全国出版物营销渠道建设项目
2	601928	江苏凤凰出版传媒股份有限公司	凤凰传媒	出版发行	教育类出版物省外营销渠道建设项目
3	601999	北方联合出版传媒（集团）股份有限公司	出版传媒	出版发行	北方图书城北方区域出版物连锁经营体系项目
4	601858	中国科技出版传媒股份有限公司	中国科传	出版	中国科技出版物营销体系项目
5	603999	读者出版传媒股份有限公司	读者传媒	出版	营销与发行服务体系建设项目
6	300148	天舟文化股份有限公司	天舟文化	发行	营销网络建设项目
7	300654	山东世纪天鸿文教科技股份有限公司	世纪天鸿	发行	营销网络建设

二、建设内容

中南传媒的全国出版物营销渠道建设项目是建立一个覆盖全国 25 个主要省（直辖市、自治区）、230 个地市的以教育图书产品为主、一般图书团购（包括集团采购、农家书屋等）为辅的图书产品营销体系。本项目是以营销团队为核心资源，以个性化营销为支撑，中小学教材教辅以及一般图书团购为主要市场的图书产品营销平台。通过改造传统营销模式，采取先进信息技术，来实现软硬实力同步建设，既运用了全国各地优质的营销资源，也发挥了公司高效系统和高质售后的优势。

凤凰传媒的教育类出版物省外营销渠道建设项目由凤凰教育公司作为实施主体，在本公司教育类出版物（主要包括基础教育和职业教育图书）江苏省外销售市场中选出 20 个市场销量大、占有率高的省（直辖市、自治区）作为目标市场，通过在目标市场范围的 20 个省会城市、31 个地级市设立分支机构（分公司、办事处）的形式，建设一个以南京为营销总部的省外教育类出版物营销渠道。

出版传媒的北方图书城北方区域出版物连锁经营体系项目符合图书市场读者的现实需求，符合现代化的书城理念的发展，采用国内图书经营先进的发展模式，把品牌优势和经营方式、与连锁经营相互结合，进一步提高了管理经营的水平,以及市场占有能力。

　　中国科传的中国科技出版物营销体系项目建设包括电子商务平台和全国发行与营销网络的建设。同时,在各大地区及主要省市设立发行与营销分部、办事处,与当地市场和用户近距离接触。通过建设,将建成高效的B2B以及B2C电子商务平台。

　　读者传媒的营销与发行服务体系建设项目是公司为提升产品的市场渗透能力,逐步完善营销与发行服务体系,计划用2年时间在北京、武汉、上海与广州设立四个地区营销与发行服务分部,承担各自地区内的市场宣传推广、产品销售、分印分发管理、区域性广告业务与产品陈列展示等五大职能,巩固并拓展期刊市场份额。与此同时,该项目的建成将强化公司图书发行能力,完善数字出版产品的自主销售能力,及时、有效地管理期刊分印分发业务,为公司进一步挖掘自身优势、拓展业务领域奠定坚实的基础。

　　天舟文化的营销网络建设项目包括建设图书物流中心和营销子公司新建。其中,图书物流中心建设子项目是将两个分散的库房库存集中起来,在长沙先进物流园内租用场地装修并配备设施后使用的,公司唯一的储运中心和调度平台,以达到高效的储运和调度,提高图书物流集散能力;营销子公司新建子项目则是建立省内、省外两级营销网络,省内再设立独立经营实体,省外设立三级经营的实体。

　　世纪天鸿的营销网络建设项目是在公司现有营销体系的基础上,拟进一步拓展公司线上线下营销网络,其中线下营销渠道建设主要由区域中心建设、新华书店网络建设及宣传推广三大部分组成。而线上营销渠道建设着重于线上分销渠道的建设及推广。资金主要运用于营销网络的场地租赁、新增营销人员费用及推广费用等。在本项目实施后,将有效提升公司品牌的知名度和影响力;线下实体营销渠道的拓展及深化,线上分销渠道的加强,有利于构建线上线下营销渠道闭环,打造多渠道品牌营销生态圈,符合公司战略发展方向,有助于帮公司迅速抓住商机,开拓新的业务市场,不断发展壮大业务版图,提高公司的市场竞争力;有助于公司在市场进行合理的布局和制定切实可行战略规划,促进公司的可持续发展。

三、投资规模及执行情况

中南传媒的全国出版物营销渠道建设项目建设期为 2 年，总投资 9772.43 万元，占公司募投项目投资总额的 5.28%。截至 2017 年 12 月 31 日，该项目暂未启动。凤凰传媒的教育类出版物省外营销渠道建设项目建设期为 2 年，总投资 17308.00 万元，占公司募投项目投资总额的 6.27%。截至 2017 年 12 月 31 日，该项目已终止。出版传媒的北方图书城北方区域出版物连锁经营体系项目总投资 26246.00 万元，占公司募投项目投资总额的 37.29%。截至 2017 年 12 月 31 日，该项目已变更。中国科传的中国科技出版物营销体系项目建设期为 5 年，总投资 5731.33 万元，占公司募投项目投资总额的 6.87%。截至 2017 年 12 月 31 日，该项目暂未启动。读者传媒的营销与发行服务体系建设项目建设期为 2 年，总投资 3535.27 万元，占公司募投项目投资总额的 7.01%。截至 2017 年 12 月 31 日，该项目已完成 19.61%，项目拟变更。天舟文化的营销网络建设项目总投资 3320.40 万元，占公司募投项目投资总额的 23.51%。截至 2017 年 12 月 31 日，该项目已完成 6.95%，项目正在执行中。世纪天鸿的营销网络建设项目建设期为 2 年，总投资 2501.00 万元，占公司募投项目投资总额的 12.23%。截至 2017 年 12 月 31 日，该项目暂未启动。

表 5-8 发行类营销体系项目投资及进度表

序号	公司代码	上市公司名称	股票简称	募投项目名称	项目投资金额（万元）	建设期（年）	17年项目进度情况(%)	项目状态
1	601098	中南出版传媒集团股份有限公司	中南传媒	全国出版物营销渠道建设项目	9772.43	2	0.00%	未启动
2	601928	江苏凤凰出版传媒股份有限公司	凤凰传媒	教育类出版物省外营销渠道建设项目	17308.00	2	—	已终止
3	601999	北方联合出版传媒（集团）股份有限公司	出版传媒	北方图书城北方区域出版物连锁经营体系项目	26246.00	—	—	已变更
4	601858	中国科技出版传媒股份有限公司	中国科传	中国科技出版物营销体系项目	5731.33	5	0.00%	未启动
5	603999	读者出版传媒股份有限公司	读者传媒	营销与发行服务体系建设项目	3535.27	2	19.61%	拟变更
6	300148	天舟文化股份有限公司	天舟文化	营销网络建设项目	3320.40	—	6.95%	执行中
7	300654	山东世纪天鸿文教科技股份有限公司	世纪天鸿	营销网络建设	2501.00	2	0.00%	未启动

第五节 集合项目

一、公司业务类型

发行类集合项目共有 1 个，是新经典的图书发行平台项目，这个项目的上市公司业务类型以发行为主。

二、建设内容

新经典的图书发行平台项目建设服务公司自身的发行网络物流体系和发行信息化管理的平台，解决公司存在的与图书发行平台相关的物流、信息流问题，建设一个全新的图书发行的网络。物流体系的搭建包括建设天津总仓库及广州、成都两个区域中心仓库，形成覆盖重点市场并辐射核心销售区域的仓储物流系统，将发行网络各单元的仓储、物流纳入统一的管理体系，以有效提高经营效率、降低物流成本。公司发行信息化管理平台拟建立一整套发行与仓储物流业务的信息化管理平台，实现公司主营业务的集约化、规范化、精细化管理，提升公司的管理效率、管控能力，降低公司整体运营成本与运营风险。

三、投资规模及执行情况

新经典的图书发行平台建设期为 3 年，总投资 15925.48 万元，占公司募投项目投资总额的 23.99%。截至 2017 年 12 月 31 日，该项目暂未启动。

第六节 小结

发行类项目共有 28 个，分为电子商务项目、门店升级项目、物流项目、营销体系项目和集合项目 5 个小类。其中，电子商务项目是电子商务平台或体系的新建或升级项目，这类项目有 4 个；门店升级项目是门店或网点的升级改造的项目，此类项目主要是为提升门店或网点的品质，提高整体盈利水平而建设的，有 11 个；物流项目是物流平台、物流网络体系或其他相关的物流项目，这类项目有 5 个；营销体系项目即营销渠道及平台体系建设的发行项目，这类项目有 7 个；集合项目为集合了发行网络平台和物流平台两个建设内容的项目，这类项目有 1 个。发行类项目公司的类型多以出版、发行或出版发行类公司为主。

发行类项目占公司募投项目投资总额的比例超 30% 的有 5 个，分别为出版传媒的北方图书城北方区域出版物连锁经营体系项目，占公司募投项目投资总额的 37.29%；凤凰传媒的大型书城（文化 Mall）建设项目，占公司募投项目投资总额的 35.38%；新华文轩的西部物流网络建设项目，占公司募投项目投资总额的 42.17%；皖新传媒的新网工程——安徽图书音像及文化商品经营网点建设项目，占公司募投项目投资总额的 67.42%；中信出版集团股份有限公司的智慧生活服务体系建设项目，占公司募投项目投资总额的 31.25%。这些公司有 3 个是以出版发行业务类型为主的公司，2 个是发行业务类型为主的公司。

发行类项目的执行情况：截至 2017 年 12 月 31 日，执行中的项目有 15 个，拟变更的项目有 1 个，已变更的项目有 2 个，已暂停的项目有 1 个，已终止的项目有 3 个，未启动的项目有 5 个，未上市公司项目有 1 个。

第六章　印刷类项目

一、公司业务类型

印刷类项目主要是指为提升印刷技术水平，实现业务升级的印刷技术、而购买或升级印刷设备的技术升级改造项目。此类项目共有 5 个，分别是山东出版的印刷设备升级改造项目，中南传媒的湖南天闻新华印务有限公司技改项目，南方传媒的数字化印刷系统项目，粤传媒的印报厂扩建技术改造项目、商业印刷扩建技术改造项目。这几个项目的上市公司业务类型以出版、出版发行或报业为主。（详见表 6-1。）

表 6-1　印刷类项目公司业务类型表

序号	公司代码	上市公司名称	股票简称	业务类型	募投项目名称
1	601019	山东出版传媒股份有限公司	山东出版	出版发行	印刷设备升级改造项目
2	601098	中南出版传媒集团股份有限公司	中南传媒	出版发行	湖南天闻新华印务有限公司技改项目

续表

序号	公司代码	上市公司名称	股票简称	业务类型	募投项目名称
3	601900	南方出版传媒股份有限公司	南方传媒	出版	数字化印刷系统项目
4	002181	广东广州日报传媒股份有限公司	粤传媒	报业	印报厂扩建技术改造项目
5	002181	广东广州日报传媒股份有限公司	粤传媒	报业	商业印刷扩建技术改造项目

二、建设内容

山东出版的印刷设备升级改造项目分为数字印刷和传统印刷两个子项目，数字印刷项目主要为柯达卷筒纸喷墨数字印刷机及配套设备的引进，传统印刷项目主要为小森商业轮转印刷机、海德堡多色印刷机、北人4787轮转印刷机、北人4890轮转印刷机、马天尼精装生产线、马天尼胶装联订线等传统印装设备的引进。项目建设能够扩大印刷企业产能，保证教材印刷的及时性和"绿色化"，优化出版印刷产业结构，促进公司编印发供协调发展，提升公司运营效益和综合实力。

中南传媒的湖南天闻新华印务有限公司技改项目利用先进技术，通过引进商用卷筒纸胶印机、报用卷筒纸胶印机、书刊用卷筒纸胶印机、商业标签印刷机、精装联动线等设备软件，扩大和提升生产能力，实现业务的升级，加快公司发展，努力成为中部地区印刷支柱企业。

南方传媒的数字化印刷系统项目在原有传统生产线的基础上，进行升级改造，建立一条高级的书刊印制生产线，同时增加一条数字化印刷生产线。项目引进环保绿色印刷工艺水平的柔版印刷技术，拟购置先进印刷设备、软件技术17台（套）。

粤传媒的印报厂扩建技术改造项目主要是增购印刷设备及配套，引进大型报纸自动化印刷线。

粤传媒的商业印刷扩建技术改造项目是增购商业印刷的设备及配套。

三、投资规模及执行情况

山东出版的印刷设备升级改造项目建设期为2年，总投资37913.00万元，占公司募投项目投资总额的14.47%。截至2017年12月31日，该项目处于执行中。中南传媒的湖南天闻新华印务有限公司技改项目建设期为2年，总投资19991.00万元，占公司募投项目投资总额的10.79%。截至2017年12月31日，该项目已完成72.86%，项目已变更。南方传媒的数字化印刷系统项目总投资10650.00万元，占公司募投项目投资总额的10.76%。截至2017年12月31日，该项目已完成68.10%，项目正在执行中。粤传媒的印报厂扩建技术改造项目建设期为1年，总投资15000.00万元，占公司募投项目投资总额的40.00%。截至2017年12月31日，该项目已完成100.00%，项目已完成。粤传媒的商业印刷扩建技术改造项目建设期为1年，总投资15000.00万元，占公司募投项目投资总额的40.00%。截至2017年12月31日，该项目已暂停。

表6-2　印刷类项目投资及进度表

序号	公司代码	上市公司名称	股票简称	募投项目名称	项目投资金额（万元）	建设期（年）	17年项目进度情况(%)	项目状态
1	601019	山东出版传媒股份有限公司	山东出版	印刷设备升级改造项目	37913.00	2	—	执行中
2	601098	中南出版传媒集团股份有限公司	中南传媒	湖南天闻新华印务有限公司技改项目	19991.00	2	72.86%	已变更
3	601900	南方出版传媒股份有限公司	南方传媒	数字化印刷系统项目	10650.00	—	68.10%	执行中
4	002181	广东广州日报传媒股份有限公司	粤传媒	印报厂扩建技术改造项目	15000.00	1	100.00%	已完成
5	002181	广东广州日报传媒股份有限公司	粤传媒	商业印刷扩建技术改造项目	15000.00	1	0.00%	已暂停

四、小结

印刷类项目共有5个，公司类型以出版、出版发行或报业为主。项目占公司募投项目投资总额的比例超30%的有2个，分别为粤传媒的印报厂扩建技术改造项目占公司募投项目投资总额的40.00%；商业印刷扩建技术改造项目占公司募投项目投资总额的40.00%。都是粤传媒的项目，是以报业业务类型为主的公司。

印刷类项目的执行情况：截至2017年12月31日，已完成的项目有1个，执行中的项目有2个，已变更的项目有1个，已暂停的项目有1个。

第七章 游戏类项目

一、公司业务类型

游戏类项目主要是游戏的开发或代理项目，共有9个。分别是掌趣科技的移动终端单机游戏产品开发项目、移动终端联网游戏产品开发项目、互联网页面游戏产品开发项目、跨平台游戏社区门户项目，昆仑万维的移动网络游戏新产品研发项目、移动网络游戏代理项目、网页游戏新产品研发项目、网页游戏代理项目、客户端网络游戏代理项目。这几个项目的上市公司业务类型均以新媒体为主，集中在掌趣科技和昆仑万维两个公司里。（详见表7-1。）

表7-1 游戏类项目公司业务类型表

序号	公司代码	上市公司名称	股票简称	业务类型	募投项目名称
1	300315	北京掌趣科技股份有限公司	掌趣科技	新媒体	移动终端单机游戏产品开发项目
2	300315	北京掌趣科技股份有限公司	掌趣科技	新媒体	移动终端联网游戏产品开发项目
3	300315	北京掌趣科技股份有限公司	掌趣科技	新媒体	互联网页面游戏产品开发项目
4	300315	北京掌趣科技股份有限公司	掌趣科技	新媒体	跨平台游戏社区门户项目
5	300418	北京昆仑万维科技股份有限公司	昆仑万维	新媒体	移动网络游戏新产品研发项目
6	300418	北京昆仑万维科技股份有限公司	昆仑万维	新媒体	移动网络游戏代理项目
7	300418	北京昆仑万维科技股份有限公司	昆仑万维	新媒体	网页游戏新产品研发项目
8	300418	北京昆仑万维科技股份有限公司	昆仑万维	新媒体	网页游戏代理项目
9	300418	北京昆仑万维科技股份有限公司	昆仑万维	新媒体	客户端网络游戏代理项目

二、建设内容

掌趣科技的移动终端单机游戏产品开发项目项目通过与移动电信运营商、移动终端设备厂商、移动终端平台中间件开发商以及各大移动终端游戏开发服务商的合作，提供移动终端单机游戏。项目建设期后拟每年开发角色扮演游戏（RPG）10款、动作角色扮演游戏（ARPG）10款、动作类游戏（ACT）6款、益智及智能终端游戏4款。

掌趣科技的移动终端联网游戏产品开发项目项目通过与移动电信运营商、移动终端设备厂商、移动终端平台中间件开发商、各大移动终端游戏渠道推广商以及第三方支付平台的合作，借助移动电信运营商的网络通道，以移动终端联网游戏形式为用户提供丰富多彩的信息和娱乐服务。项目拟开发即时MMORPG游戏2款、回合MMORPG游戏2款、横版MMOARPG游戏1款、休闲游戏1款以及智能手机（Android）游戏1款。

掌趣科技的互联网页面游戏产品开发项目为公司提供互联网页面游戏，通过公司自身游戏平台以及与门户网站、电信运营商、移动终端制造商联合运营相结合的方式进行推广，为用户提供丰富多彩的娱乐服务。项目拟开发3款角色扮演游戏（RPG）、2款策略游戏（SLG）、1款动作角色扮演游戏（ARPG）以及2款休闲类游戏。

掌趣科技的跨平台游戏社区门户项目，项目建设跨平台游戏社区门户，打造成一个以游戏为主题，具备SNS交互特性和丰富扩展性的用户交流平台。公司可以在此平台基础上自行开发或接入第三方SNS社交游戏或网络游戏，同时可以向用户推介现有其他类型产品，以促进公司游戏及移动互联网业务的持续全面发展。

昆仑万维的移动网络游戏新产品研发项目是对14款移动网络游戏进行产品的研发以及产品全球化版本的开发和运营。投资有：服务器及其他硬件设备、软件及其他无形资产、研发投入、初期市场费用、场地租金、铺底流动资金等。

昆仑万维的移动网络游戏代理项目是对代理的13款移动网络游戏产品在授权运营区域内进行市场推广、运营。投资有：服务器及其他硬件、软件及其他无形资产、授权金费用、初期市场费用、场地租金、铺底流动资金等。

昆仑万维的网页游戏新产品研发项目是对6款网页游戏新产品进行研发和测试，同时进行全球化版本的开发制作和在全球范围内的运营及推广。投资有：服务器及其他硬件、软件及其他无形资产、研发投入、初期市场费用、铺底流动资金等。

昆仑万维的网页游戏代理项目是代理 2 款网页游戏产品，在授权运营区域进行运营推广。投资有：服务器及其他硬件、软件及其他无形资产、授权金费用、初期市场费用、场地租金、铺底流动资金等。

昆仑万维的客户端网络游戏代理项目是代理运营 4 款客户端网络游戏。投资有：服务器及其他硬件投资、软件及其他无形资产投资、授权金费用、初期市场推广、铺底流动资金等。

三、投资规模及执行情况

掌趣科技的移动终端单机游戏产品开发项目建设期为 2 年，总投资 5242.35 万元，占公司募投项目投资总额的 26.19%。截至 2017 年 12 月 31 日，该项目已完成。掌趣科技的移动终端联网游戏产品开发项目建设期为 2 年，总投资 5910.43 万元，占公司募投项目投资总额的 29.53%。截至 2017 年 12 月 31 日，该项目已变更。掌趣科技的互联网页面游戏产品开发项目建设期为 2 年，总投资 5965.99 万元，占公司募投项目投资总额的 29.81%。截至 2017 年 12 月 31 日，该项目已变更。掌趣科技的跨平台游戏社区门户项目建设期为 2 年，总投资 2896.50 万元，占公司募投项目投资总额的 14.47%。截至 2017 年 12 月 31 日，该项目已变更。昆仑万维的移动网络游戏新产品研发项目总投资 40816.00 万元，占公司募投项目投资总额的 30.27%。截至 2017 年 12 月 31 日，该项目已完成。昆仑万维的移动网络游戏代理项目总投资 50903.00 万元，占公司募投项目投资总额的 37.75%。截至 2017 年 12 月 31 日，该项目已终止。昆仑万维的网页游戏新产品研发项目总投资 19445.00 万元，占公司募投项目投资总额的 14.42%。截至 2017 年 12 月 31 日，该项目已完成。昆仑万维的网页游戏代理项目总投资 3971.00 万元，占公司募投项目投资总额的 2.94%。截至 2017 年 12 月 31 日，该项目已完成。昆仑万维的客户端网络游戏代理项目总投资 19714.00 万元，占公司募投项目投资总额的 14.62%。截至 2017 年 12 月 31 日，该项目已完成 81.98%，项目正在进行中。

表 7-2　游戏类项目投资及进度表

序号	公司代码	上市公司名称	股票简称	募投项目名称	项目投资金额（万元）	建设期（年）	17年项目进度情况(%)	项目状态
1	300315	北京掌趣科技股份有限公司	掌趣科技	移动终端单机游戏产品开发项目	5242.35	2	100.00%	已完成
2	300315	北京掌趣科技股份有限公司	掌趣科技	移动终端联网游戏产品开发项目	5910.43	2	—	已变更
3	300315	北京掌趣科技股份有限公司	掌趣科技	互联网页面游戏产品开发项目	5965.99	2	—	已变更
4	300315	北京掌趣科技股份有限公司	掌趣科技	跨平台游戏社区门户项目	2896.50	2	—	已变更
5	300418	北京昆仑万维科技股份有限公司	昆仑万维	移动网络游戏新产品研发项目	40816.00	—	100.00%	已完成
6	300418	北京昆仑万维科技股份有限公司	昆仑万维	移动网络游戏代理项目	50903.00	—	—	已终止
7	300418	北京昆仑万维科技股份有限公司	昆仑万维	网页游戏新产品研发项目	19445.00	—	100.00%	已完成
8	300418	北京昆仑万维科技股份有限公司	昆仑万维	网页游戏代理项目	3971.00	—	100.00%	已完成
9	300418	北京昆仑万维科技股份有限公司	昆仑万维	客户端网络游戏代理项目	19714.00	—	81.98%	执行中

四、小结

游戏类项目共有9个，公司业务类型均以新媒体为主。项目占公司募投项目投资总额的比例超30%的有2个，分别为昆仑万维的移动网络游戏新产品研发项目占公司募投项目投资总额的30.27%；移动网络游戏代理项目占公司募投项目投资总额的37.75%。都是昆仑万维公司的项目。

游戏类项目的执行情况：截至2017年12月31日，已完成的项目有4个，执行中的项目有1个，已变更的项目有3个，已终止的项目有1个。

第八章　管理信息系统建设类项目

一、公司业务类型

管理信息系统建设类项目主要是公司业务相关管理信息系统的新建或改造升级项目，这类项目多为提升公司整体管理水平及运营能力而建设的，这类项目共有 11 个。分别是山东出版的综合管理信息系统平台项目，中南传媒的中南出版传媒集团出版发行信息平台建设项目，凤凰传媒的 ERP 建设项目，南方传媒的信息化系统项目，中国科传的中国科技出版资源管理平台项目，中国出版的综合运营管理平台项目，读者传媒的出版资源信息化管理平台建设项目，新华文轩的 ERP 建设升级项目，天舟文化的管理信息和出版创意平台建设项目，世纪天鸿的信息化系统建设项目，中信出版集团股份有限公司的管理运营体系升级改造项目。这几个项目的上市公司业务类型多以出版、发行或出版发行为主。（详见表 8-1。）

表 8-1　管理信息系统建设类项目公司业务类型表

序号	公司代码	上市公司名称	股票简称	业务类型	募投项目名称
1	601019	山东出版传媒股份有限公司	山东出版	出版发行	综合管理信息系统平台项目
2	601098	中南出版传媒集团股份有限公司	中南传媒	出版发行	中南出版传媒集团出版发行信息平台建设项目
3	601928	江苏凤凰出版传媒股份有限公司	凤凰传媒	出版发行	ERP 建设项目
4	601900	南方出版传媒股份有限公司	南方传媒	出版	信息化系统项目
5	601858	中国科技出版传媒股份有限公司	中国科传	出版	中国科技出版资源管理平台项目
6	601949	中国出版传媒股份有限公司	中国出版	出版	综合运营管理平台项目
7	603999	读者出版传媒股份有限公司	读者传媒	出版	出版资源信息化管理平台建设项目
8	601811	新华文轩出版传媒股份有限公司	新华文轩	发行	ERP 建设升级项目
9	300148	天舟文化股份有限公司	天舟文化	发行	管理信息和出版创意平台建设项目
10	300654	山东世纪天鸿文教科技股份有限公司	世纪天鸿	发行	信息化系统建设
11	已提交申请，审核中	中信出版集团股份有限公司	——	出版发行	管理运营体系升级改造项目

二、建设内容

山东出版的综合管理信息系统平台项目是公司为了全面改善公司的经营状况，提升公司的信息化管理水平和内部管理能力，适应公司高速发展的需要，增强公司核心竞争力，设计规划了公司综合管理信息系统平台项目。项目建设内容包括系统平台建设和机房建设两个子项目。系统平台建设共包括财务管理、编务管理、印制管理、物料供应、生产控制、批销和零售业务模块、决策分析、公文处理、互动沟通、知识中心、资源管理、协同审批、流程管理、基础服务、人力资源管理共15个系统功能模块。充分考虑到系统业务的复杂性和专业性以及对系统的技术要求，此项目采用外包的形式进行集中建设，项目全部完成后一次性投入使用。

中南传媒的中南出版传媒集团出版发行信息平台建设项目是建设企业资源管理系统（ERP系统），采取引进和建设相结合的方式进行。建设包括：（1）出版信息系统，即中南传媒本部及下属各出版社的ERP系统及支撑ERP系统运行的信息平台；（2）发行及物流信息系统，即覆盖湖南省新华书店有限责任公司总部及各分公司的商流业务系统及覆盖湖南华瑞物流有限责任公司、邵阳储运部及未来分物流仓库的物流系统信息平台；（3）上述两大信息系统与股份公司总部信息系统的全面对接。

凤凰传媒的ERP建设项目通过采购、库存、销售、财务系统模块的建设，建成公司的核心业务系统，达到支撑公司业务运作并对主营业务进行业务重组、实现集约化和专业化的分工管理的目的。

南方传媒的信息化系统项目是为了加强出版产业链内部的协同和整合，提高对产业链外部上下游的控制力，建立健全母子公司的管理控制体系，提高市场响应能力的需要，同时也是建立符合资本市场要求企业管理体制机制的需要。项目的主要建设内容包括：出版ERP系统、发行ERP系统、印刷ERP系统、报刊ERP系统以及安全管理系统共五大模块所包含的硬件和基础设施、应用软件建设以及运维服务等。通过该项目的实施，逐步完善公司内控体系和财务集中管控体系，建立统一集中管理平台，使得公司能快速获得市场信息，调整营销和管理策略，更科学快速地做出经营管理决策，为企业带来实际的效益。

中国科传的中国科技出版资源管理平台项目为进一步提升公司管理水平，进一步促进业务的规范化和可持续发展，建设中国科技出版资源管理平台，主要包括基础系统、业务管理系统、业务支持系统、财务核算系统和决策支持系统5大功能模块。

中国出版的综合运营管理平台项目旨在建立财务、业务、人力、办公一体化的信息化管理平台，对现有系统采用新建和升级改造相结合的方式。项目投资用于系统开发与软件购置、硬件购置及日常运营三个方面。

读者传媒的出版资源信息化管理平台建设项目将新建和升级改造公司管理系统、财务系统、业务 ERP 系统、发行库管系统和公司数据交换中心系统等五大信息管理系统模块。建设集编辑、编务、印务、发行、仓储、财务核算、社务管理功能于一体的信息化管理平台。

新华文轩的 ERP 建设升级项目公司在现有信息化建设和应用的基础上，建设以业务为基础，以 SAP/ERP 为核心的的企业信息处理平台。项目建设包括：（1）出版发行 ERP 系统的整合优化：完成 SAP 升级，整合并优化企业 ERP 系统，涉及公司总部及下属出版单位、原材料供应单位等；（2）建设出版管理系统：完成基于出版的电子化编撰平台和数字内容资源库，涉及下属 12 家出版单位；（3）建设供应链协同平台：在公司完善的 ERP 体系下，建立面向行业的供应链协同平台，涉及与公司有常年业务往来的几百家外部供应商，以及部分有条件的下游客户单位。

天舟文化的管理信息和出版创意平台建设项目利用信息技术建设先进的管理软件平台，实现营销水平的提升精确、供应链的统一管理，提高终端的监测能力，提升公司的营销管理能力以及各类基础数据的处理管理能力等。

世纪天鸿的信息化系统建设项目全面启动并实施完成实现公司供、销、人、财、物的集成管理，并整合供应链，为公司的业务渠道创新、管理和运营创新、产品编撰模式创新提供平台的信息化系统，从而提高企业运营效率和效益。项目将引入及完善企业财务系统、OA 办公系统、编务系统、物流系统、人力资源管理系统（HER）、客户关系管理系统（CRM）、大数据平台等信息化模块。项目软件将采取产品外购、合作开发以及自主开发三种方式。

中信出版集团股份有限公司的管理运营体系升级改造项目是对公司管理运营体系的全面升级，主要包括中信连锁书店智能信息系统工程、IT 基础设施升级改造工程及物流管理体系升级及改造工程。建立完善的后台信息支撑体系和物流供应链体系，有助于本公司实现信息流信息、物流信息、内容资源信息、出版物信息、门店信息、财务信息、人力资源信息等管理资源的高度统一管理，提升公司管理及经营效率；有利于实现各职能部门和连锁经营网点之间的信息充分共享，从而达到编、印、发、供在物流财务投资管理等方面的一体化，全面提高本公司运营水平，实现集约化、规模化经营，降低由于信息不畅带来的额外成本。

三、投资规模及执行情况

山东出版的综合管理信息系统平台项目建设期为3年，总投资9374.10万元，占公司募投项目投资总额的3.58%。截至2017年12月31日，该项目正在执行中。中南传媒的中南出版传媒集团出版发行信息平台建设项目建设期为2年，总投资9374.10万元，占公司募投项目投资总额的8.16%。截至2017年12月31日，该项目已完成49.98%，正在执行中。凤凰传媒的ERP建设项目建设期为2年，总投资20059.00万元，占公司募投项目投资总额的7.26%。截至2017年12月31日，该项目已完成23.53%，正在执行中。南方传媒的信息化系统项目总投资10894.00万元，占公司募投项目投资总额的11.01%。截至2017年12月31日，该项目已完成18.01%，正在执行中。中国科传的中国科技出版资源管理平台项目总投资6372.57万元，占公司募投项目投资总额的7.64%。截至2017年12月31日，该项目已完成1.12%，正在执行中。中国出版的综合运营管理平台项目建设期为3年，总投资6546.59万元，占公司募投项目投资总额的2.83%。截至2017年12月31日，该项目暂未启动。读者传媒的出版资源信息化管理平台建设项目建设期为3年，总投资6546.59万元，占公司募投项目投资总额的9.14%。截至2017年12月31日，该项目已完成17.25%，项目拟变更。新华文轩的ERP建设升级项目建设期为3年，总投资15000.00万元，占公司募投项目投资总额的10.58%。截至2017年12月31日，该项目已完成27.05%，项目正在执行中。天舟文化的管理信息和出版创意平台建设项目总投资3200.58万元，占公司募投项目投资总额的22.66%。截至2017年12月31日，该项目已完成6.33%，项目正在执行中。世纪天鸿的信息化系统建设项目建设期2年，总投资2053.00万元，占公司募投项目投资总额的10.04%。截至2017年12月31日，该项目暂未启动。中信出版集团股份有限公司的管理运营体系升级改造项目建设期3年，总投资4000.00万元，占公司募投项目投资总额的4.17%。截至2017年12月31日，该公司暂未上市。

表 8-2 管理信息建设类项目投资及进度表

序号	公司代码	上市公司名称	股票简称	募投项目名称	项目投资金额（万元）	建设期（年）	17年项目进度情况(%)	项目状态
1	601019	山东出版传媒股份有限公司	山东出版	综合管理信息系统平台项目	9374.10	3	—	执行中
2	601098	中南出版传媒集团股份有限公司	中南传媒	中南出版传媒集团出版发行信息平台建设项目	15118.00	2	49.98%	执行中
3	601928	江苏凤凰出版传媒股份有限公司	凤凰传媒	ERP建设项目	20059.00	2	23.53%	执行中
4	601900	南方出版传媒股份有限公司	南方传媒	信息化系统项目	10894.00	—	18.01%	执行中
5	601858	中国科技出版传媒股份有限公司	中国科传	中国科技出版资源管理平台项目	6372.57	—	1.12%	执行中
6	601949	中国出版传媒股份有限公司	中国出版	综合运营管理平台项目	6546.59	3	—	未启动
7	603999	读者出版传媒股份有限公司	读者传媒	出版资源信息化管理平台建设项目	4605.60	3	17.25%	拟变更
8	601811	新华文轩出版传媒股份有限公司	新华文轩	ERP建设升级项目	15000.00	3	27.05%	执行中
9	300148	天舟文化股份有限公司	天舟文化	管理信息和出版创意平台建设项目	3200.58	—	6.33%	执行中
10	300654	山东世纪天鸿文教科技股份有限公司	世纪天鸿	信息化系统建设	2053.00	2	0.00%	未启动
11	已提交申请，审核中	中信出版集团股份有限公司	—	管理运营体系升级改造项目	4000.00	3	—	未上市

四、小结

管理信息建设类项目共有 11 个，公司业务类型多以出版、发行或出版发行为主。没有项目占公司募投项目投资总额的比例超 30% 的，最高占比为天舟文化的管理信息和出版创意平台建设项目，占公司募投项目投资总额的 22.66%。可见管理信息建设类项目在整个募投项目的占比不高，属于辅助型基础项目。

管理信息建设类项目的执行情况：截至 2017 年 12 月 31 日，执行中的项目有 7 个，拟变更的项目有 1 个，未启动的项目有 2 个，未上市的有 1 个。

第九章 其他类项目

一、公司业务类型

其他类项目主要除以上分类外不能单独成类的一些有特殊项目，共有 8 个。包括了掌阅科技的数字阅读海外开发项目；中国出版的影像中国站点式融合出版升级平台项目和诗词中国 2.0 建设项目；新华网的新华网新媒体应用技术研发中心项目；皖新传媒的 e 网工程——安徽数字广告媒体网络建设项目；中南传媒的出版创意策划项目；新经典的版权库建设项目；中信出版集团股份有限公司的"内容+"知识产权投资与运营平台建设项目。这几个项目的上市公司业务类型以出版、发行或出版发行、新媒体为主，涉及公司业务类型较多。（详见表 9-1。）

表 9-1 其他类项目公司业务类型表

序号	公司代码	上市公司名称	股票简称	业务类型	募投项目名称
1	603533	掌阅科技股份有限公司	掌阅科技	新媒体	数字阅读海外开发项目
2	601949	中国出版传媒股份有限公司	中国出版	出版	影像中国站点式融合出版升级平台
3	601949	中国出版传媒股份有限公司	中国出版	出版	诗词中国 2.0 建设项目
4	603888	新华网股份有限公司	新华网	新媒体	新华网新媒体应用技术研发中心项目
5	601801	安徽新华传媒股份有限公司	皖新传媒	发行	e 网工程——安徽数字广告媒体网络建设项目
6	601098	中南出版传媒集团股份有限公司	中南传媒	出版发行	出版创意策划项目
7	603096	新经典文化股份有限公司	新经典	发行	版权库建设项目
8	已提交申请，审核中	中信出版集团股份有限公司	—	出版发行	"内容+"知识产权投资与运营平台建设项目

二、建设内容

掌阅科技的数字阅读海外开发项目主要建设内容为海外数字阅读市场开发。公司计划通过本次海外市场推广，在原有版权供应的基础上，将国内优质版权数字图书推广至海外市场，加强公司数字阅读多样化市场，扩大销售渠道，分担公司版权成本，形成数字阅读业务多元化布局，增强公司的市场竞争力。"掌阅"旨在给全球喜爱阅读的用户提供极致如纸般的电子书阅读体验和个性化的数字阅读服务；同时为全球的出版社和作者提供一个全方位的电子书制作和发售平台。项目建设内容主要分为内容资源建设、产品开发和市场推广三个方面。

中国出版的影像中国站点式融合出版升级平台项目是适应移动互联网时代读图化、碎片化、互动化阅读潮流和内容 UGC 发展趋势，以数字影像内容汇聚传播为主要载体的数字出版新业态。项目特色在于，利用移动互联网集中呈现移动、位置和交互等最新技术，及自身已有的内容资源和传统图书、电子音像出版、网络出版资质，以影像建站的方式，为一个个能代表中国形象或标志性文化特色的有价值位置，如各级景区景点、文化地标、非物质文化遗产、群众文艺活动场馆、大型设施、各级文化保护单位，以及其他各种教科文卫机构用户进行数字影像建站，从而带动并服务于亿万爱好文化、旅游的中外终端访问用户；以影像文化的交流和公共传播，服务和见证"中国梦"，适配国家新闻出版改革发展战略，顺应移动互联网时代"互联网是天然的人民议事殿堂"的发展趋势。鉴于越来越多的机构用户存在着强烈的面向海外的定位、宣传和营销需求，在影像内容之外，项目安排了大量英、日、韩多语种图片说明文字翻译，为中外终端访问用户了解中国有文化价值的地理位置提供一站式便捷服务，从而能有效地提升项目的市场竞争力和影响力。项目运用"互联网+"思维，积极落实国家《关于推动传统出版和新兴出版融合发展的指导意见》等文件精神，发展数字化融合发展新业态，推动传统出版转型升级，致力于成为中国影像阅读、融合出版的领先全媒介专业服务平台。项目投资用于内容资源库建设、升级平台建设、品牌影响力建设和队伍建设 4 个方面。

中国出版的诗词中国 2.0 建设项目以诗词为切入点，发掘诗词承载的国学、思想、伦理、审美价值，建设全国性、大规模、高规格，线上线下服务相结合的诗词爱好者的互动平台。项目建设内容包含赛事规模拓展建设、内容服务能力建设、平台支撑体系建设、市场推广体系建设、项目运营五个项目。计划在 3 年中总投资 10843.11 万元，共举办 3 场主赛，地区分赛与主题分赛各 12 场，约 29.5 万首经过碎片化处理的诗词内容，并添加了独有的细分标签，聘请 40 多位顶级诗词名家。项目实施上，通过有计划、有步骤，同时更为精细的社区活动与服务,为用户提供线上培训、广告等增值服务,兼具交流、互动、社交功能,并能持续产生商业利益。

新华网的新华网新媒体应用技术研发中心项目以应用技术的研究和实验为主,同时积极参与承担国家投资项目的科研任务。项目计划在三年内建成面向云计算、移动互联网和物联网三个重点应用研究方向的新媒体技术产品孵化中心,组建60人规模的创意研发和产品孵化团队,取得初步的新产品研发孵化成果。

皖新传媒的e网工程——安徽数字广告媒体网络建设项目借助公司区位优势和资源优势,采用数字技术,对全省新华书店卖场的楼体和店堂广告位资源进行整合和深度开发,建立以全天候LED显示系统为主体的广告联播媒体系统。完成安徽省各市县新华书店卖场内外的广告媒体体系建设,对全省广告区域进行全面覆盖。

中南传媒的出版创意策划项目是设立中南天闻出版策划分公司(暂名),以提升公司对海内外优势出版资源的整合能力,进一步扩张公司在大众出版、专业出版领域的品牌集群,形成常销书、畅销书产品体系,提高公司大众图书品牌、专业图书品牌的市场竞争力。

新经典的版权库建设项目进行图书版权及影视剧改编权购买与开发,以充实版权资源储备,提升版权资源整合能力。项目计划采购图书版权1525种,其中文学类763种,少儿类457种,社科、生活及其他类305种,并进行相应的策划开发工作;同时项目计划采购优质影视剧改编权18部,其中电影类9部,电视剧类9部,为影视剧策划业务做好版权储备。

中信出版集团股份有限公司的"内容+"知识产权投资与运营平台建设项目以本公司出版主业为依托,通过投资、购买等方式储备500项优质知识产权以及40项全版权作者经纪业务,打造以"内容+"为核心的知识产权服务生态集群。本项目储备的优质知识产权将涵盖图书、视频、音频、动漫、游戏等多种形式,覆盖少儿、文学、艺术、财经、社科文化以及科学研究等多个领域。本项目将建设知识产权数据挖掘体系,通过大数据分析获取知识产权的热度及受众相关度等信息,为内容资源的变现提供营销数据支持。本项目建设的知识产权市场开发与全版权运营

三、投资规模及执行情况

掌阅科技的数字阅读海外开发项目建设期为3年,总投资5137.83万元,占公司募投项目投资总额的4.91%。截至2017年12月31日,该项目暂未启动。中国出版的影像中国站点式融合出版升级平台项目建设期为3年,总投资21843.16万元,占公司募投项目投资总额的9.44%。截至2017年12月31日,该项目暂未启动。中国出版的诗词中国2.0建设项目建设期为3年,总投资10843.11万元,占公司募投项目投资总额的4.68%。截至2017年12月31日,该项目暂未启动。新华网的新华网新媒体应用技术研发中心项目建设期为3年,总投资8302.62万元,占公司募投项目投资总额的6.02%。截至2017年12月31日,该项目已完成9.75%,项目正在执行中。皖新传媒的e网工程——安徽数字广告媒体网络建设项目建设项目建设期为2年,总投资15200.00万元,占公司募投项目投资总额的21.35%。截至2017年12月31日,该项目已变更。中南传媒的出版创意策划项目建设期为1年,总投资29695.00万元,占公司募投项目投资总额的16.03%。截至2017年12月31日,该项目已变更。新经典的版权库建设项目建设期为3年,总投资43466.00万元,占公司募投项目投资总额的65.47%。截至2017年12月31日,该项目正在执行中。中信出版集团股份有限公司的"内容+"知识产权投资与运营平台建设项目建设期为3年,总投资60000.00万元,占公司募投项目投资总额的62.50%。截至2017年12月31日,该公司暂未上市。

表9-2 其他类项目投资及进度表

序号	公司代码	上市公司名称	股票简称	募投项目名称	项目投资金额(万元)	建设期(年)	17年项目进度情况(%)	项目状态
1	603533	掌阅科技股份有限公司	掌阅科技	数字阅读海外开发项目	5137.83	3	—	未启动
2	601949	中国出版传媒股份有限公司	中国出版	影像中国站点式融合出版升级平台	21843.16	3	—	未启动
3	601949	中国出版传媒股份有限公司	中国出版	诗词中国2.0建设项目	10843.11	3	—	未启动
4	603888	新华网股份有限公司	新华网	新华网新媒体应用技术研发中心项目	8302.62	3	9.75%	执行中

续表

序号	公司代码	上市公司名称	股票简称	募投项目名称	项目投资金额（万元）	建设期（年）	17年项目进度情况(%)	项目状态
5	601801	安徽新华传媒股份有限公司	皖新传媒	e网工程——安徽数字广告媒体网络建设项目	15200.00	2	—	已变更
6	601098	中南出版传媒集团股份有限公司	中南传媒	出版创意策划项目	29695.00	1	—	已变更
7	603096	新经典文化股份有限公司	新经典	版权库建设项目	43466.00	3	—	执行中
8	已提交申请，审核中	中信出版集团股份有限公司	—	"内容+"知识产权投资与运营平台建设项目	60000.00	3	—	未上市

四、小结

其他类项目共有8个，公司业务类型以出版、发行或出版发行、新媒体为主，涉及公司业务类型较多。占公司募投项目投资总额的比例超30%的有两个项目，分别是新经典的版权库建设项目建设项目占公司募投项目投资总额的65.47%；中信出版集团股份有限公司的"内容+"知识产权投资与运营平台建设项目占公司募投项目投资总额的62.50%。

其他类项目的执行情况：截至2017年12月31日，执行中的项目有2个，未启动的项目有3个，已变更的项目有2个，未上市的有1个。

第十章　结论与建议

一、结论

本课题通过对截至2017年12月国内已经上市的和已在证监会备案的21家出版上市企业的109个IPO募投项目的整理和分析，总结了以下几点结论：

1. 出版发行类公司的募投项目数量最多

在21家出版上市企业共计109个募投项目中，有5家出版发行类公司共有项目37个，平均每家有7.4个项目，占项目总数的33.9%；4家出版类公司共有项目28个，平均每家有7个项目，占项目总数的25.7%；6家新媒体公司共有项目22个，平均每家公司有3.7个项目，占项目总数的20.2%；5家发行公司共有项目19个，平均每家有3.8个项目，占项目总数的17.4%；1家报业公司共有项目3个，占项目总数的2.8%。综上可见，出版发行类公司募投项目数量最多，出版类公司次之。

表10–1　公司项目数量表

公司业务类型	公司数（家）	募投项目数（个）	平均项目数（个）
出版	4	28	7.0
出版发行	5	37	7.4
报业	1	3	3.0
发行	5	19	3.8
新媒体	6	22	3.7

2. 发行类项目和数字出版类项目在募投中最为普遍

在109个IPO募投项目中，发行类项目共有28个，占项目总数的25.7%，涉及15家公司，平均每个公司1.9个项目；数字出版类项目共有25个，占项目总数的22.9%，涉及13家公司，平均每个公司1.9个项目；管理信息系统建设类项目共有11个，占项目总数的10.1%，涉及11家公司，平均每个公司1个项目；列有补充流动资金项的公司共11个，占项目总数的10.1%；游戏类项目共有9个，占项目总数的8.3%，涉及2家公司，平均每个公司4.5个项目；传统出版类项目共有8个，占项目总数的7.3%，涉及7家公司，平均每个公司1.1个项目；其他类共有8个，占项目总数的7.3%，涉及8家公司，平均每个公司1个项目；印刷类项目共有5个，占项目总数的4.6%，涉及4家公司，平均每个公司1.3个项目；复合出版类项目共有4个，占项目总数的3.7%，涉及4家公司，平均每个公司1个项目。

综上，发行类项目的项目数、涉及公司数和占项目总数的比值都最大，数字出版类项目次之。可见，在募投中，发行类项目和数字出版类项目最为普遍。

表 10-2　募投项目规模表

募投项目类别	项目数（个）	涉及公司数（家）	占项目总数的比值（%）
传统出版类项目	8	7	7.3
复合出版类项目	4	4	3.7
数字出版类项目	25	13	22.9
发行类项目	28	15	25.7
印刷类项目	5	4	4.6
游戏类项目	9	2	8.3
管理信息系统建设类项目	11	11	10.1
补充流动资金与还贷	11	11	10.1
其他类项目	8	8	7.3

3. 数字出版类项目和发行类项目投资金额较多，规模较大

在募投中，对各类项目的投资金额各不相同。数字出版类项目共投资 695760.64 万元，平均每个项目 27830.43 万元；发行类项目共投资 608798.25 万元，平均每个项目 21742.79 万元；其他类项目共投资 194487.72 万元，平均每个项目 24310.97 万元；游戏类项目共投资 154864.27 万元，平均每个项目 17207.14 万元；补充流动资金与还贷共投资 149869.72 万元，平均每个项目 13624.52 万元；传统出版类项目共投资 107914.69 万元，平均每个项目 13489.34 万元；印刷类项目共投资 98554.00 万元，平均每个项目 19710.80 万元；管理信息系统建设类项目共投资 97223.44 万元，平均每个项目 8838.49 万元；复合出版类项目共投资 68369.17 万元，平均每个项目 17092.29 万元。其中，数字出版类项目的投资金额最多，发行类项目次之。

表 10-2　募投项目分类投资表

单位：万元

募投项目类别	项目投资金额合计
传统出版类项目	107914.69

续表

募投项目类别	项目投资金额合计
复合出版类项目	68369.17
数字出版类项目	695760.64
发行类项目	608798.25
印刷类项目	98554.00
游戏类项目	154864.27
管理信息系统建设类项目	97223.44
补充流动资金与还贷	149869.72
其他类项目	194487.72

同时，在109个IPO募投项目中项目投资占公司募投项目投资总额的比例超30%的总共有22个，其中，传统出版类项目有4个，数字出版类项目有7个，发行类项目有5个，印刷类项目有2个，游戏类项目有2个，其他类项目有2个。数字出版类项目最多，发行类项目次之。

综上所述，可见在募投中数字出版类项目和发行类项目投资金额较多，规模较大。

4. 公司对补充流动资金的执行最好

截至2017年12月31日，扣除未上市公司项目和未启动项目中2017年刚上市公司的项目后共有85个项目。这些项目中，已完成16个，执行中41个，已暂停2个，变更14个，终止8个，未启动4个。可见，处于执行中的项目最多，已完成项目次之。

执行中项目中有发行类项目15个，占项目总数的17.6%；数字出版类项目10个，占项目总数的11.8%；管理信息类项目7个，占项目总数的8.2%；传统出版类项目2个，占项目总数的2.4%；印刷类项目2个，占项目总数的2.4%；其他类项目2个，占项目总数的2.4%；复合出版类项目1个，占项目总数的1.2%；游戏类项目1个，占项目总数的1.2%；补充流动资金1个，占项目总数的1.2%。其中，发行类项目处于在执行中的最多，进展较为顺利。

未启动项目中有复合出版类项目2个，占项目总数的2.4%；数字出版类项目

1个，占项目总数的1.2%；发行类项目1个，占项目总数的1.2%。其中，复合出版类项目未启动的较多，执行较为不利。已完成项目中有补充流动资金8个，占项目总数的9.4%；游戏类项目4个，占项目总数的4.7%；数字出版类项目2个，占项目总数的2.4%；传统出版类项目1个，占项目总数的1.2%；印刷类项目1个，占项目总数的1.2%。其中，补充流动资金完成最多，游戏类项目次之。可见，补充流动资金执行情况最好，有补充流动资金的公司除1家正在执行外，其他均已执行完成。（详见表10-3、表10-4。）

综上所述，公司对补充流动资金的执行最好。发行类项目处于在执行中的最多，进展较为顺利。而复合出版类项目未启动的较多，执行较为不利。

表10-3 募投项目执行情况表

单位：个

募投项目类别	已完成	执行中	已暂停	变更	终止	未启动	合计
传统出版类项目	1	2	—	1	2	—	6
复合出版类项目	—	1	—	—	1	2	4
数字出版类项目	2	10	—	3	1	1	17
发行类项目	—	15	1	3	3	1	23
印刷类项目	1	2	1	1	—	—	5
游戏类项目	4	1	—	3	1	—	9
管理信息系统建设类项目	—	7	—	1	—	—	8
补充流动资金与还贷	8	1	—	—	—	—	9
其他类项目	—	2	—	2	—	—	4
合计	16	41	2	14	8	4	85

表10-4 募投项目执行占比表

单位：%

募投项目类别	已完成	执行中	已暂停	变更	终止	未启动	合计
传统出版类项目	1.2	2.4	—	1.2	2.4	—	7.1
复合出版类项目	—	1.2	—	—	1.2	2.4	4.7
数字出版类项目	2.4	11.8	—	3.5	1.2	1.2	20.0

续表

募投项目类别	已完成	执行中	已暂停	变更	终止	未启动	合计
发行类项目	—	17.6	1.2	3.5	3.5	1.2	27.1
印刷类项目	1.2	2.4	1.2	1.2	—	—	5.9
游戏类项目	4.7	1.2	—	3.5	1.2	—	10.6
管理信息系统建设类项目	—	8.2	—	1.2	—	—	9.4
补充流动资金与还贷	9.4	1.2	—	—	—	—	10.6
其他类项目	—	2.4	—	2.4	—	—	4.7
合计	18.8	48.2	2.4	16.5	9.4	4.7	100.0

二、建议

针对以上几点并结合行业内募投项目现状，提出以下五点建议，希望有助于未来拟上市的出版企业科学的设计募集资金用途，更好地发挥上市募集资金的作用，促进出版企业的发展和转型。

1. 出版企业应继续服务主业，且兼顾转型需要

传统的出版发行业务是我国出版企业的主要收入和利润来源，拥有成熟的市场和读者群，募集资金用途还应继续围绕现有主业，充分利用主业优势，尽量满足主业的需求，继续做大做强传统出版发行业务，巩固、提高市场份额。同时，也要考虑到传统出版发行业务处于转型期，正在遭遇的数字出版和新媒体严峻挑战的现状，主动开拓数字出版和新媒体业务，为公司长期可持续发展奠定基础。

2. 募投项目既要重视经济效益，也需规模合理

上市公司作为公众公司，在选择募投项目时，应重视募投项目的经济效益，并结合公司实际需求和管理能力确定项目投资规模。从备选项目中挑选规模合适且有良好的经济效益的项目作为募投项目。避免募投项目实施后效果不佳，影响公司整体业绩。

3. 选择募投项目应具适度前瞻性

在选择募投项目时，应考虑具有适度前瞻性，项目应满足公司未来5—10年发展的需要。不宜眼光过短，防止公司上市后募投项目与市场脱节，无

法实施；也不宜过于超前，否则也可容易脱离市场现实，无法获得好的经济效益。数字出版项目由于与技术发展息息相关，更新迭代快，在规划设计项目时，更应注意，以免上市后项目执行无法正常开展的问题出现。

4. 出版企业应重视人才培养和优质 IP 储备，勿盲目投资固定资产

出版行业属于 IP 和人才密集型行业。除公司必须具备的良好品牌形象外，其核心竞争力主要在于优秀经营管理人才和相关领域的出版专业人才，以及作者群体和优质内容。过多的固定资产往往对于出版发行企业的竞争力并无显著的提升作用，反而可能导致过高的固定成本、并存在较大的资产减值风险。所以出版企业募投项目不能盲目投资固定资产，而更应重视人才的培养和优质 IP 的储备，以提升自身实力，提高经济收益。

5. 选择、设计、编制募投可研报告需合理谨慎

募投项目涉及数亿资金的使用，不容有偏差，其筛选和可行性分析是相对专业的工作，合理设计，选择项目，谨慎编制可研报告，有利于企业成功上市，其有利于项目上市后的顺利执行。尤其是数字出版和新媒体领域的项目对于传统出版企业来说并不熟悉，为了确保效益和质量，建议拟上市的出版企业聘请相关领域的专业机构协助进行项目的设计、选择并编制可研报告。

（课题组成员：王曦、李薇、康继、杨青松；执笔人：张晓斌、戴思晶）

附录

附表1 我国上市公司募投项目基本情况表

序号	公司代码	上市公司名称	股票简称	募集资金总额（万元）	募投项目	募投项目名称	募投项目大类	募投项目小类	项目投资金额（万元）
1	601019	山东出版传媒股份有限公司	山东出版	262004.96	(1)	特色精品出版项目	传统出版	图书	15090.04
					(2)	"爱书客"出版云平台电子书供应能力建设项目	发行	电子商务	4640.28
					(3)	学前教育复合建设项目	数字出版	教育	15684.32
					(4)	基础教育阳光智慧课堂建设项目	数字出版	教育	37129.58
					(5)	职业教育复合建设项目	数字出版	教育	18125.17
					(6)	新华书店门店经营升级改造建设项目	发行	门店升级	34221.55
					(7)	物流二期项目	发行	物流	35607.20
					(8)	印刷设备升级改造项目	印刷	技术升级改造	3913.00
					(9)	综合管理信息系统平台项目	管理信息系统建设	管理信息系统建设	9374.10
					(10)	补充流动资金	补充流动资金与还贷	补充流动资金	54219.72

续表

序号	公司代码	上市公司名称	股票简称	募集资金总额（万元）	募投项目	募投项目名称	募投项目大类	募投项目小类	项目投资金额（万元）
2	601098	中南出版传媒集团股份有限公司	中南传媒	185221.56	(1)	出版创意策划项目	其他	版权	29695.00
					(2)	中南基础教育复合出版项目	复合出版	教育	20013.00
					(3)	数字资源全屏服务平台项目	数字出版	大众	30262.00
					(4)	湖南省新华书店区域中心门店改造升级项目	发行	门店升级	31982.13
					(5)	湖南省新华书店电子商务平台项目	发行	电子商务	9888.00
					(6)	全国出版物营销渠道建设项目	发行	营销体系	9772.43
					(7)	湖南天闻新华印务有限公司技改项目	印刷	技术升级改造	19991.00
					(8)	中南出版传媒集团出版发行信息平台建设项目	管理信息系统建设	管理信息系统建设	15118.00
					(9)	补充流动资金	补充流动资金与还贷	补充流动资金	18500.00
3	601928	江苏凤凰出版传媒股份有限公司	凤凰传媒	276157.00	(1)	大型书城（文化Mall）建设项目	发行	门店升级	97712.00
					(2)	连锁经营网点改造项目	发行	门店升级	7903.00
					(3)	文化数码用品连锁经营项目	发行	门店升级	7494.00

续表

序号	公司代码	上市公司名称	股票简称	募集资金总额（万元）	募投项目	募投项目名称	募投项目大类	募投项目小类	项目投资金额（万元）
3	601928	江苏凤凰出版传媒股份有限公司	凤凰传媒	276157.00	（4）	新港物流中心二期建设项目	发行	物流	34990.00
					（5）	教育类出版物省外营销渠道建设项目	发行	营销体系	17308.00
					（6）	基础教育出版数字化建设项目	数字出版	教育	35350.00
					（7）	职业教育教材复合出版项目	复合出版	教育	25231.00
					（8）	ERP建设项目	管理信息系统建设	管理信息系统建设	20059.00
					（9）	电子商务平台建设项目	发行	电子商务	5110.00
					（10）	补充流动资金	补充流动资金与还贷	补充流动资金	25000.00
4	601999	北方联合出版传媒（集团）股份有限公司	出版传媒	70381.00	（1）	出版策划项目	传统出版	内容策划与发行项目	8646.00
					（2）	亚马逊—卓越网专区建设项目增资项目	发行	电子商务	16839.00
					（3）	北方图书城北方区域出版物连锁经营体系项目	发行	营销体系	26246.00
					（4）	补充中小学教材出版发行流动资金项目	补充流动资金与还贷		18650.00

续表

序号	公司代码	上市公司名称	股票简称	募集资金总额（万元）	募投项目	募投项目名称	募投项目大类	募投项目小类	项目投资金额（万元）
5	601900	南方出版传媒股份有限公司	南方传媒	98974.00	（1）	品牌教育图书出版项目	发行	门店升级	26000.00
					（2）	连锁门店升级改造项目	发行	门店升级	20750.00
					（3）	数字化印刷系统项目	印刷	技术升级改造	10650.00
					（4）	跨网络教育内容聚合服务平台项目	数字出版	教育	20680.00
					（5）	信息化系统项目	管理信息系统建设	管理信息系统建设	10894.00
					（6）	补充流动资金	补充流动资金与还贷	补充流动资金	10000.00
6	601858	中国科技出版传媒股份有限公司	中国科传	83409.77	（1）	"中国科技文库"重大图书出版项目	传统出版	图书	26546.33
					（2）	中国科技信息数字出版项目	数字出版	专业	36259.54
					（3）	中国科技出版物营销体系项目	发行	营销体系	5731.33
					（4）	中国科技出版资源管理平台项目	管理信息系统建设	管理信息系统建设	6372.57
					（5）	补充流动资金	补充流动资金与还贷	补充流动资金	8500.00

续表

序号	公司代码	上市公司名称	股票简称	募集资金总额（万元）	募投项目	募投项目名称	募投项目大类	募投项目小类	项目投资金额（万元）
7	601949	中国出版传媒股份有限公司	中国出版	231460.19	(1)	品牌目录图书出版	传统出版	图书	11800.00
					(2)	综合运营管理平台项目	管理信息系统建设	管理信息系统建设	6546.59
					(3)	中华国学资源总库	数字出版	专业	39808.70
					(4)	商务印书馆工具书云平台	数字出版	专业	21045.09
					(5)	中国美术全媒体开发应用平台	数字出版	专业	22434.07
					(6)	"华音数字"在线教育和数字图书馆的建设与运营	数字出版	专业	27626.53
					(7)	《三联生活周刊》"中阅读"项目	其他	大众	19715.93
					(8)	影像中国站点式融合出版云服务平台	数字出版	其他	21843.16
					(9)	CLOUDBAG教育智能平台	数字出版	教育	25775.35
					(10)	第三方图书智能流通平台	发行	物流	18021.66
					(11)	诗词中国2.0建设项目	其他	其他	10843.11
					(12)	补充流动资金	补充流动资金与还贷	补充流动资金	6000.00

182

续表

序号	公司代码	上市公司名称	股票简称	募集资金总额（万元）	募投项目	募投项目名称	募投项目大类	募投项目小类	项目投资金额（万元）
8	603999	读者出版传媒股份有限公司	读者传媒	50407.61	(1)	刊群建设出版项目	传统出版	期刊	25510.50
					(2)	数字出版项目	数字出版	集合	12001.51
					(3)	特色精品图书出版项目	传统出版	图书	4754.73
					(4)	营销与发行服务体系建设项目	发行	营销体系	3535.27
					(5)	出版资源信息化管理平台建设项目	管理信息系统建设	管理信息系统建设	4605.60
9	002181	广东广州日报传媒股份有限公司	粤传媒	37500.00	(1)	印报厂扩建技术改造项目	印刷	技术升级改造	15000.00
					(2)	商业印刷扩建技术改造项目	印刷	技术升级改造	15000.00
					(3)	增加连锁经营网点技术改造项目	发行	门店升级	7500.00
10	601801	安徽新华传媒股份有限公司	皖新传媒	71200.00	(1)	新网工程——安徽图书音像及文化商品经营网点建设项目	发行	门店升级	48000.00
					(2)	畅网工程——安徽图书音像及文化商品物流体系、信息化建设项目	发行	物流	8000.00
					(3)	e网工程——安徽数字广告媒体网络建设项目	其他	广告	15200.00

续表

序号	公司代码	上市公司名称	股票简称	募集资金总额（万元）	募投项目	募投项目名称	募投项目大类	募投项目小类	项目投资金额（万元）
11	601811	新华文轩出版传媒股份有限公司	新华文轩	141800.00	(1)	西部物流网络建设项目	发行	物流	59800.00
					(2)	零售门店升级拓展项目	发行	门店升级	20000.00
					(3)	教学云服务平台项目	数字出版	教育	42000.00
					(4)	中华文化复兴出版工程项目	复合出版	大众	5000.00
					(5)	ERP建设升级项目	管理信息系统建设	管理信息系统建设	15000.00
12	603096	新经典文化股份有限公司	新经典	66391.45	(1)	版权库建设项目	其他	版权	43465.97
					(2)	图书发行平台项目（发行+物流）	发行	集合	15925.48
					(3)	补充流动资金	补充流动资金与还贷	补充流动资金	7000.00
13	300148	天舟文化股份有限公司	天舟文化	14125.22	(1)	内容策划与图书发行项目	传统出版	内容策划与发行	7604.24
					(2)	营销网络建设项目	发行	营销体系	3320.40
					(3)	管理信息和出版创意平台建设项目	管理信息系统建设	管理信息系统建设	3200.58
					(4)	其他与主营业务相关的营运资金	其他与主营业务相关的营运资金	其他与主营业务相关资金	一

续表

序号	公司代码	上市公司名称	股票简称	募集资金总额（万元）	募投项目	募投项目名称	募投项目大类	募投项目小类	项目投资金额（万元）
14	300654	山东世纪天鸿文教科技股份有限公司	世纪天鸿	20444.85	(1)	内容策划与图书发行	传统出版	内容策划与发行	7962.85
					(2)	营销网络建设	发行	营销体系	2501.00
					(3)	信息化系统建设	管理信息系统建设	管理信息系统建设	2053.00
					(4)	教育云平台	数字出版	教育	7928.00
15	603533	掌阅科技股份有限公司	掌阅科技	104721.19	(1)	数字阅读资源平台升级项目	数字出版	大众	93343.36
					(2)	数字阅读技术平台升级项目	数字出版	技术平台	6240.00
					(3)	数字阅读海外开发项目	其他	市场拓展	5137.83
16	300315	北京掌趣科技股份有限公司	掌趣科技	20015.27	(1)	移动终端单机游戏产品开发项目	游戏与动漫	游戏类	5242.35
					(2)	移动终端联网游戏产品开发项目	游戏与动漫	游戏类	5910.43
					(3)	互联网页面游戏产品开发项目	游戏与动漫	游戏类	5965.99
					(4)	跨平台游戏社区门户项目	游戏与动漫	游戏类	2896.50
					(5)	其他与主营业务相关的营运资金	其他与主营业务相关的营运资金	其他与主营业务相关的营运资金	—

续表

序号	公司代码	上市公司名称	股票简称	募集资金总额（万元）	募投项目	募投项目名称	募投项目大类	募投项目小类	项目投资金额（万元）
17	300364	中文在线数字出版集团股份有限公司	中文在线	20088.30	（1）	数字内容资源平台升级改造项目	数字出版	大众	20088.30
18	300418	北京昆仑万维科技股份有限公司	昆仑万维	134849.00	（1）	移动网络游戏新产品研发项目	游戏与动漫	游戏类	40816.00
					（2）	移动网络游戏代理项目	游戏与动漫	游戏类	50903.00
					（3）	网页游戏新产品研发项目	游戏与动漫	游戏类	19445.00
					（4）	网页游戏代理项目	游戏与动漫	游戏类	3971.00
					（5）	客户端网络游戏代理项目	游戏与动漫	游戏类	19714.00
19	603000	人民网股份有限公司	人民网	52702.41	（1）	移动互联网增值业务项目	数字出版	大众	28853.51
					（2）	技术平台改造升级项目	数字出版	技术平台	14605.60
					（3）	采编平台扩充升级项目	数字出版	技术平台	9243.30

续表

序号	公司代码	上市公司名称	股票简称	募集资金总额（万元）	募投项目	募投项目名称	募投项目大类	募投项目小类	项目投资金额（万元）
20	603888	新华网股份有限公司	新华网	137988.57	（1）	新华网全媒体信息及应用服务云平台项目	数字出版	技术平台	59415.95
					（2）	新华网移动互联网集成、加工、分发及运营系统业务项目	数字出版	技术平台	48993.99
					（3）	新华网政务类大数据智能分析系统项目	数字出版	技术平台	11955.37
					（4）	新华网新媒体应用技术研发中心项目	其他	其他	8302.62
					（5）	新华网在线教育项目	数字出版	教育	9320.64
21	申报材料排队中	中信出版集团股份有限公司	—	96000.00	（1）	"内容+"知识产权投资与运营平台建设项目	其他	版权	60000.00
					（2）	智慧生活服务体系建设项目	发行	门店升级	30000.00
					（3）	管理运营体系升级改造项目	管理信息系统建设	管理信息系统建设	4000.00
					（4）	补充流动资金	补充流动资金与还贷		2000.00

资料及数据来源：各上市公司数据及资料均采集于中国证券监督管理委员会网站（http://www.csrc.gov.cn/pub/newsite/）公布的IPO审核情况和证券交易所公布的招股说明书及年报、专项报告。

动漫游戏特色小镇发展模式研究

导　语

第一节　研究综述

一、研究对象

1. 特色小镇

《国家"十三五"发展规划纲要》中明确指出，在未来五年因地制宜发展特色鲜明、产城融合、充满魅力的小城镇。国家发改委发布的《关于加快美丽特色小（城）镇建设的指导意见》中，对特色小镇概念做出以下界定：特色小镇主要指聚焦特色产业和新兴产业，集聚发展要素，不同于行政建制镇和产业园区的创新创业平台。可见，特色小镇非镇非区，既不是传统行政区单位，也不是产业园区，而是相对独立的区域，有明确的文化内涵、产业定位和旅游特色，兼具社区服务功能的产城融合发展空间。

与传统园区相似，特色小镇同样以产业为重要依托，强调优势产业的高度聚集，是促进产业转型升级、推进地方经济发展的有力抓手。同时，区别于传统工业园区或产业园区，特色小镇的特色并不局限于产业，城镇的人文历史、自然景观、城镇风貌等都可以成为打造特色小镇的核心要素，具有鲜明的产城融合特征，更加强调产业与城镇本地化的有机互动，注重协调、和谐的生态空间打造，在发展产业之外，还承载了文化、旅游与社区等功能元素。

2. 动漫游戏特色小镇

动漫游戏特色小镇是以动漫游戏产业为依托，在相关领域内 IP 或产业发展热点的支撑下，形成的产业基础雄厚、特征明显、旅游设施完善、体验功能完备、消费环境良好，生活环境配套的综合服务开发项目。

从产业、功能、形态和制度四个维度，可以梳理出动漫游戏特色小镇的基本特征。

从产业维度来看，动漫游戏特色小镇的产业应具有动漫游戏的创新性和特色，体现出经济开放性和生产效率较高，并且能和周边产业形成一定长度的产业链。

从功能维度来看，动漫游戏特色小镇应该注重经济、社会和生态等层面之间的相互关系，努力推动三者之间的和谐。

从形态维度来看，动漫游戏特色小镇要全面体现动漫游戏特色，要具有比较统一鲜明的动漫游戏元素，体现在建筑、开放空间、街道、绿化景观和整体环境上。

从制度维度来看，动漫游戏特色小镇应围绕发展目标，建立起与动漫产业发展相适应的良好的管理制度和运营机制，吸引产业、人才和资金的进驻，并保障可持续发展。

二、研究背景及意义

近年来，我国新型城镇化建设步伐加快，全国各地大力推进特色小镇建设。新闻出版主管部门也在原有国家级数字出版基地（产业园区）发展的基础上，根据新闻出版业转型升级、融合发展的实际需要，结合国家特色小镇的建设需求，做出了工作部署，希望通过打造以新闻出版领域为产业依托的特色小镇，来推进新闻出版业的供给侧结构性改革，促进产业的优化升级。

作为新闻出版产业的重要组成部分，动漫游戏已进入 IP 全产业链发展阶段，新型文化形态和文化消费模式日趋多元。动漫游戏是特色小镇建设的着力点，特色小镇也将成为推进动漫游戏产业持续蓬勃发展的有效途径。结合国家战略发展规划和产业优化升级的需求，我们提出了"动漫游戏特色小镇发展模式"的研究课题，希望通过这一课题研究为动漫游戏特色小镇的发展提供理论借鉴。

1. 特色小镇上升为我国新型城镇化建设的重要战略

长期以来，国家高度重视现代城镇体系建设，特别是党的十八大以来，把推进新型城镇化作为我国经济发展的重大战略举措。党中央、国务院、住房和城乡建设部、国家发改委、财政部等部委发布的若干相关政策文件陆续出台，从建设美丽宜居乡村、加快培育中小城市和特色小城镇，鼓励发展具有特色优势的魅力小镇、积极发挥新消费引领作用加快培育形成新供给新动力等方面着力推进。从国家的发展规划来看，通过推进特色小镇的建设发展，实现城乡体系结构优化、扭转各类资源过度向行政等级高的城市中心区聚集、迎合产业转型升级需求、带动经济增长。本课题研究是在国家大力推进城镇化建设，加快培育特色小镇的战略背景下展开的，为动漫游戏产业实施国家战略，实现转型升级，推进供给侧结构性改革提供有益借鉴。

2. 新闻出版产业集群化发展进入新阶段

新闻出版主管部门一直高度重视产业集群发展，自2008年以来大力推进国家数字出版产业基地（园区）的建设，10年间陆续批准设立了14家国家级数字出版产业基地（园区），完成了全国范围的总体布局，在健全现代文化产业体系、培育新型文化业态、促进区域经济转型升级、培育新动能等方面发挥了重要作用。

党的十八大以来，国家对特色小镇的工作部署为新闻出版产业发展带来新动力。2018年3月，原国家新闻出版广电总局颁布《国家新闻出版基地创建工作规范》，提出新时代产业基地（园区）建设的指导思想和激励机制，从促进新闻出版产业结构调整，改善供给侧结构关系等方面拓展了产业园区的发展空间，推进新闻出版特色小镇的建设工作。规范指出新闻出版领域主要从阅读小镇、书香小镇、音乐小镇、动漫小镇、游戏小镇、IP小镇等层面来开展特色小镇的建设工作，为新闻出版领域的特色小镇发展指明了方向。

本课题组认为，动漫游戏特色小镇是动漫游戏产业集群化发展、促进产业转型升级的新路径与新模式，并已成为很多文化创意新型园区发展的重要方向，具有较高的研究价值。

3. IP大发展赋予动漫游戏产业创新活力

随着我国动漫游戏产业全面步入IP全产业链发展阶段，涌现出众多丰富多样的产品形态和服务类型，动漫游戏在与其他产业融合中，催生出众多新兴业态，实现了产业间的互补和延伸。动漫游戏产业的自身发展正在以文化传播、商业授权、衍生开发等跨界手段，不断搭建起互利共荣的价值循环。本课题组认为，特色小镇与动漫游戏产业的结合，将有效推动动漫游戏 IP 产业链延伸，实现 IP 价值的充分挖掘，具有良好的发展前景，值得深入研究。

4. 动漫游戏特色小镇学术理论研究滞后于实践发展

从整体来看，目前我国特色小镇多数尚处于筹划或基础建设的初期阶段，已成型的动漫游戏类特色小镇屈指可数。相关理论探索较为有限，基于以上几个方面的考虑，课题组开展了"动漫游戏特色小镇发展模式研究"，旨在探讨动漫游戏产业发展与区域经济融合、动漫游戏与空间关系的构建、以及新型文化业态和文化消费模式的发展，为动漫游戏产业优化升级和特色小镇的积极实践提供有效的理论支撑，推动动漫游戏特色小镇健康发展。从学术角度上看，本课题研究开启了动漫游戏特色小镇的理论研究之路，具有理论拓荒的意义。

三、研究方法

为了做好本课题研究，课题组经过认真思考和仔细比对，主要采用文献研究法、调查访谈法、案例分析法等研究方法对动漫游戏与特色小镇的融合进行全方位解读。特色小镇的发展是基于我国城镇化发展过程中出现的新矛盾和新问题，提出的有效解决方式和路径。目前，关于特色小镇发展状况研究的相关文献已有一些，但是关于基于动漫游戏产业下的特色小镇无论实际研究文献较少，因此为了拓展研究视角、增加研究成果的学术性，课题组成员在以百度为代表的搜索平台进行仔细搜索，查找相关的新闻报道和案例介绍；同时在电子商务平台，如淘宝、当当、亚马逊等，进行相关书籍的搜集和查找；在同方知网、万方数据、维普科技等期刊数据库平台进行相关论文及研究成果的检索，从新闻报道、图书、论文等多个维度尽可能多地对文献资料进行搜集与占有，以便更好地掌握和了解现阶段国内对特色小镇发展研究的全貌。

查询文献资料虽然能够让我们对国内典型的特色小镇情况有所了解，但这些知识是固定在纸面上的，课题组缺乏对动漫游戏特色小镇直接的观感和体验，更为重要的是，虽然全国各地对于特色小镇建设的热情持续高涨，但是典型的动漫游戏特色小镇尚没有成熟案例。为确保研究的可行性，课题组先后三次前往浙江、重庆、西安等地，对相似的文化小镇进行实地调研。通过实地走访，课题组成员对我国特色小镇的实际规划建设发展有了更直接的认识，也有了更直观的感受。

通过对文献知识的深入研究与分析和对实际发展情况的深入调研进行有机融合，保证了本课题研究的顺利完成。

需要强调的是，本课题在研究过程中，为了更好地审视和分析动漫特色小镇的宏观环境，我们采用了PEST分析法，从政策、经济、社会、技术等四个层面的因素进行分析，以此来探究动漫游戏特色小镇的生态环境情况。PEST分析法的应用，使我们的研究更加全面、客观，有助于课题组对我国动漫游戏特色小镇的整体认识与把握。

四、文献综述

为了更加全面地做好研究工作，课题组以学术期刊的主要发布平台"知网"作为搜索工具和文献来源，分析现有相关的学术研究状况。文献研究广度选取了以"特色小镇""动漫特色小镇""游戏特色小镇""电竞小镇"几个关键词作为搜索要素，共得到文献3841篇，其中以"特色小镇"为关键词的3826篇、"动漫特色小镇"1篇、"游戏特色小镇"2篇、"电竞小镇"12篇。通过文献检索，课题组发现，目前对特色小镇的理论探索相对较多，研究的侧重点主要集中在新型城镇化发展、城市规划建设、文化旅游开发、特色小镇创建方案、特色小镇融资模式等几个领域。对于产业融合区域经济发展，特别是特色小镇与动漫游戏等相关文化产业融合的理论研究文献寥寥无几。

其中，"动漫特色小镇""游戏特色小镇"文献共计3篇。其中《日本如何利用动漫发展特色小镇》主要从日本动漫旅游的主要模式切入，涉及建立动漫展馆和主题公园、开展动漫展会、在原有的旅游资源的基础上加入动漫元素、利用动漫来吸引游客前来游玩观赏等方面展开分析。"游戏特色小镇"相关文献有2篇，一篇为《把握自身资源禀赋的特色小镇规划方法探索——以中山港口镇游戏游艺文化特色小镇为例》，文章通过对港口镇游戏游艺文化特色小镇创建规划实践，提出把握自身资源禀赋的规划方法；另一篇为《产业转型升级视角下特色小镇培育与建设研究——以浙江上虞e游小镇为例》，文章立足于实践调研、问卷调查，结合上虞的相关产业背景，分析了其发展特色小镇的现实意义，以及存在的不足，并提出了若干建议。"电竞小镇"

相关文献 12 篇，主要从电竞小镇建设遇到的机遇和问题进行研究阐述。

通过以上文献搜索结果分析可以看出，当前对于特色小镇的研究成果主要集中在以下几方面：一是特色小镇的关注热度持续上升，特别是 2017—2018 年研究的成果较多；二是由于浙江是特色小镇的发源地，浙江在这方面的研究占据主导地位；三是研究的领域主要集中在城市经济和新型城镇化的理论探讨；四是文献集中关注房地产领域；五是学术界普遍认为产业是特色小镇的重要研究课题；六是针对动漫游戏特色小镇的理论研究甚少，这也是由于已成型的动漫游戏特色小镇有限，这一领域的理论空白有待填补。

第二节　课题框架

本课题研究共由七部分构成，分别是导语、动漫游戏特色小镇发展环境分析、特色小镇理论研究、动漫游戏和特色小镇的关联研究、动漫游戏特色小镇案例分析、"蓝猫"动漫特色小镇规划方案、动漫游戏特色小镇建设存在的问题、动漫游戏特色小镇建设的对策建议。重点分析探讨动漫游戏产业与特色小镇相结合的区域发展路径，寻求动漫游戏 IP 融入特色小镇所带来的区域经济发展增长极，构建清晰的动漫游戏特色小镇发展理论体系，探索动漫游戏特色小镇的发展路径。

在导语中，主要是确定研究对象，并对研究对象进行概念界定，介绍课题研究的背景及其意义，同时将课题研究中运用的研究方法进行交代，方便读者对本课题的研究有更深入的认识。此外还包括文献综述和课题框架两部分，文献综述的研究主要是对研究主题的相关文献进行梳理、总结、分析，以便课题组成员和读者掌握目前关于特色小镇研究进展与不足，从而使课题组能够集中精力，对已有文献研究成果不足的层面进行关注，力图突破、创新。课题框架的部分主要交代本课题研究的整体脉络。

在第一章"动漫游戏特色小镇发展环境分析"中，课题组主要运用 PEST 分析法，对特色小镇宏观环境进行分析，从政策、经济、社会、技术等环境因素层面探究特色小镇发展环境分析的影响情况。

在第二章"特色小镇理论研究"中，主要结合典型的特色小镇发展理论，为本课题研究奠定理论基础，为动漫游戏特色小镇发展模式探索提供理论依据。

在第三章"动漫游戏和特色小镇的关联研究"中，主要包括动漫游戏产业发展现状、特色小镇发展现状、动漫游戏和特色小镇形成与发展动因分析三个方面。尝试寻找动漫游戏产业与特色小镇建设的关联点，探讨动漫游戏特色小镇形成与发展因素。

在第四章"动漫游戏特色小镇案例分析"中，主要是针对我国现有的相关特色小镇杭州电竞数娱小镇、中南卡通动漫特色小镇、忠县电竞小镇、上虞e游小镇、芜湖电竞小镇、西安动漫特色小镇等进行案例分析，通过案例中的特色小镇管理、运营、发展模式的阐述，进行动漫游戏特色小镇现有模式的归纳总结，以及为剖析动漫游戏特色小镇建设面临问题提供充分的实证依据。

第五章"'蓝猫'动漫特色小镇规划方案"，本课题组基于对动漫游戏特色小镇的研究成果，尝试以蓝猫均祥动漫科技有限公司在深圳老工业园区的优质资源为基础，结合深圳市提质提效、智创高地、共享家园的改革需求，制定"蓝猫"动漫特色小镇规划方案，作为课题深化研究的有益尝试。

第六章"动漫游戏特色小镇建设存在的问题"，以现有观察和实际案例为依据，分析动漫游戏特色小镇建设中面临的突出问题。

第七章"动漫游戏特色小镇建设的对策建议"，主要从着重从定位设计、IP生态构建、人员培训、保障体系、推动研究与评论等几个方面展开论述，对推动动漫游戏特色小镇建设与发展提出建议，具有较强的针对性。

第一章　动漫游戏特色小镇发展环境分析

第一节　政策环境分析

长期以来，党中央和国家高度重视推进城镇化建设，特色小镇的概念正是在国家推进城镇化建设步入深化阶段的背景下提出的。

提及国家对城镇化建设的规划部署，应追溯至改革开放初期。1979年9月，党的十一届四中全会通过《中共中央关于加快农业发展若干问题的决定》，提出要"有计划地发展小城镇建设"，可视为改革开放后，中央首次将小城镇建设作为发展农业的重要途径。1994年6月，建设部、国家计委、国家体改委、农业部、民政部等六部委联合发布《关于加强小城镇建设的若干意见》，这是我国第一个关于小城镇健康发展的指导性文件，是政府引导城镇化的开端；1995年4月，国家体改委、建设部、国家计委、国家科委、财政部、农业部、民政部、公安部等十二个部委联合发布《中国小城镇综合改革试点指导意见》，依靠地方政府和各有关部门，选择一批小城镇，进行综合改革试点；1998年10月，中共中央发布《中共中央关于农业和农村工作若干重大问题的决定》，提出"发展小城镇，是带动农村经济和社会发展的一个大战略"，将发展小城镇上升至更高的战略层面；2000年6月，中共中央、国务院发布《关于促进小城镇健康发展的若干意见》，为推进小城镇发展指出了更加明确的方向；2008年，党的十七届四中全会通过《中共中央关于推进农村改革发展若干重大问题的决定》，突出强调"小城镇建设要各具特色，切忌千篇一律"，指出"要根据小城镇的特点，大力发展特色经济"，为特色小镇建设铺平了道路；2010年和2012年，两次中央经济工作会议均明确强调了城镇化对我国现代化建设的重要意义，指出要"着力提高城镇化质量，积极引导城镇化健康发展"。

十八大以来，党和国家对城镇化的重视上升到新的高度。2013年3月，李克强总理在政府工作报告中指出"城镇化是我国经济增长的巨大引擎"，城镇化建设是本届政府的一项重点工作。2014年以来，党和国家为实现城乡基础设施一体化和公共服务均等化，大力推进新型城镇化建设，多项政策举措相继出台，特色小（城）镇成为国家推进新型城镇化建设的重要路径，得到重点部署。2014年3月16日，中共中央、国务院印发《国家新型城镇化规划（2014—2020年）》，为新型城镇化建设提出了目标，指明了方向；2015年2月，国家发改委通知印发《国家新型城镇化综合试点方案》，将重庆、江苏、安徽三省市和宁波、大连等62个城市（镇）列为首批国家新型城镇化综合试点地区；2015年11月和2016年12月，国家发改委相继公布了第二批15家和第三批111家国家新型城镇化综合试点地区名单；2016年2月，国务院发布《关于深入推进新型城镇化建设的若干意见》，共分10个部分、36条内容，其中"加快培育中小城镇和特色小城镇"作为深入推进新型城镇化建设的一项重点措施，并为培育特色小（城）

镇发展进一步指明了方向和要求，提出要"因地制宜、突出特色、创新机制"，要与疏解大城市、特色产业发展、服务"三农"相结合；2017年6月，国务院批复同意《加快推进新型城镇化建设行动方案》，明确了2017年工作的五大重点领域、25项具体任务，其中提出继续推进美丽特色小（城）镇建设。

近年来，政府主管部门对特色小镇建设的重视程度日益加深，部署更加清晰明确，也由此表明特色小（城）镇对于推动我国经济和社会发展的作用日益凸显。《中华人民共和国国民经济和社会发展第十三个五年规划纲要》中将发展特色小镇作为"十三五"时期推动国民经济和社会发展的重点工作，提出"加快发展中小城市和特色小镇，因地制宜地发展特色鲜明、产城融合、充满魅力的小镇"；2016年7月，国家发改委、住建部、财政部联合发布《关于开展特色小镇培育工作的通知》，是政府部门针对特色小镇出台的首份政策文件，明确了特色小镇的培育要求、组织领导和支持政策；2016年12月，住建部、农发行发布《关于推进政策性金融支持小城镇建设的通知》，提出设立贷款项目库，推动全国小城镇政策性金融支持工作。在国家的大力提倡下，全国各地都将特色小城镇建设作为一项重点工作予以部署，北京、浙江、四川、山东等地都出台了相关规划文件。

党和国家积极引导与多方支持，特色小镇政策体系的日趋完备，为特色小镇的良性发展提供了广阔空间和有力保障。

第二节　经济环境分析

一、供给侧改革使动漫游戏特色小镇发展更好适应需求结构变化

我国正处于供给侧结构性改革阶段。从宏观经济的层面看，供给侧结构性改革的目标是转型为新常态经济，而新常态经济有三大特征，即增长减速、结构优化、创新成长。供给侧结构性改革是按照市场导向的要求来规范政府的权力，充分发挥市场在配置资源中的决定性作用。这要求政府在公共政策的制定和执行上，多方面降低约束，助力产业、企业发挥自然活力。我国供给侧结构性改革旨在调整经济结构，优化产业结构、提高产业质量。这一改革方针有助于动漫游戏特色小镇可持续发展，释放充分的发展空间，实现可

持续性健康发展的目标。

二、文化产业成为我国支柱性产业

供给侧结构性改革的新常态经济使中国文化发展进入新阶段，在加快新旧动能转换、推动经济高质量发展中发挥了积极作用。据国家统计局发布数据显示，2017年全国文化及相关产业增加值为3.4万亿元，占GDP的比重为4.2%，同比上一年有稳步提升，文化产业离我国国民经济支柱型产业的目标更近一步。作为文化产业的主要发展领域，动漫游戏产业成长迅速，其发展空间巨大，为实体经济实现转型升级提供了更多发展机遇。

第三节 社会环境分析

一、大城市人口聚集，城市功能亟待疏解

根据《中国城市综合发展指标2016》显示，我国的人口和经济分别向以珠三角、长三角和京津冀三大城市群为代表的中国城市群聚集流动。这一现象反映了我国在以往40年的提速急行城镇化发展中出现了区域分化，引起了以地区差距为代表的国土不均衡发展问题。中国城镇化需要向城市发展空间均衡理念和原则上进行转变。特色小镇正是针对这一需要而提出的我国新型城镇化发展的方向和思路，随着一个个独具生态绿色优势又有特殊产业蓬勃发展的小镇的成功，特色小镇必将成为我国新型城镇化建设中最具有成长潜力的发展模式。

二、生活方式转变、文化消费升级

根据2018年9月中央发布《中共中央国务院关于完善促进消费体制机制进一步激发居民消费潜力的若干意见》的工作部署，一要促进消费提质升级的发展方向，二要努力提供更多优秀文化产品和优质文化服务。

另外，根据2017年国家统计局发布的数据显示，全国居民人均消费支出18322元，扣除价格因素，实际增长5.4%。其中在教育文化娱乐上的消费支出为人均2086元，占全部消费支出的11.4%。

居民消费潜力的提升，要求文化娱乐内容在消费模式、结构、价值等方

面逐步进行全面升级。特别表现为以注重内容场景体验为代表的新兴文化娱乐内容消费模式，这一模式能够与特色小镇的空间建设发展相融合，通过加强基础设施建设，用技术的手段提升内容质量，为消费群体提供便捷、高质量的消费场景体验，也为特色小镇的发展带来新机遇。

第四节 技术环境分析

我国正处在以数字驱动、创新协同为特点的数字经济发展阶段，为动漫游戏特色小镇的发展赋予了新的势能。一方面，通过融合物联网、云计算、移动互联网为代表的新一代信息技术，特色小镇在整体发展架构中能够呈现出一个智能化、开放式的小城镇创新形态。另一方面，动漫游戏产业的内容创新还在极大程度上受益于虚拟现实、增强现实、机器智能学习等技术的迭代发展。因此，无论是在城市创新生态还是在内容产业的变革上，技术飞速迭代下的数字经济环境运用智慧的手段为动漫游戏特色小镇的未来发展提供了优越的发展条件。

第二章 特色小镇理论研究

国外关于特色小镇的理论研究起步较早，成果颇为丰富，其中影响力较大的主要有如下四种，分别是田园城市理论、复杂适应新理论、精准治理理论和产城融合理论。这四种理论从不同角度论述了创建特色小镇的构想和路径。在实际操作中，世界各地的特色小镇大多根据当地的资源禀赋，选择1—2种理论为指导，实践效果较为理想。因此，课题组对这四种理论进行了重点介绍，以期为我国的动漫游戏特色小镇建设提供理论参考。

一、田园城市理论

田园城市理论来源于1898年，英国人埃比尼泽·霍华德爵士在《明日的田园城市》书中提到的"田园城市"（Garden cities）理论。次年，花园城市协会成立并分别打造了列曲沃斯花园城市和威尔温花园城市两个具有试验性质的样本城市。试验性的"田园城市"最终占地4.05平方千米，居住3.2

万人。这种规划在当时具有典型的理想主义色彩。其特征是：规模小、尺度小；自给自足的城市功能和慢节奏生活；可持续的生态发展，便捷的城市交通网络。

"田园城市"的构想理论，类似于当今的特色小镇所预想的结构和空间模式。霍华德爵士的理论精髓是吸取城市和乡村的各自特色，加以融合并形成一种具有新特色的生活方式。他在"田园城市"的解决方案中提到三个方面，一是疏散过分拥挤的城市人口；二是建设新型城市，把城市生活的便利同乡村美好的环境和谐结合起来；三是改革土地制度，让地价的增值归开发者集体享用。

从全国特色小镇的建设思路来看，特色小镇多坐落于与城市相互呼应的外围地段，与"田园城市"这一西方百年理想相契合，即独特的文化氛围、特色的新兴产业、魅力的人居环境，营造居民舒心创业、休闲和居住环境。

二、复杂适应新理论

复杂适应系统理论（Complex Adaptive System,CAS），是1994年由美国的霍兰（John Holland）教授提出的。CAS理论主要包含微观和宏观两个层面。在微观方面主要讲具有适应力的主体，在与环境交互作用后能够修改自己的行为，较好地在客观环境中生存。在宏观层面，主要指由主体组成的系统，在主体与主体之间以及与环境的相互作用后发展后，表现出宏观系统中的分化、涌现等种种复杂的演化过程。

这一理论和特色小镇相结合的关键在它能够将系统的主体能动性、积极性和对环境的适应性描述研究，指导特色小镇建构中所遇到的复杂现象。国务院参事、住房和城乡建设部原副部长仇保兴根据复杂适应理论，总结特色小镇的四条理论原则包括：特色小镇是一种复杂的系统，是动态多变的；正视当下经济环境不断变化的客观性；强调社会经济系统的复杂性；特色小镇的经济组织所呈现复杂的结构是由主体变异性、主动适应性和相互作用"涌现"产生的。根据这一理论，可以形成评估特色小镇的十条原则。包括：自组织、共生性、多样性、强连接、集群性、开发性、超规模效应、微循环、自适应、协调涌现。

三、精准治理理论

这一理论是从"治理"的角度提出的。这里所说的"精准治理理论"中的"治理"一词出自1995年联合国全球治理委员会发表的《天涯成比邻》研究报告。这一理论强调注重"参与、平等、回应、责任、合法、有效"等关键词，研究政府与市场、社会、公民之间的相互作用力和平衡关系，用于应对、减少、避免发展中出现的市场失灵或政府失灵问题。

在特色小镇的策划及运行发展中，对小镇的治理离不开政府在政治、经济、社会、文化中的统筹治理。在这一框架中，除政府之外，社会中各团体、个人都将共同参与小镇的治理，共同承认责任。相对于体量较小的特色小镇，构建好精致治理模式，有利于推进社会治理的创新模板，精准的治理目标、公民的有效参与、过程的合法透明、结果的评估监督。

"精准治理理论"认为，特色小镇应从以下八个维度进行统筹治理。（1）小镇治理主体多元化、智库化。既要鼓励当地各级政府和民众的干劲，开创与其特色相关联的主体，又要吸纳融合外界成熟智库形成治理联盟。（2）运行机制平台化、网络化。与智慧城市相结合，运用科技化管理，实现特色小镇的整体线上管理系统。（3）特色小镇创新体系常态化、本土化、符合可持续性发展要素。带动本地民众，形成小镇自身的创新内循环。（4）绩效评估精细化、全球化。这个评估体系是常态的、滚动的、贯穿特色小镇的创建和运营的全过程，在工作品质上与发达国家一流城市的管理相媲美。

四、产城融合理论

产城融合理论，源于德国经济学家约翰·杜能提出的区位理论和哈佛商学院的大学教授迈克尔·波特（Michael E.Porter）提出的产业集群理论。在我国近二十年的工业化发展中经常被提及。其理论目的是，试图破解产业中心化、产城分离等问题。产业集群是一个学术问题，更是一个实践问题，在以往的实践经验中，产城融合上容易出现的问题有：（1）功能融合需注意加强。在突出主题功能的同时，避免忽略次级功能，比如相应的商业和生活服务要合理恰当。（2）开发重点摇摆不定。大多数特色小镇，来源于对地产项目的改造，从规划初期应当明确重点发展方向，强化特色产业。

(3)历史文化资源挖掘不够。

以上四种特色小镇的主要理论，分别从特色小镇的人文居住可持续的生态环境角度、经济组织结构角度、产业与特色小镇融合发展角度、特色小镇发展差异化角度跨学科、多维度来阐述对特色小镇的研究，涉及经济社会学、经济地理学等多个领域。这些理论为动漫游戏特色小镇的建设规划在不同层次、不同角度提供了理论支撑。对于动漫游戏特色小镇而言，也可根据自身的发展方向予以采纳。

第三章　动漫游戏和特色小镇的关联研究

目前，我国动漫游戏产业已经进入到以 IP 为核心的发展新阶段，深度挖掘 IP 价值、发挥 IP 效用，已成为企业的发展目标以及涌入产业内的大量资本追求增值的诉求。同时，新型城镇化推动小镇建设的发展方向发生变化。IP 寻求发展与应用空间、寻找变现时机；小镇建设亟待明确发展定位、打造核心产业内核，客观需要推动动漫游戏与特色小镇建设有机结合，形成小镇以 IP 为核心的动漫游戏产业提供新的融合发展路径与空间，IP 赋予小镇发展内涵、鲜明产业特征的高度融合与互动。

第一节　动漫游戏产业发展新动向

一、IP 多元延伸赋予动漫游戏产业新动能

IP 的多层次性赋予其拥有更多应用与开发的可能。文化 IP 产业链一般由内容层、变现层、延伸层、支撑层组成。上游为内容层，以网络文学、漫画、表情包为主，其特征是以个人创作为主，内容丰富，创作壁垒低；中游是变现层，主要包括电影、电视剧、网络剧、游戏以及动画等领域，该层是目前市场上最主要的变现渠道；下游是延伸层，包含衍生品、主题公园、艺术/体验馆等，为新兴市场，商业模式处于百花齐放的状态；支撑层主要是为各细分领域提供维权、制作、交易等服务。[①]

---

① 《2018 中国文化 IP 产业发展报告》

IP 多层次性也为其多元延伸奠定基础。目前，主流 IP 延伸渠道以主题乐园和授权衍生品为主。这为我国动漫游戏产业的发展提供了新的发展方向与发展动力。我国主题乐园发展已经进入第四代，以华侨城、华强方特等龙头为代表的主题公园企业已经不仅仅满足于传统的园区运营，而是逐步发展为以主题乐园运营为依托，集文化创意、旅游休闲、影视娱乐等于一体的全产业运营模式。

虽然我国衍生品市场发展较晚，但近几年随着文化 IP 产业的兴起也快速发展，衍生授权商品零售增长率位居全球首位，零售额在 2017 年已达 747 亿元。相比处于衍生品市场萌芽期的电影与游戏产业，动漫的衍生品市场最大，市场规模约为 450 亿元。

二、电竞行业兴起，开拓动漫游戏产业新领域

2017 年，我国电子竞技游戏产业收入达 730 亿元，客户端电子竞技游戏和移动电子竞技游戏市场发展尤为突出，收入分别达到 384.0 亿元和 346.5 亿元。对于我国动漫游戏产业来说，意味着一个新的领域、新的细分行业市场已逐渐成熟，有望成为动漫游戏产业新的增长极。游戏厂商非常重视品牌价值，纷纷投入品牌赛事的举办当中，开展与电竞俱乐部的合作，这表明电竞行业正在引起越来越多的重视。海外企业和传统体育也对电竞行业进行关注，商业模式得到不断丰富。游戏、直播平台、场地、俱乐部、赛事组织已渐成一体，呈现出融合趋势。产业链的多元性有助于电竞小镇建设。电竞行业现已形成固有产业链，并且在不断变长、增粗。对于建设电竞小镇来说是有利的。小镇可以通过政府扶持，资本注入，聚集电子竞技产业链上下游企业、引进电子竞技俱乐部、设置职业选手训练基地、建造比赛举办场地等，丰富小镇的电竞元素、提升小镇的特色品质。

三、大量资本涌入，行业内融资不断

近年来，我国加大了对国产动漫游戏行业的扶持力度，产业发展突飞猛进，根据文化部的统计，2017 年我国动漫产业产值已达到 1500 亿元[①]。大量

---

① 《国内动漫市场存千亿缺口 IP 变现城最稳定盈利模式》

资本融入动漫行业，行业内融资不断。不完全统计，2017 全年动漫板块融资事件有 110 起，融资金额为 40.53 亿元（不包括未透露金额的 12 起），其中 86 家公司融资 1 轮，快看漫画、艾漫动漫、触漫 APP、漫漫漫画、糖人动漫和日更计划这 6 家公司完成 2 轮融资。①

大量资本的融入为动漫游戏行业发展带来充足的资金，提供了强劲的发展动力与保障，为整个行业的发展创造了良好的经济基础。同时，资本的逐利性也在一定程度上要求被注资企业要不断实现盈利，要在现有基础上不断拓展增长点，从而保证资本的持续、稳定增长。这也为动漫游戏特色小镇的发展提供了有利契机，随着小镇建设的有序推进，更多的动漫游戏企业有望投入进来。

第二节　特色小镇发展新趋势

据统计，目前全国共建成特色小镇 403 个。从人口规模来看，人口数量超 100 万的特色小镇有 32 个，人口数量超 20 万的特色小镇有 6 个。② 从各区域的特色小镇数量来看，华东地区的数量最多，有 117 个，其中浙江省数量最多，有 23 个。江苏和山东并列第二，都有 22 个。

根据住建部发布的文件，我们可以看到特色小镇的类型主要集中于工业发展、历史文化、旅游发展、民族聚居、农业服务和商贸流通等领域。经过整理分析，我们发现国内现有特色小镇以旅游发展型居多，其次是历史文化型，新兴信息、健康、时尚、金融、环保等特色小镇相对较少。

未来，国家将更加重视特色小镇对产业的引导工作，避免"地产化"问题。特色小镇建设的主流方向将会调整为产业小镇，更注重产业链高端环节，避免和淘汰落后产能，以此推动产业转型升级。在国家第二批特色小镇申报文件中，就明确要求"以旅游文化产业为主的特色小镇推荐比例不得超过 1/3"，给予新兴产业更多的关注。③ 从第二批特色小镇评选结果公布开始，住建部要求被推荐的特色小镇必须具备高质量、有带动效应的产业项目，不

---

① 《一级市场动漫领域融资 TOP50：百花齐放的动漫 APP》
② 前瞻网《2018-2023 年中国特色小镇行业战略规划和企业战略咨询报告》
③ 《大数据：中国特色小镇五宗"最"》

得以房地产作为单一产业。

浙江杭州云栖小镇的发展路径具有代表性意义。该小镇是浙江省首批创建的十个示范特色产业小镇之一,以"一核三业"为特色,即以计算为核心,云计算、大数据、智能硬件产业三业并举。在2017年2月25日国家发展改革委举行的新型城镇化和特色小镇建设新闻发布会上,云栖小镇被推介为我国特色小镇的代表和建设样本之一。

由于云计算创新发展迅猛,云栖小镇迅速调整发展思路,将最初主要发展生物医药、新能源等高科技产业和企业总部型产业调整为主要发展"云产业"。时至今日,云栖小镇已经召开了5届云栖大会。云栖小镇的产值也在近几年快速增长。2017年1—8月财政总收入4.92亿元,同比增长104.71%。

云栖小镇的成功背后,是产业大势、政府引导、资本和创业者几股力量的聚集,这种立足于新型产业发展、政府主导、名企引领、创业者为主题的新型运营生态模式给特色小镇建设带来了新思路。

与此同时,地产开发商布局开始"转型"。从2016年开始,国内各大地产开发商从最开始走重资产房地产的发展线路逐渐转换成走轻资产的开发线路,将商业购物中心与特色小镇作为发展的重中之重。受当今消费者观念以及政府政策的影响,特色小镇逐渐成为企业发展中的重点项目。房企"转型"特色小镇的模式分为四种:科技型小镇,以碧桂园、时代地产为代表;农业小镇,以绿城、蓝城为代表;文旅小镇,以华侨城为代表;产业小镇,以华夏幸福为代表;旅游小镇,以万达为代表。处于三四线城市的诸多房企也开始以建设特色小镇的方式进入市场。

第三节 动漫游戏特色小镇形成与发展的因素分析

生态链建设是一个产业在发展创新之路上必须考虑的重要问题,对于新型的动漫游戏特色小镇而言,生态链将直接决定产业发展速度和产业规模。同时,动漫游戏特色小镇的建设离不开成熟的动漫游戏制作企业、企业服务机构、金融机构以及政府扶持单位等重要产业链组成部分,成熟的产业链架构可以让动漫游戏特色小镇的建设事半功倍。

一、构建动漫游戏特色小镇的行为主体

动漫游戏特色小镇的行为主体主要包括企业主体、政府主体和金融机构，这三方机构在动漫游戏特色小镇建设中扮演着合作与制约的重要角色关系。

（一）企业主体

动漫游戏特色小镇的企业主体包括内容生产商和生产服务商，它们是分工性质明确的企业联合体。内容生产商主要包括形成配套关系的内容供应商、产品制造商和市场推广机构。生产服务商包括金融、法律、咨询、广告等多方面的具有推广、服务、构建小镇整体结构的企业，企业与机构之间的合作关系形成了产业互补机制，构建了动漫游戏特色小镇内部工作机制。这种机制既有利于获得经济效益，又利于企业和机构间的互助学习与技术分享，此类集合关系要比垂直化的大型企业具有更强的市场经济灵活性。在动漫游戏特色小镇建设运营中，具有相互联系的企业可以通过经济价值链和各种渠道关系以及相对集中的特定地理区域空间整合形成动漫游戏特色小镇有机群体。其中，企业既有竞争又有合作，彼此间形成一种互动性高、灵活性强的竞争联合体，以此构成了动漫游戏特色小镇的创新原动力，同时促进了小镇的产业升级。

（二）政府主体

政府在动漫游戏特色小镇建设中扮演着规范和桥梁的重要作用，政府通过政策协调和项目共建来配置国家资源，成立合作机构的同时也承担着与各方沟通交流的任务。同时，政府也可以加强行为主体的集中效应并增加企业和机构间的协作共建和交流学习。基于动漫游戏特色小镇的特征，涉及的政府机构主要包含IP版权保护机构、文化研究机构、数字技术研发机构、质量检测中心等，政府相关的服务机构包括行业协会、知识产权服务、金融公司等，企业之间的合作互动需要建立在政府机构和第三方机构的协调作用下才易实现，政府和服务机构在动漫游戏小镇发展过程中起到了其他主体无法替代的作用，将促进企业间的互助互惠关系，并形成多样化的商业合作和市场协调。

（三）金融机构

金融机构在动漫游戏小镇发展建设中的主要作用是提供融资、产权和资源协调配置。金融机构在市场筹资从而获得投资资金，将此资金作为动漫游戏特色小镇企业的贷款或资本投入支持，这是金融机构的基本功能。金融机构的产权功能是指其对市场主体的产权约束、为企业提供资金融通、传递产权交易信息和充当产权交易中介。配置功能是通过对资金流向的引导而对资源配置发挥导向性作用。金融机构通过内部评价、选择监督机制，对动漫游戏特色小镇的多向性资金进行合理的划分与配置，达到小镇内资金流平衡。金融机构和政府扶持机制的相互配合是让动漫游戏特色小镇良性而稳步发展的重要因素。

二、构建动漫游戏特色小镇的影响因素

动漫游戏特色小镇的动因离不开当下所处的社会环境，市场资源、交通运输、产业政策都是影响动漫游戏特色小镇形成发展的重要因素。主要原因为外因作用和内容作用：一是外因。动漫游戏特色小镇在形成的过程中必须具备特殊条件，如优越的地理位置、良好的人文历史、成熟的配套企业和政府的扶持措施等。二是内因。动漫游戏特色小镇具备专业的行业领军人物、具有完善的管理筹建制度、成熟的网络布局。

（一）外部因素

1. 区域优势

区域优势是由政治、市场和社会经济等各种元素构成的综合性结果，也是形成动漫游戏特色小镇产业链的重要前提和必要因素。其中，一是自然资源。区域优势的自然资源表现在地理位置、文化积淀、风景环境等，自然资源具有特殊性便容易形成区域优势；二是经济体系。其中包括企业管理者素质、企业资本、劳动人员和专业技术。优秀的企业家资源能够将当下区域的潜在资源转化为市场的显著优势，专业技术则会影响小镇内专业化分工和产业价值链的分布状况；三是地域人文。作为社会文化发展的载体，地域的文化的特殊性会对动漫游戏特色小镇的演变产生持续而深远的影响。

2. 产业基础

动漫游戏特色小镇的形成对生产要素具有较强的依赖性，地方在构建动漫游戏特色小镇时应当首先考虑当地的要素条件。同时，产业链的形成要依据当地特定的产业发展，基于传统优势的本地产业基础促使区域产业链的形成，并长期影响动漫游戏特色小镇的发展策略。小镇建设过程中，相对的产

业市场会被细分，各部分的生产组织产生更高的灵活性，产业链也不断解构和拉长，动漫游戏产品的品质会越做越好，市场中好的IP回馈也将显著提升，小镇对更多的企业形成吸引的同时将逐步形成"生产专业化——外部资金支持——企业集聚——市场扩张"的良性发展模式。

3. 政府倡导

地方政府对动漫游戏特色小镇的培育与发展起着十分重要的作用。通过对特色小镇的研究发现，政府的扶持政策是决定小镇发展制度的主体，它可以通过制度创新促进特色小镇的形成与分布。例如韩国、新加坡的特色小镇在很大程度上都是在政府主导下形成的[①]。韩国政府在1998年提出"文化立国"方针后，先后制定和出台了《文化产业发展5年计划》《文化产业振兴基本法》等多项法律法规，设立文化产业基金，成立文化产业振兴院，大力支持创意产业园的建设。目前，我国特色小镇的形成主要具备两个条件：一是政府的扶持制度形成了专业化市场，专业化市场进一步形成了集群式的特色小镇。二是相同领域的企业在某一地区集聚，通过产业集群效应带来经济收益带，这在动漫游戏特色小镇的建立初期尤为重要。与此同时，政府作为扶持政策制定者，通过有效的政策举措建立适合企业生存发展的扶持环境，吸引更多的市场资源向小镇聚集，同时通过改善小镇基础软硬件设施降低企业日常运维成本，为企业的发展和壮大提供更多支撑，助推产业聚集。当前，按照国家区域经济发展布局的总体要求，以提高产业规模、集中化、专业化发展为目标，动漫游戏特色小镇有望不断发展、壮大。

（二）内部因素

1. 行为主体的业务延展需求

行为主体间新型产业链的形成是动漫游戏特色小镇获得持续发展的主要力量。首先，政府扶持机构应建立创业投资基金，为中小企业提供资金支持；其次，通过优惠政策鼓励经济主体向相关领域投资；最后，人才动力的激活与培养是动漫游戏小镇拥有持久活力的根本保证，几乎所有行为主体业务拓展都会通过建立符合本国实情的创意产业人才培育系统来维持行业繁荣。我国逐步加大了动漫游戏产业相关院校专业的设立，其中包含动漫游戏故事情

---

① 《发达国家文化创意产业集群发展及启示》，http://www.docin.com/p-1418789157.html

节设计、软件编程和声音图像处理等各类创意制作环节，并设立了相关专业教育课程和网络课程，重视创意人才培养的同时完善了人才管理系统，培养出一批电影、游戏、动漫领域的复合型人才。动漫游戏特色小镇形成后将使当地进入一个相对高速发展的阶段，将较大程度地推动地区整体经济水平的上升。此阶段的动漫游戏特色小镇业务延展需要政府扶持机构的积极支持，鼓励企业投资和扩张、规范企业行为和企业文化、提供充足的和有技术的人力资源、提高和改善基础设施、加强IP知识产权保护，促进小镇内部原创IP的积极性。

2. 行为主体业务关联与互补

关联与互补是动漫游戏特色小镇建设过程中重要的指标，如果实现了动漫游戏小镇的集中概念，但区域内企业仍是一盘散沙，相互间没有关联互补性的合作与分工，反而相互排挤打压抢占市场，将严重影响动漫游戏特色小镇的正常运作和发展，因此行为主体之间的关联显得格外重要。发展成熟的特色小镇，均具有多层次的产业结构，各产业部门能够相互支撑配合，构成完整的产业链，以产业链、价值链和供应链为基础来达到企业业务关联和互补的目的。以美国洛杉矶的好莱坞电影产业为例，洛杉矶集中了六大电影公司，梦工厂、迪士尼、福克斯、华纳兄弟、环球和索尼影业（包括米高梅）以及数十万影视专业人员，几乎垄断了美国的动漫电影发行。洛杉矶的众多企业与动漫和电影已经形成共生关系，我们可以把它看作是一个巨型的电影动漫小镇。这也突出了行为主体业务之间的关联与互补作用。

三、动漫游戏特色小镇形成与发展的动因分析

动漫游戏特色小镇属于文化创意产业，而创意产业的发展离不开现代化城市的集群化发展，政府也需关注扶持和IP产权保护以及市场公平竞争问题。

（一）现代化城市是特色小镇根植和发展的最佳区域

城市的技术、人才、文化聚集越多，城市的开放和包容度便越高，创意产业在此集聚的可能性就越大。动漫游戏特色小镇产业集群往往聚集在现代化大城市的周边，例如北京、伦敦、巴黎、东京、纽约、上海等人才密集且技术发达的城市，无一例外都是动漫游戏及其他创意产业的发达地区。现代化的大城市多是全国的政治文化中心、经济金融中心，具备优越的区位条件

和高素质人才。以伦敦举例，伦敦拥有南岸艺术区这样著名的艺术创意小镇，是因为其汇聚了世界各国的艺术家、学者和时尚大咖等，其中包括了以绘画、动漫、游戏、雕塑、服装等为代表的众多艺术创意领域。伦敦总人口的30%来自国外，涵盖全世界近500种语言，拥有世界一流的艺术群体，同时其发达的金融科技服务也为创意产业融资提供了众多可靠的渠道。

（二）政府的支持和引导是特色小镇成功发展的重要条件

政府在动漫游戏特色小镇发展中具有规划引导、政策扶持和公共服务的重要作用。我国现有的特色小镇在很大程度上都是由政府主导建设的，政府近年来一直致力于加强产业特色小镇聚集，加强企业和市场之间的紧密联系，创造产业集群扩大地区影响的同时带动产业及地区发展。特色小镇之所以能成功崛起，主要得益于政府政策的支持与引导以及产业自身的良性发展。政府在扶持和发展特色小镇的过程中会格外关注企业创意推广、IP知识产权保护、专业技能培训、税务规章监管、协助企业融资和推动地方自主权建设。

（三）公平稳定的市场环境是特色小镇壮大的重要前提

动漫游戏特色小镇需要不断完善IP版权、设计专利等知识产权的保护制度，巩固创意产业优势地位。在IP知识产权保护方面，我国一直在向先进国家学习，并逐步完善自身法制法规制度建设。面对产业发展新趋势，我国不断推动原创IP版权保护的制度建设，健全IP版权服务体系和保护机制。包括加大法规制裁力度和出台相应的地方法规和指导性意见。同时，政府逐步加大对动漫游戏行业中重点IP侵权案例的制裁程度，对动漫游戏手机APP和相关下载平台开展了有效监管，并设立了相应的法律法规，对盗版和侵权APP软件进行下架，为动漫游戏产业的快速发展保驾护航。

（四）中介服务组织是连接政府与小镇企业的坚实桥梁

中介服务组织的主要目的是帮助和引导动漫游戏创意企业，将优秀的产品推向市场。从创意企业的审核认定、监督培育、资金人才等多方面给予支持，经由政府监管机构进行资格认定的同时，下达任务指标并实行监督指导，最后由中介服务机构在小镇内部进行落实与安排。中介服务组织能有效监督和反馈市场中的企业行为，还能促进市场资源的合理配置，进而增强动漫游戏特色小镇内部的创新活动和正常运转。对于动漫游戏特色小镇而言，中介服务组织在塑造小镇形象过程中的作用也是至关重要的，小镇企业在作品创作过程中通过服务公司了解针对特定客户群体的特定需求制作具有针对性的动漫游戏作品。

（五）共生互补的产业部门是动漫游戏特色小镇新型产业链形成的主要动因

目前我国发展成熟的特色小镇均具有鲜明的产业结构，各组织结构共同支撑产业的发展和壮大。我国拥有数量众多的多媒体企业、科研机构、综合性大学和行业协会，同时也有众多的专业性动漫游戏公司，这些产业和组织机构与动漫游戏公司处于共生产业链当中。例如，很多动漫游戏作品是多家公司共同拥有版权的，并从属于各大影视娱乐机构，动漫游戏影视制作公司不仅为创作作品提供场景、剪辑和后期制作服务，还为游戏公司、广告公司等提供配套设施。同时，各类综合性大学和研究机构也为创意企业提供了技术和人才方面的专业支持，政府和中介服务组织为动漫游戏特色小镇的发展也提供了良好的IP版权保护环境和专业咨询服务。正是这种多层次组织间的共生互补功能使得动漫游戏特色小镇具备了良性可持续发展的根基。

（六）原动力的激活与培育是动漫游戏特色小镇拥有持久活力的根本保证

我国特色小镇几乎都着力建立人才培养体系，这为动漫游戏特色小镇的持久繁荣发展提供了基础保障。同时，政府通过院校系统教育，已培育出一批动漫游戏方面的复合型人才。我国众多大学或专科学院设有动漫、游戏相关专业，其中涉及原画制作、情节设计、软件编程等动漫游戏创作环节，还有相关的短期教育和网络教育课程，专业性教育机构应激发复合型人才的创意才能，并从青少年的教育抓起，尽早挖掘其创意才能，并分别对青少年和成人的创意才能进行动漫游戏专业性技能的转化与培养，同时提供有效的人才输出通道。

第四章 动漫游戏特色小镇案例分析

一、国外特色小镇状况分析

19世纪60年代，一些发达国家工业化和城镇化发展迅速，形成"大城市病"，乡村人口急剧减少，呈现空心化趋势。城镇化建设提上日程，并进展迅速。城镇化率比较高的有英美日，达到70%。相对较低的是韩国，起步比较晚，与我国比较接近，城镇化率在40%~50%之间。目前，小城镇建设已经成为这些国家解决经济、人口、产业发展问题的主要途径。

发达国家的小城镇为当地经济注入新活力，例如美国硅谷人口不到美国的1%，但GDP占比高达4%~5%；法国格拉斯小镇每年仅香水业就创造6亿欧元财富。①

从区位分布来看，全球闻名的特色小镇分为大城市依托型、网络节点型和孤点分布型，三者分布呈现依次递增趋势，孤点分布型最多，占比40.3%；从产业类型来看，产业型、产业+旅游型和文旅型分别占比为35.8%、19.4%和44.8%。②

以大城市为依托型特色小镇大多位于大城市1—2小时交通圈内。例如格林尼治小镇、温莎小镇等。网络节点型小镇大多位于交通发达的节点型城市，并且具有深厚的产业属性，同时具有良好的历史及自然基础，产业及旅游发展态势良好。瑞士朗根塔尔小镇作为全球纺织品企业总部，位于伯尔尼到苏黎世的途中，并且在瑞士中央铁路线上，历史上是重要集镇和亚麻生产中心。孤点分布型小镇大多地处偏僻，但具有强势的资源。一种是利用自然、产业、人文等资源，例如奥地利瓦腾斯小镇地处偏僻，人口仅有数千人，但坐拥风景优美的阿尔卑斯山麓，还有世界著名的仿水晶制造商施华洛世奇，拥有世界最大的水晶博物馆，实现了产业与旅游的深度融合。另一种是有强大的IP运营能力，例如日本柯南小镇、马耳他大力水手小镇、英国海伊小镇和澳大利亚谢菲尔德壁画小镇等。

二、典型小城镇及乐园概述

国外小城镇建设起步较早，已积累了较为丰富的经验，小镇差异化、特色化发展之路进展顺利。学习与分析国外动漫游戏相关小城镇及乐园建设经验，有助于我们更好地开展与推进我国动漫游戏特色小镇的建设工作。

1. 美国迪士尼

美国迪士尼乐园于1955年7月开园，是世界上最具知名度和人气的主

---

① 《宁波"古香艺宝"特色小镇建设问题研究》
② 《100个国外特色小镇案例经验》

题公园。由华特·迪士尼创办，至今在全世界共开设了6个度假区。迪士尼乐园其实只是迪士尼度假区中的一部分。除了乐园以外，度假区中还包含主题酒店、迪士尼小镇和一系列休闲娱乐设施。迪士尼主题公园是在其影视和传媒基础上所建立起来的，迪士尼的一系列动画片和卡通形象是其品牌的主要卖点，目前其六所乐园设立于美国奥兰多、日本东京、法国巴黎、中国香港、中国上海。

迪士尼主题公园的收入来源主要为门票、食品饮料和纪念商品销售、酒店、邮轮旅游以及俱乐部的租赁和销售，其中游乐园门票只占两成左右。迪士尼能够保持长盛不衰的主要原因就是依靠丰富的文化内容吸引顾客，并以衍生产品销售、酒店经营等一系列收入实现盈利。①

从迪士尼的运营模式来看，分为四个主要业务领域：影视娱乐、媒体网络、主题乐园、相关消费产品。在这四项业务中，收入占比最大的是媒体网络，占其总营收的40%以上，但是媒体网络经营受到各国管制政策影响，这项业务的不确定性最大。其次是主题乐园，占其总营收的29%左右，并保持持续增长的势头。

以美国迪士尼主题乐园为例。于1971年开园，是目前全球最大的迪士尼乐园，占地面积12228公顷。奥兰多市的100多万人口中，有80%的人口直接或间接为迪士尼工作。每年接待3000万名游客，游客在主题乐园的支出年增长率为25%左右。②

从经营理念上来看，迪士尼营造欢乐氛围，把握游客需求，提高员工素质和完善服务系统。人们对迪士尼乐园流连忘返的原因不仅是童话般的世界、刺激的游戏、灯火的璀璨，而且更为人称道的是其服务质量品质、环境创设、氛围营造以及工作人员素质。

为了掌握游客需求，迪士尼致力研究"游客学"。信息中心存储了大量关于游客需求和偏好的信息。迪士尼通过对员工进行不断教育，使员工对迪士尼的发展历程、商誉和形象的认识得到不断深化，从而为游客提供更好的游园体验与服务。完善的服务系统也是迪士尼高效运行的重要保障。

迪士尼的成功在于不断地推陈出新，制造出吸引不同年龄人群的卡通明

---

① 《2016年迪士尼全球主题公园逐个图文综合数据调研分析报告》
② 《迪斯尼的独特运营模式》

星，并从创意走向产品，进而形成产业，迪士尼动画片、杂志、唱片等行销全世界。① 知识产权的保护也是文化产业崛起、发展的重要基础。著作权的保护进一步保障了迪士尼集团的利益。

2. 京都国际漫画博物馆

京都国际漫画博物馆是以漫画为主题的博物馆，馆内收藏了日本国内外的漫画作品共 30 万份，漫画藏书量可以说是日本第一。博物馆搜集了很多备受读者喜爱的漫画作品，还展示了许多备受瞩目的作品。京都国际漫画博物馆介绍了日本从流失年代到近代的漫画发展史，陈列了每年名家的经典作品。该馆有原龙池小学改建而成，设置了人造草坪，躺在上面看漫画书十分惬意。馆内设置了日常开放的画廊区、研究区、资料收藏区构成，同时还设置了常设展览、计划展览、龙池历史纪念室、博物馆商店、咖啡厅等。博物馆还会定期举办动漫体验工坊等关于动漫有关的活动，京都动漫节也是在这里举行。

3. 宫崎骏美术馆

宫崎骏美术馆位于日本东京都三鹰市。首任馆长是宫崎骏的长子宫崎吾朗。这间美术馆是由日本动画大师宫崎骏亲自设计的，是很多动漫迷心驰神往的梦幻之城。美术馆设有企划展示室、常设展示室、《龙猫》中的猫巴士、图书阅览室、映像展示室、咖啡厅、商店等不同的展示区。美术馆里的桌面暑假收拾的不是很整齐，就像刚有人用完离开座位一样。墙面上还有许多手稿图，书架上都是关于宫崎骏的作品资料和珍贵手稿。

4. 柯南之里

日本鸟取县被誉为"柯南之里"，小镇里四处遍布着日本著名漫画人物柯南的铜像，柯南大道上的路标、井盖、店铺都是柯南的身影，就连柯南大桥上，桥身也有众多柯南浮雕。鸟取县北荣町的JR山阴线由良站被赋予"柯南站"的爱称，2013年12月15日举行了命名典礼。就连当地居民的户口簿、居民卡等各种中证明上也印了柯南的形象。小镇上还有柯南作者青山刚昌的纪念馆，可以看到青山刚昌先生小时候的作品和他工作的场所。柯南小镇只有5000多户人家，花不到两个小时就可以逛上一遍，但却是全世界"柯

---

① 《工业设计产业化与创意产业》

南迷"的朝圣之地，它的动漫产业优势与旅游优势很自然地融合在了一起。

鸟取县推出了柯南邮票被销售一空后，又陆续推出一系列活动，以该县出生的漫画家为中心，开展了"漫画王国鸟取"活动；北荣町还推出了有趣的"名侦探竞赛"等活动。以漫画兴县的鸟取县，构建了一个动漫衍生品的全球性超市，以漫画巨大的力量来振兴当地的旅游产业。借助柯南的人气，鸟取县北荣町内部"柯南产业"的链条从上游到下游都集中在这个小城内，形成了"工业集聚区"。

5. 大力水手小镇

大力水手的动漫形象创作于1929年，虽然经历数十年，但还是受到公众的追捧。1980年，好莱坞在欧洲马耳他取景拍摄大力水手动漫电影，在马耳他建造了大力水手小镇。

这个童话般的村落由165个工人花费7个月建成。因为马耳他没有森林，建筑所有的材料都由荷兰等地进口而来。村内设有各种和动画片里一样的鱼店、理发店、邮局、面包房、鞋匠铺等，效果十分逼真。真人版大力水手电影拍摄完成后，这里便被保留下来。小镇不仅1:1地还原了动漫场景，还增添了以"大力水手"为主的娱乐项目，每个房屋都被各式精巧的卡通饰物所装点，漫步其中仿佛置身于"大力水手"动画中的感觉。菠菜是小镇内最受欢迎的蔬菜，与漫画同款的菠菜罐头则是最常见的装饰物，餐厅内菠菜汤就成了最畅销的菜肴。为了让游客更加身临其境，村庄还增设了游戏屋、博物馆、电影院等娱乐设施。为了配合成年游客，这里还有一个迷你高尔夫球场，成年人可以免费品尝葡萄酒。除此之外，小村庄内还有一些季节性的特色活动。

马耳他是在地图上很难找到的欧洲小国，面积仅有316平方公里，这里却因为大力水手村而闻名，每年要招待络绎不绝的游客。大力水手村为了更深入宣传"大力水手"动画形象，开始生产菠菜罐头；在酒吧售卖菠菜汤等，将核心IP深入到其他行业中，发展其他行业，形成闭合产业链，更加深入了IP的推广。

6. 蓝精灵小镇

胡斯卡小镇位于西班牙安达卢西亚自治区的龙达山区，是这个地区无数小镇中普通的一员。这里交通不便，人口稀少，很少有游客前往。但随着2011年，索尼公司将其作为3D蓝精灵动画片电影的宣传基地后，整个小镇名声大噪,以其独特的蓝色房屋主体成为安达卢西亚地区最热门的旅游胜地。

但是在电影宣传期过后,胡斯卡小镇并没有受到当地政府的支持和维护,小镇上的酒店、娱乐场所等配套设施也不够完善,再加上当地居民以农户为主,白天在小镇内几乎没有人流,只有少数当地的小酒馆开张以外,大多数房屋都门锁紧闭,偶尔会有些"蓝精灵"迷的游客会来这里游览、拍照,因为地处山区,又没有太多娱乐项目,游客也只是短暂停留。

三、总结分析

综合来看,国外动漫小镇、主题乐园都有一个共性就是拥有自身独特的IP和特色项目。消费者对本土化的内容和独特的IP品牌有着强烈的市场诉求,不仅体现在主题人物和IP形象上,同时也体现在对餐饮、节庆活动和设计等方方面面的要求上。创新也是动漫游戏特色小镇的核心推动力,对于动漫游戏特色小镇是决定其未来的发展趋势如何以及能够走多远的决定性因素。要避免一次性投入,"细水长流""与时俱进"地投资建设,要随时跟上时代的潮流和步伐,一步步精心打造自己的特色品牌。

一个地区在发展特色小镇的同时也在给本地经济带来新机遇,动漫游戏特色小镇的发展会带动周边产业的迅速发展提升。如欧洲小国马耳他就是因为大力水手小镇而闻名遐迩,不仅在旅游业,还带动了其他行业形成了产业链。

国内的特色小镇建设有政府的大力支持,因此更大程度上的会带动其他业态和地方经济的发展使得城市的综合水平得到提高。

良好的员工素质和完善的服务体系对于动漫游戏特色小镇建设来说,也是至关重要的。迪士尼以优质的服务体系让游客流连忘返,就是这方面的典范。

第二节 国内动漫游戏特色小镇案例分析

目前我国的动漫游戏特色小镇大都处于发展初期,基本处于探索阶段。下面从动漫游戏特色小镇的基本情况、政府管理、企业运营、融资模式等方面对六个案例进行介绍。

一、忠县电竞小镇

1. 基本情况

忠县位于重庆市中部，地处于三峡库区腹地，东临万州区，南连石柱县，西接垫江、丰都县，北壤梁平区，面积2187平方公里，地形以丘陵为主，依山傍水，独具岛城风貌，是全国66个文化旅游大县之一。忠县电竞小镇面积约3.2平方公里，整体规划是建成以电竞场馆、电竞学院、电竞孵化园等多业态整合的电竞产业链。初期计划投入14亿元，总投资约50亿元。该特色小镇的特点是着力打造举办游戏竞技赛事、动漫游戏产品制作、动漫游戏专业人才培训、动漫游戏衍生品制造销售等一体化的电竞产业生态圈。由于忠县地处三峡库区腹心，保护长江生态环境是首要目标，发展电竞产业需要认真贯彻生态优先、绿色发展理念的必然选择。

2. 政府管理

忠县的县政府专门出台了《忠县促进电竞产业发展的若干政策意见》"黄金19条"，《意见》规定，凡落户忠县的电竞企业均可享受企业引进、人才培养、专项扶持等优惠政策。除此之外，还设立了游戏上线奖、论坛峰会赛事优惠租赁场馆、战队俱乐部获奖配套奖励、企业升规奖、成果交易奖等。

3. 企业运营

目前，忠县已成功引进游戏电竞相关企业几十家，覆盖游戏竞技软件研发、投融资基金、游戏电竞赛事举办、衍生品研发与销售等上中下游产业企业。该小镇与曲速资本合作设立了3亿元重庆曲速光年股权投资基金，与多家投资机构展开合作。同时，忠县也积极开发"电竞+旅游"体系。

二、上虞e游小镇

1. 基本情况

该小镇位于浙江省绍兴市上虞区。小镇自2015年9月开始培育，聚焦以游戏、电竞、动漫、影视等为代表的泛娱乐信息经济产业。小镇充分发挥游戏产业的主导作用，带动上下游产业的联动，通过e游小镇的打造成为开发区产业转型的引爆点，进而成为整个上虞信息产业的核心。该小镇强化游戏文化的塑造，通过品牌宣传、游戏赛事举办、游戏研发展览等多途径，将e游小镇打造成整个中国游戏发烧友心目中的天堂。

2. 政府管理

上虞区政府对该小镇进行了精心规划。小镇规划以上虞区复兴路为轴线，以文化竞技中心、互联网创新中心、小镇客厅、为三个中心，按照"区域联动、中心构筑、轴带串联、水绿渗透"的思路来运营管理。

3. 企业运营

该小镇定位于培育以游戏、影视、动漫、电竞等为代表的泛娱乐类信息经济产业，截至目前已累计引进泛娱乐企业358家，其中盛大游戏、南湾科技、宇石网络等100余家企业已正式入驻小镇办公，集聚青年创客1800余名，含国家千人计划、省级千人计划、绍兴330海外英才、博士、海归等高端人才50余名。2017年小镇实现税收2.35亿元，较上年增长约240%，其中游戏、影视等企业及泛娱乐创投资本贡献约1.9亿元，占全年税收的80%。

三、中国（杭州）电竞数娱小镇

1. 基本情况

该小镇位于杭州市下城区石桥街道，地处杭州市中央商务区下城区的北部，由网竞科技和海蓝控股共同开发，其合资公司壹斯博为运营公司。小镇规划面积达5平方公里，定位为全国、浙江省电子竞技产业综合发展先行区、引领区，涵盖赛事、直播、综艺、动漫、明星粉丝经济、内容制作、旅游等上游产业，进而构建具有国际影响力的电竞全产业链发展的综合生态圈。

2. 政府管理

杭州市下城区政府发布了针对小镇电竞产业发展的文件，囊括16项电竞产业扶持政策，包括设立产业扶持资金、放大财政扶持效应、配套产业发展基金等。

3. 企业运营

目前小镇已发起并成立规模为15亿元的全国首支小镇配套电竞产业基金，致力于打造集产业+文化+旅游+教育于一体的电竞全产业链和电竞场馆赛事品牌。

四、西安碑林动漫（电竞）小镇

1. 基本情况

该小镇位于西安市碑林区，位于碑林区东南角，用地北侧、东侧与新城区接壤，南侧与雁塔区相邻。用地面积 0.79 平方公里。

2. 政府管理

西安市及碑林区政府对小镇进行了科学规划，充分依托西安丰富的高校教育资源优势，形成一个以动漫产业为核心的产、城、人、文四位一体的中国西部动漫游戏特色小镇。小镇基础设施公共服务一体化，构建"10 分钟生产生活圈"，加强教育、文化、体育、社区服务等公共设施配套建设。

3. 企业运营

该小镇在动漫游戏方面主要有以下特点：一是建设动漫舞台剧剧场；二是建设动漫主题演绎广场，包括中心绿地广场、动漫主题雕塑广场等。

五、中南卡通动漫特色小镇

1. 基本情况

该小镇位于浙江省杭州市。小镇由动漫游戏原创中心、动漫 IP 授权衍生品二次研发中心、IP 资产交易中心等功能区域和配套设施组成。顺应现代信息技术趋势，该小镇创新性地把 VR、AR 等新技术应用到动漫开发和体验中，以此带给观众身临其境的全新体验，通过体验拉动消费。该小镇的目标是使动漫文化与当地的旅游等产业紧密融合发展。如今，中南卡通正进行全产业链的开发和布局，创建以动画为核心的多元化大平台、大体系、大生态。未来的 3 至 5 年，中南动漫、"天眼"文化影视、"乐比悠悠"品牌作为品牌生态战略的核心业务，将多方位协同进击全娱未来。同时，借力已有 IP，携手文旅，扩大产业边界。

2. 企业运营

目前，中南卡通的拳头产品《天眼归来》已在央视播出，新品《乐乐来了》已发行，在国际市场拓展方面，中南卡通与马来西亚动漫公司 Animasia Studio 组建合资公司"Zoland Animasia Works"，双方集聚优势资源和团队重点开发国际化精品动画。

六、芜湖电竞小镇

1. 基本情况

该小镇是一座以电子竞技为主题的电竞小镇，举办了许多具有全国影响力的动漫电竞赛事。通过电竞协会组织开展各类活动，对电子竞技运动加以正确引导，邀请全国知名电竞俱乐部和从业组织，共同组织各类品牌赛事，培养教练、选手、裁判等各类电子竞技人才。

2. 政府管理

2017年5月，芜湖市政府与腾讯公司签订框架协议，共同打造动漫电竞小镇。根据项目规划，未来将以雨耕山电竞产业基地为起点，按照"五年三步走"的总体发展思路。其中，"游鱼"不仅是芜湖市的首家电竞手游俱乐部，同时也是镜湖区政府在芜湖电竞小镇板块招商引资的重要项目，其"落子"雨耕山，意味着未来不仅将深耕芜湖的电竞市场，在打造出年轻人新型"游娱"生活的同时，随着更多电竞项目的入驻，实现江城电竞文化的多元化、多生态发展。

第三节　动漫游戏特色小镇发展模式分析

动漫游戏特色小镇是以动漫游戏产业及衍生产品为特色的小镇，但在现阶段依然需要依靠旅游产业予以驱动。总的来说，根据旅游产业对小镇产值的综合贡献率可分为三种发展模式：当综合贡献率大于40%时称为"旅游驱动"模式，当综合贡献率在15%至40%之间时称为"旅游＋产业"双驱动模式，当综合贡献率小于15%时称为"旅游从属"模式。

一、"旅游驱动"模式

"旅游驱动"模式即旅游业是小镇的核心产业。小镇旅游资源强，其他产业发展相对薄弱，由旅游带动当地经济社会发展。现阶段，"旅游驱动"模式的动漫游戏特色小镇以政府与企业合作共同开发为主。我国现有的动漫游戏特色小镇多数属于此类发展模式。"旅游驱动"模式下的动漫游戏特色小镇具备旅游观光、休闲、度假等功能，其盈利模式主要以"门票＋旅游经营性收入"为主。

这种发展模式更多依靠政府的引导和支持，特别是在小镇发展的初期。总体来说，政府通过以下方式与企业合作，管理和推动动漫游戏特色小镇的发展。

1. 颁布相关优惠政策

在发展动漫游戏特色小镇时，当地政府一般都出台了大量的优惠政策，来鼓励和引导动漫特色小镇的发展。例如忠县电竞小镇，专门出台了《忠县促进电竞产业发展的若干政策意见》"黄金 19 条"，凡落户忠县的电竞企业均可享受企业引进、人才培养、专项扶持等优惠政策。

2. 牵头搭建信息服务平台

政府部门通过牵头建设小镇信息服务平台，对小镇内的企业提供全方位服务。例如，忠县电竞小镇，与公安部第一研究所等权威技术研究单位合作，搭建一站式综合服务平台，为动漫企业提供信息数据分析、交易、资金、咨询、登记等全方位服务。

3. 为培养专业人才提供支持

人才培养的重要性对于小镇建设来说不言而喻，各地政府都比较支持此项工作。忠县电竞小镇由政府指导，以电竞学院为基地，培训了各类动漫电竞产业人才。上虞 e 游小镇在区政府指导下，在举办人才招聘会、组织企业参加校招等传统手段的基础上，进一步创新引才手段，与中国美院达成战略合作协议，共建"中国美术学院上虞游戏艺术研究院"；建立小镇"人才池"计划，目前已同 10 所院校达成合作协议，逐步形成人才引进和培养长效机制；浙江省文化厅、省新闻出版广电局、省通信管理局等上级部门对上虞 e 游小镇的干部进行挂职锻炼。

4. 牵头设立特色小镇发展基金，提供相关奖励和补助

例如上虞区牵头设立了总额 5 亿元的上虞 e 游小镇信息产业扶持发展基金，并出台了包括地方财政贡献奖励、企业购房补助、企业租房补助、企业购置业务设备补助等在内的 19 条专项扶持政策。

5. 特色小镇的管理体制机制创新

为创新上虞 e 游小镇发展的体制机制，2017 年初上虞区委区政府将上虞 e 游小镇升格提档，并相继理顺了 e 游小镇财政、建设等运营机制，这种改革力度和举措，当时在全省范围内都非常罕见。在此基础上，又在实际工作中

陆续形成了一整套内部管理制度，小镇体制机制进一步顺畅，管理运营日趋高效，新机制推动着小镇发展进入快车道。

6. 倡导组建专业的管理团队

随着特色小镇的发展，对管理人才的要求越来越高，这需要由政府牵头引进"外脑"，全面提升管理队伍。上虞区摸索出一条借助专业团队力量，合作推动小镇发展的新路子。在前期与多家国内外知名机构对接的基础上，引进杭州梦想小镇运营团队菜根科技作为运营团队，同新华网、中国美术学院达成了战略合作协议，共建一批高层次、专业化的产业配套平台；将德国 FTA 公司作为小镇城市导则、景观提升等项目的意向合作方，将万科、小米优家作为小镇青春公寓建设的意向合作方，共同培养专业管理人才。

7. 领导和组织相关宣传工作

上虞 e 游小镇，紧紧围绕招商中心工作开展小镇宣传，《人民日报》《经济日报》等省级以上媒体报道 6 次、市县两级媒体报道 50 余次，以及人民网、新华网、腾讯游戏等网络媒体聚焦报道，其中 2017 年 2 月 5 日的《人民日报》还将 e 游小镇作为浙江 3 个典型特色小镇之一进行报道；小镇公众号 2017 年发布报道 100 余篇，总阅读量 3 万余次，正逐步成为讲好小镇故事、传播小镇声音的重要舆论阵地。

8. 加强党建工作

目前，加强党的领导已成为我国各项事业的基本要求。动漫游戏特色小镇属于文化创意产业，在政治导向上、思想价值等方面必须与党中央保持一致。例如上虞 e 游小镇建立了党工委，下设党总支，党总支下设 4 个支部，共有正式党员 23 人、预备党员 2 人、入党积极分子 4 人，并建成了 e 游小镇红立方党群服务中心。

二、"旅游 + 产业"双驱动模式

"旅游 + 产业"双驱动模式指旅游产业为主导产业，在其带动下，农业、旅游地产、文创产业等蓬勃发展。旅游业与特色产业叠加融合驱动发展在此模式下，大多数都是企业主导的开发模式。盈利模式为旅游产业收入 + 特色产业收入，其中旅游收入以门票 + 旅游经营收入为主。

入驻特色小镇的企业的运营需与小镇当地的生活方式紧密融合，让小镇文化可感、可知、可行、可融。这种企业主导的开发模式应做好以下方面：

1. 以消费促产业，大力发展电子竞技产业，探索国际化发展模式，实现良性循环。

动漫游戏特色小镇应以消费促产业，实现良性循环。例如中南卡通特色小镇，顺应消费升级大趋势，以消费升级引领产业升级，积极培育消费热点。

动漫游戏特色小镇可通过举办动漫游戏赛事盈利。例如忠县电竞小镇，大力发展赛事经济。以连续5年举办CMEG比赛为切入点，积极引进国内外各类电竞赛事以及适合场馆类的体育比赛项目，吸引职业电竞选手和"粉丝"等来忠县比赛、观赛和直播。

动漫游戏特色小镇应适应国际化趋势，探索国际化发展模式。例如中南卡通特色小镇，将中国国际动漫节作为杭州动漫一个强有力的输出平台，积极实现"走出去"和"请进来"。这一新动作预示中南卡通国际平台定位进一步提升，可施展的空间进一步扩宽。中南卡通特色小镇帮助更多的国漫作品走向国际外。

2. 通过土地增值等间接收益，为动漫游戏特色小镇提供保障

目前国内动漫游戏特色小镇处于发展初期，直接依靠内容运营盈利能力还比较薄弱，大部分的收益主要体现在间接收益，例如给小镇土地增值方面带来的收益。主要体现以下方面：

（1）土地升值：区域开发是小镇开发的基础和核心

这是政府管理部门主导的一级开发模式。目前房地产开发仍是各地政府财政收入的主要来源。通过建设动漫特色小镇可以带动周边土地的溢价，政府通过土地财政可以获得大量收入。政府可以拿出一部分收入进一步投资动漫特色小镇。

（2）房产收益：房地产是产城一体化中必需的"蛋糕"

位于特色小镇的企业除了经营主体业务外，还可以通过工业地产租售、居住地产租售、商业地产租售、休闲地产租售等增加收入，这可归为二级开发，即企业通过地产销售和自持物业经营获利。

（3）旅游收益：旅游可以为特色小镇带来可观的现金流

动漫游戏特色小镇很多具备优越的旅游资源，可以通过动漫+旅游的方式，实现产业与产业之间的融合，产生大量的收益。

三、"旅游从属"模式

"旅游从属"模式的特色小镇即旅游业不是小镇的特色引领产业，主要依托小镇的特色产业发展，在此模式下，小镇的旅游功能相对薄弱，盈利结构中，特色产业占主体，旅游产业收入相对弱化。这种模式的动漫特色小镇应围绕IP价值实现全媒体运营。

从国内外动漫游戏企业的发展经验看，动漫特色小镇应围绕IP价值链谋发展，产业定位应突出"特而强"，紧贴产业力求"聚而合"，形态展现"小而美"，运作机制要做到"活而新"。通过IP运营，彰显小镇的"特"，通过特色IP助推小镇的特色产业、功能、形态和机制，形成一个良性的发展模式。

一般来说，动漫游戏产业围绕动漫游戏IP为中心，可根据其产品类型大致可以分为两个圈层：核心圈层是版权，包括动漫游戏作品及其文学作品等IP本身；外围圈层是衍生品，包括各类实体周边消费品、主题旅游、实景娱乐等。动漫游戏小镇作为数字出版产业中的一环，应融入特色小镇的产业发展中，深度开发动漫游戏产业中的各链条，并形成系列旅游体验产品，进而带动地方文旅产业树立自身品牌。

动漫游戏特色小镇应突出产业特色。例如西安碑林特色小镇，在产业上着力"特而强"，聚集动漫游戏产业、文创产业等特色产业高端要素，在业内建立了较强的竞争优势。

动漫游戏特色小镇可突出民族特色。例如西安碑林特色小镇，其建设的陕西动漫产业平台集聚了大量的民族动漫原创IP，形成包括《大秦五行少年传》、《穆王八骏》、"唐妞"、"西西安安"、《山海宝贝》、《巧说本草》等一系列优秀的民族动漫形象和作品，大赛向社会公开征集和招募民族文化题材的作品及创业团队，持续为陕西本土乃至全国打造经典动漫作品，未来小镇将成为大赛永久会址。

第五章 "蓝猫"动漫特色小镇规划方案

本规划基于课题组对动漫游戏特色小镇的研究成果，尝试以蓝猫均祥动漫科技有限公司在深圳数字创意产业园的优质资源为基础，结合深圳市提质提效、智创高地、共享家园的改革需求，制定"蓝猫"动漫特色小镇规划方案。本方案是课题成果的延伸和深化，通过制定本规划方案，为动漫游戏类特色小镇建设提供思路借鉴。

一、规划背景

随着我国进入新型城镇化快速发展阶段，全国各地大力推进特色小镇建设。广东省发改委、省科技厅、省住建设厅在2017年6月联合印发《关于加快特色小（城）镇建设的指导意见》，提出到2020年，全省将建成100个左右产业"特而强"、功能"聚而合"、形态"精而美"、机制"活而新"的省级特色小镇；同年8月，广东省发改委发布《关于公布特色小镇创建工作示范点名单的通知》中提出特色小镇创建具体工作部署并组建广东特色小镇发展联盟；2018年10月深圳市宝安区人民政府印发《关于加快城市更新工作若干措施的通知》，提出"依法依规、提质提效的改革要求"。上述政策为"蓝猫"动漫特色小镇建设提供了政策支持并指明了发展方向。

二、发展优势

"蓝猫"动漫特色小镇位于广东省深圳市宝安区，交通便利，产业基础雄厚，具有良好的资源禀赋和比较优势。

（一）区位交通优越

1. 小镇地址

"蓝猫"动漫特色小镇位于广东省深圳市宝安区沙井街道洪田金源工业区。地处新桥街道中部偏南，片区范围主要隶属新桥街道，南部部分区域涉及福永街道。片区位于广深科技创新走廊（深圳段）北部，紧邻深圳西中心，片区毗邻火山公园和凤凰山森林公园，自然环境资源条件较好。

2. 规划范围

规划范围由庄村路、甘霖路、广深高速、上南东路、生态控制线围合而成，规划用地面积 2.2 平方公里，其中建设用地面积约 1 平方公里左右。整体呈南北向的狭长区域。小镇由"三大中心、两大基地"构成。

3. 交通优势

"蓝猫"动漫特色小镇所在地是珠三角进入深圳的第一站，毗邻大空港国际交通枢纽，紧靠广深高速与沈海高速，区位交通优势明显。

（二）区域产业基础雄厚

良好的产业基础为"蓝猫"小镇聚集发展要素，打造动漫特色的创意产业提供了优越的产业环境。

1. 深圳市

（1）深圳市制造业基础雄厚

2017 年深圳市第二产业增加值为 9266.8 亿元，接近万亿元大关。其中，规模以上工业增加值 8087.62 亿元，同比增长 9.3%，同时，重工业占比 81.05%。如图所示。

深圳市2013-2017年第二产业增加值统计

年份	第二产业增加值	同比增速
2013年	6,296.8	9.00%
2014年	6,823.1	7.70%
2015年	7,205.5	7.30%
2016年	7,700.4	7.00%
2017年	9,266.8	8.80%

目前，深圳市积极推进产业园区转型升级工程，统筹工业园区资源整合和改造升级，规划一批功能符合的新兴产业空间，建设一批产城融合的示范园区，优先发展先进制造业和高附加值产业。

（2）深圳制造业正向高端化转型

深圳的制造业大力创新、力争留住研发等核心和高端环节，更注重内涵式、开放式的发展。2017年，深圳市先进制造业和高技术制造业增加值分别为5743.87亿元、5302.47亿元，同比分别增长13.1%、12.7%，占规模以上工业增加值比重分别达到71.6%与65.6%。先进制造业占比远高于全国平均水平。2017年，深圳市先进制造业在工业中占比超过60%，同期全国占比低于20%。

深圳2013-2017年先进制造业增加值统计

年份	同比增速
2013年	12.20%
2014年	9.80%
2015年	11.50%
2016年	8.50%
2017年	13.10%

深圳2013-2017年高技术制造业增加值统计

"创新驱动"取代"投资驱动"。2017年，全国固定资产投资占GDP比例为77.5%，同期，深圳市固定资产投资占GDP比例仅为22.9%。

（3）战略性新兴产业快速发展

战略性新兴产业已成为深圳市经济发展的主引擎。2017年，深圳市战略性新兴产业增加值为9183.55亿元，占GDP比重40.9%，远超全国平均水平。

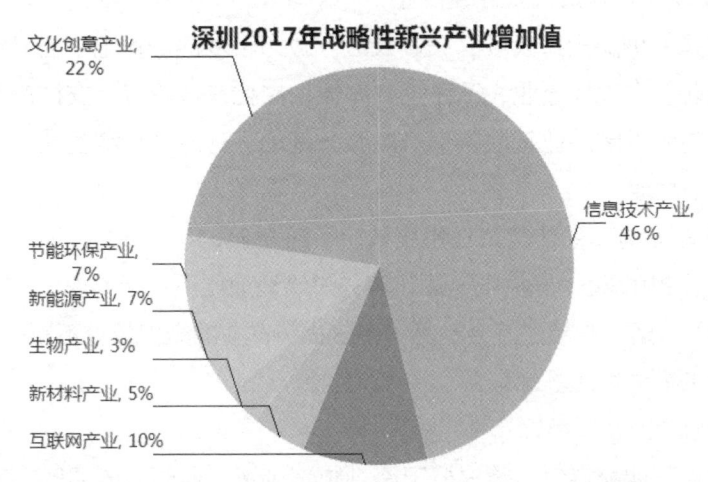

深圳2017年战略性新兴产业增加值

深入实施"创新驱动"。2017年，深圳市研发投入超过900亿元，占GDP比重4.13%，与世界第二的韩国水平相当。

深圳市文化创意产业快速增长，年增速均超过10%。2017年，作为深圳市七大战略性新兴产业之一的文化创意产业增加值达2244亿元，占GDP增加值10%。

深圳市2013-2017年文化创意产业增加值统计

年份	文化创意产业增加值	同比增速
2013年	1,357.0	18.00%
2014年	1,553.6	15.60%
2015年	1,757.1	13.10%
2016年	1,949.7	11%
2017年	2,244.0	14.50%

2. 宝安区

（1）宝安区第二、第三产业发达

全年全区实现地区生产总值（GDP）3003.44亿元，比上年增长8.8%。第二、三产业增加值分别为占比49.7%、50.2%，第三产业拥有更高的增速，达到10.4%。同时，战略性新兴产业增加值达到1171.89亿元，同比增长13.5%。

（2）文化产业成为支柱性产业

宝安是深圳的出口大区、产业大区。致力于发展培育电子信息业、新型装备制造业、现代物流业、循环经济产业、文化产业等五大支柱产业，打造高新技术与先进制造业基地、生产性服务基地、开放型经济基地、生态旅游基地等四个基地。

（3）玩具等传统优势产业集聚效应不断增强

汽车、专用设备、光机电一体化等先进制造业比重不断攀升，服装、印刷、玩具、模具、塑料制品、五金制品等传统优势产业的集聚效应不断增强。

（三）小镇发展基础扎实

1. 核心企业发展良好

"蓝猫"动漫特色小镇根植于深圳数字创意产业园。该园区中的蓝猫均祥动漫科技有限公司（简称"蓝猫均祥"）是小镇的发展基础。

蓝猫均祥作为深圳数字创意产业的龙头企业，在文化衍生品创意研发、精密数控制造、文化版权运营等领域都具有独特优势，业务涵盖动漫图书出版、动漫影视创作、动漫节目制作、动漫软件开发、动漫版权代理等，通过对其动漫品牌的多元化产品打造并进行 IP 开发，现已形成 IP+ 教育＋图书＋玩具＋周边衍生等多样化的动漫文化全产业链条，同时，蓝猫均祥动漫科技还不断地加强产业升级，引进先进设备，着手向工业 4.0 迈进，推出包括 VR、儿童人工智能产品高科技产品。

2. 自主 IP 运营成绩显著

蓝猫均祥已打造形成中国大陆动漫驰名商标——蓝猫小布，并荣获世界知识产权组织创意金奖"企业奖"。经过多年对自主 IP 的开发运营，IP 估值超过 10 亿元。

3. 产品远销海外

公司产品主要销往欧美、日本、韩国、港澳台全球多个国家及地区，目前拥有与 Disney、G&P、BANDAI、MARVEL、TAKARATOMY、PIXAR、Wendy's、Huffy、Jollibee、Sanrio、WOW、肯德基、可口可乐、百事可乐等全球知名品牌长期合作经验。

- "迪士尼" 25个系列卡通公仔中国大陆区生产、销售许可

  年销售额2000万元，净利200万元

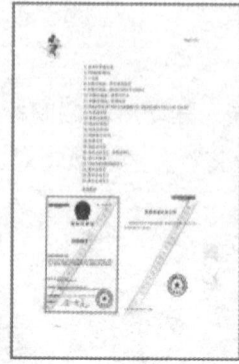

三、小镇规划

（一）总体定位

小镇建设将坚持"文化引领、技术进步、链条完整"的发展要求，以"内容创新、智能制造、教育培训、深度体验"为导向，打造"三大中心、两大基地"。构建完整的动漫创意全产业链，着力打造以蓝猫形象为鲜明特征的动漫特色小镇。

（二）发展目标

努力将"蓝猫"动漫特色小镇打造成为深圳市宝安区推进供给侧结构性改革的重要平台，成为虚拟经济和实体经济结合的典范。

小镇拟分两个阶段开发运营。第一个阶段为2018年至2020年，计划完成基础设施配套建设，初步建成产业基础完善，体制机制完备，体验项目丰富，具有一定知名度的动漫特色小镇；第二个阶段为2021年至2025年，致力于以"蓝猫"为核心的系列IP体验项目开发与运营，将"蓝猫"动漫特色小镇打造成国内一流的知名动漫特色小镇。

（三）功能布局

"蓝猫"动漫特色小镇是一个聚焦新兴产业，动漫特色鲜明的创新创业平台。包括"三大中心，两大基地"，分别是"蓝猫"创意创新中心、"蓝猫"智能制造中心、"蓝猫"创意运营服务中心、"蓝猫"创意产业体验基地和"蓝

猫"创意人才培育基地。从整体来看，这样的功能布局形成了一个有机整体，有利于"蓝猫"动漫特色小镇健康发展。

1."蓝猫"创意创新中心

蓝猫均祥动漫科技有限公司是该特色小镇的运营主体，旗下已完成4000余种内容创意类产品，包括《蓝猫淘气3000问》《蓝猫龙骑团》《蓝猫小布智多星》《蓝猫西行记》《咪咪找妈妈》《蓝猫典典环游记》等多部大型动画片以及《快乐蓝猫》等动漫节目制作类产品以及教育电子类、动漫玩具类、赠品礼品类、糖果玩具类、可授权类等衍生类产品。其中"蓝猫小布"自主IP运营成绩显著，其估值超过了10亿元。"蓝猫"创意创新中心在此优势资源的基础上设立，其定位和功能如下：

（1）定位

"蓝猫"创意创新中心重点发展动漫、影视、游戏、教育读物、互动泛娱等产业，打造集设计研发、创意创新、内容制作于一体的产业先锋集群。

（2）功能

该研发中心的主要功能为提升特色小镇"数字+文化"的内容创新能力，形成"蓝猫"数字创意IP集群。

"蓝猫"创意创新中心的功能定位

序号	重点产业	主要定位
1	动漫	以漫画创作与动画制作为核心，汇聚优势资源，打造民族动漫形象创意设计中心及区域总部。
2	影视	深入挖掘品牌价值，打造动画大电影、舞台剧、网络剧、视频直播等内容的设计制作。
3	游戏	扩展动漫IP，策划、设计主题游戏； 聚焦移动游戏设计开发； 打造国创二次元文化。
4	教育读物	强化文化宣传，融合动漫元素，创作开发寓教于乐的学前教育读物，注重交互式形式、多样化展现，家庭教育与在线教育并举，创新学前教育读本制作及数字化转换形式。
5	互动泛娱	打造粉丝互动社区，增强互动趣味； 推动UGC(用户原创内容)模式的发展，打破创作边界，推动社区网络、视频分享、博客、播客等互动泛娱形式的快速发展。

2."蓝猫"智能制造中心

"蓝猫"动漫特色小镇除了具有前端的创意创新中心，还集结了原"蓝猫"

品牌多年来在玩具制造和研发智造上的优势资源，创建"蓝猫"智能制造中心。其定位和功能如下：

（1）定位

坚持"创新驱动，协同发展"的发展理念，抢抓"中国制造2025计划"，实现"数字创意+工业4.0"的完美融合，创新发展数字文化创意技术和装备。依托园区优质资源，提升软硬件研发及制造水平，以协同创新中心为载体，在建立国家级实验室和与知名高校合作的基础上，开展数字创意设计研发与高端数字创意装备智造。

（2）功能

该智能制造中心依托数字创意协同创新中心平台，主要从两个板块进行规划部署：一是设计研发，根据国务院印发的《"十三五"国家战略性新兴产业发展规划》的要求，加快推进"蓝猫"系列IP结合虚拟现实、增强现实、全息成像、裸眼3D、交互娱乐引擎、互动影音等核心技术的探索研发工作，促进大数据、物联网、人工智能等技术在"蓝猫"创新型产品的应用；二是智能制造，加快推动以数字创意技术装备为核心发展"蓝猫"智能制造中心的发展，利用沉浸式体验与智能互动技术的发展，加快"蓝猫"内容和技术装备的协同创新。目前智能制造板块重点聚焦在以"蓝猫"系列IP为主要创意因素的智能机器人制造、动漫游戏装备制造、人机交互装备制造等新兴领域。

3."蓝猫"创意运营服务中心

"蓝猫"创意运营服务中心立足于"蓝猫"特色小镇的整体运营服务发展。旨在通过建设数字创意产业运营系统，扩充运营渠道与方式，建立服务体系。该运营体系主要设有版权运营、渠道运营、版权服务、金融服务等四个部门。

（1）版权运营部门

版权运营部门的主要服务对象是"蓝猫"特色小镇中打造的"蓝猫"系列产品。其重点服务方向为品牌授权合作、衍生品设计运营，主要内容主要包括：一是帮助"蓝猫"系列产品做版权推广，二是努力促成"蓝猫"系列产品进行有效的版权交易。其服务主要专注于动漫IP运营、投资、改编等应用场景，通过大数据技术和对行业的洞察，为"蓝猫"系列产品通过多方位、系统性、标准化的一站式解决方案。通常采取"核心数据+数据产品+研究咨询"三位一体的服务模式，帮助"蓝猫"系列产品达成有效的版权交易。

（2）渠道运营部门

"蓝猫"创意运营服务中心的渠道运营服务主要服务方向为通过线上线下多渠道运营，达到全媒体交叉覆盖的传播成效。为达到这一目标，渠道的运营部门会从"蓝猫"各类产品的项目筹划阶段就参与其中，制订该项目贯穿全程的整体营销策划和推广计划，整合资源、制造话题，持续推动产品品牌的营销传播。除借助媒体宣传、海报、片花、展会、活动等常规性运营方式，还提供借助新媒体平台品牌运营服务。根据项目投入资源的具体情况，渠道运营服务还提供多家第三方动漫运营公司结合品牌形象制定传播方案。

（3）版权服务部门

为维护"蓝猫"各类创意产品的合法权益，"蓝猫"特色小镇还提供版权产业的相关服务，包括出版发行服务、版权交易服务、版权代理服务等，促进"蓝猫"动漫IP健康发展。主要设立版权服务中心、版权交易中心、版权登记保护中心。一是版权服务中心的主要服务内容包括：版权登记服务、版权代理服务、版权法律服务、版权集体管理、版权信息服务、版权会务培训等。二是版权交易中心为动漫IP版权及相关权利的交易和以相关权利进行项目融资提供服务，帮助动漫IP版权权利人和版权市场参与者发现价值、实现价值。服务内容包括：开展相关政策咨询、信息发布、项目推介、投资引导、产权交易等。三是版权登记保护中心，对接深圳市版权登记保护中心的平台系统，实现动漫作品快捷高效的实现作品预登记、全面的著作权登记、著作权证远程打印、网上支付功能、快速检索功能、系统安全高效运转等功能。

（4）金融服务部门

金融服务是特色小镇的重要保障。一方面特色小镇的基础设施与产业发展都需要开发，资金需求量大；另一方面资本是产业生态的核心要素也是彰显"蓝猫"特色小镇招商能力的重要一环，无论选取什么样的投融资模式，都需要金融服务来提供有力的服务保障。第三方面，在"蓝猫"系列产品的运营发展中，金融服务是必不可少的重要环节。因此金融服务部门的主要服务方向包括：

一是加强金融在特色小镇建设和发展中的规划引导，依据"蓝猫"特色小镇的总体规划，统筹考虑财税、金融、市场资金等方面因素，做好系统性融资规划和融资顾问工作，明确融资方案和渠道，推动规划落地实施。

二是依据"蓝猫"特色小镇的总体规划，合理配置金融资源，使金融资源切实服务于特色小镇的整体建设发展。

三是加强"蓝猫"特色小镇金融组织创新，为"蓝猫"特色小镇的发展建设探索多元化的金融支持。与各金融渠道探索多种合作模式，引导社会资本广泛参与。

四是对接银行、科技小贷、创投基金、融资担保等金融机构，为"蓝猫"特色小镇研发的创新型项目提供债权、股权融资等综合服务。

五是引导更多的金融资金流向"蓝猫"系列 IP 项目。支撑其在产品研发、制造、运营等产业链条上的可持续发展。

六是建构"蓝猫"特色小镇所需的专业金融服务团队。

4."蓝猫"创意产业体验基地

体验基地建设目的在于促进小镇内优势 IP 资源的创造性转化，依托地方特色的同时，创造具有鲜明区域特点和民族特色的动漫创意内容产品。同时，依托动漫小镇产业基础，以青少年为目标群体，以教育辅助、体验式学习作为动漫创意产业体验基地的理念，建设全跨度动漫化展示体验基地，包括动漫创意内容制作过程体验、动漫文化展陈、漫游角色扮演体验等，加强粉丝与动漫 IP 的联动、互动效应。

（1）动漫创意内容制作体验馆

动漫创意内容制作体验馆应以小镇内现有 IP 为创作元素，设计寓教于乐的动漫创意主题乐园，打造区域娱乐中心。一是要在体验馆内设置展示区，可以现场进行动漫手绘、动画后期加工处理等体验，让青少年真实的看到、感受到动漫作品是如何一步步从无到有的创作过程。二是设置动漫 IP 周边展示和制作区，让消费者在挑选动漫周边商品时也能看到手办等周边产品的制作过程。设置手办周边产品泥人工作室，消费者可以选择付费体验制作。三是设置动漫、动画、原画、周边售卖区，对动漫 IP 产品直接进行现场销售。

（2）动漫文化展览馆

动漫文化展览馆分为常设展览区和临时性展览区。常设展览区重点展示动漫发展历史和蓝猫均祥拥有的动漫形象，如蓝猫小布、圣斗士、钢铁侠等蓝猫均祥公司多年积累的 IP 形象和故事。临时性展览区可以与其他企业合作，共同策划展示当下流行的动漫 IP，常换常新，吸引更多的动漫爱好者。

（3）动漫游戏角色扮演体验馆

动漫游戏角色扮演体验馆应切合青少年兴趣爱好，打造漫游角色扮演体验基地，举办 COSPLAY 大赛，争取打响"蓝猫"动漫特色小镇知名度。一是根据动漫小镇内现有 IP 资源形象由兼职工作人员或专业扮演人员进行 COSPLAY 展示，根据参观人数调配相关互动人员（"蓝猫"的 COSPLAY 要全程在场，增加娱乐氛围）。由专业工作人员帮助体验者进行 COSPLAY 的装扮和体验，并进行购买引导。二是定期以奖品或奖金形式举办国家级、省市级 COSPLAY 大赛，增加动漫行业曝光率和小镇自身影响力。定期聘请国外顶级 COSPLAY 玩家组织国内大型顶尖 COSPLAY 展，以提升小镇在动漫行业的影响力。

（4）"蓝猫"创意主题乐园

蓝猫创意主题乐园是"蓝猫"创意产业体验基地的重要组成部分。该园的定位是：以园区 IP 为创作元素，设计寓教于乐的数字创意主题乐园，打造区域娱乐中心。通过借鉴韩国乐天等国内外主题乐园模式，打造成为全球最大的动漫室内主题乐园，成为一个家庭游客进行休闲度假、文化体验、互动参与、亲子教育等为一体的新型文化体验型旅游目的地，成为国内外顶级的动漫科学、空间、创意等领域的研究、展示机构。

（5）"蓝猫"机器人教育基地

"蓝猫"机器人教育基地的定位是：以青少年为目标群体，打造广东首家机器人教育基地，形成青少年对机器人概念的认知，为未来机器人逐步进入大众生活铺平道路。基地项目主要包括机器人展示、机器人教育和机器人大赛等。预计占地面积 4 万平方米。计划通过与中国科学技术馆、国家空间科学中心、上海世博会、广东科学中心、广东省博物馆等机构合作，针对现代机构学（柔性机构、变胞机构、并联机构、仿生机构等）、仿生机器人、人机交互技术、工业机器人技术及应用等机器人实用知识进行教育培训。

5. "蓝猫"创意人才培育基地

"蓝猫"创意人才培育基地的定位是：专业人才培育＋职业资格培训＋青少年教育。其中，专业人才培育的主要目的是：中国数字创意产业处于起步阶段，各领域专业人才需求缺口巨大，小镇应将专业人才培育作为发展重点，依托产学研协同创新中心建立数字创意人才实训基地；职业资格培训的主要目的是：通过引进数字编辑职业资格培训系统，构建数字创意人才终身职业培训体系，提升小镇人才职业素养，增强企业竞争实力；青少年教育的主要目的是：以动漫游戏为切入点，以课后教育、辅助教育等为实施主体，建立青少年实景教育基地，培养激发学习兴趣，定期举办青少年动漫游戏大赛，强化素质教育。

"蓝猫"创意人才培育基地在现有写字楼、厂区、展馆等基础上进行拓展。主要合作单位包括：北京邮电大学数媒人才实训基地、北京印刷学院国家级数媒人才分基地、北京理工大学动画分实验室、数字编辑职业资格培训机构等。数字创意产学研实训基地的功能定位是：数字创意产学研实训基地，拟建设成为教育部文化人才培训基。拟引进北京电影学院、中央戏剧学院、中国传媒大学、上海影视学院、吉林动漫学院的大三大四学生完成授课、实训、毕业设计等活动项目，建立校企合作，形成学校与企业信息共享，实现优势互补，学生得到锻炼机会的"三赢"模式。

（四）投资计划

小镇建设总投资估算为30亿元，分两期进行。将以PPP、产业基金、上市公司定投的方式，解决项目资金。具体计划如下：

"蓝猫"动漫特色小镇投资计划表

建议分期	投资额度	具体内容
第一期	10亿元	"蓝猫"创意中心创新中心 "蓝猫"智能制造中心 "蓝猫"创意运营服务中心 "蓝猫"创意人才培育基地
第二期	20亿元	"蓝猫"创意产业体验基地

四、运营模式

"蓝猫"动漫特色小镇的运营以市场化开发运作模式为主，辅以多平台支撑运营和产学研政协同创新模式。

1. 市场化开发运作模式

"蓝猫"动漫特色小镇应以市场化运作模式为原则，按照"政府规划、市场运作、民资开发"的思路进行开发运作。由管委会负责规划统筹，成立小镇平台公司，负责公共服务配套建设与小镇项目运营与引导。

2. 多平台运营支撑模式

"蓝猫"动漫小镇应搭建以下平台来支撑其运营：一是搭建人力资源平台，打造成为全球动漫创意产业人才聚集高地；二是可投资成立大数据公司，为小镇动漫企业提供专业的行业资讯服务；三是搭建金融支撑服务平台，为小镇投资融资及企业发展提供完善的服务；四是建立 B2C 电商平台＋物联网平台，成为小镇企业发展的助推剂；五是致力于为小镇打造完善的产业链平台，实现各产业环节协同发展。

3. 产学研政协同创新模式

"蓝猫"动漫特色小镇应建立产学研政协同创新平台，可以有效地整合多方资源，减少重复投资和资源浪费，提高科研对生产的支持作用，加快科研成果产业化的转变。

产学研政协同创新中心在政策的充分保障下，推动动漫创意最先进技术的研发，实现科技成果转化，深化专业人才培养，建立产业信息强效反馈机制，多效联动，使生产运营具有更多的创新原动力，保障经济效益最大化。

五、保障措施

拟从资金、人才、合作、创新与品牌塑造五个方面保障"蓝猫"动漫特色小镇建设。具体措施如下：

1. 融资拓展

首先，"蓝猫"动漫特色小镇拟搭建动漫创意产业投融资平台、设立产业发展专项基金，为入驻企业服务的同时，帮助应届毕业生和专业技术人才在动漫小镇内进行创业，增强小镇主体创新性和多元性，在以"蓝猫"形象为主的基础上使得小镇内动漫产业多元化发展。

其次，设立动漫小镇与政府间的沟通服务机构，依靠政府扶持政策吸引中小优质动漫游戏创意企业入驻小镇，通过小镇官方网站将国家和地区相关部门的特色小镇入驻企业优势条件、贷款优待、纳税减免、保险补贴、风险补偿、上市融资等扶持政策予以公示，并在特色小镇内组织企业学习各级政府部门的产业扶持政策和相关规定以辅助企业制定科学的融资发展策略，争取为更多的企业获得国家级、省市级专项扶持资金，减缓小镇和企业建设初期的资金链条压力。

最后,"蓝猫"动漫特色小镇拟对接金融机构,针对小镇内企业特点进行资金投融资咨询服务,发挥产业基金撬动效应,鼓励有条件的各类资本建立投资分支机构,完善动漫特色小镇内的资金联动机制,鼓励和引导社会资本进入特色小镇。同时,支持文化融资担保机构模式创新,推动投融资公司建立快速服务机制和便捷融资通道。发挥中小微企业政策性融资担保基金的撬动作用,同时为特色小镇的创意企业提供增信服务,引导商业银行加大对小镇内创意企业的信贷支持力度。

2. 人才培养

"蓝猫"动漫特色小镇全面实施人才培养计划,加大人才政策支持投入力度,重点吸引数字技术研发、动漫平台运营、动漫产品策划、动漫产品销售等领域的复合型技术人才,加大归国技术人才和创新团队的引进力度,鼓励和引导小镇内企业引进拥有自主知识产权和具有国际运维经验的高级管理人才。

同时,加大各类人才的培养力度,加强与周边地区高校、研究机构的项目合作、学习交流活动,盘活人才流动,避免动漫特色小镇建设后的人才稀缺问题。此外,"蓝猫"动漫特色小镇既要建立健全的绩效考核体系、创新发展用人机制、激发和释放人才创新活力,又要加强培养和引进专业的动漫IP研发生产人才、技术研发人才、资本运作人才和经营管理人才,优化小镇内人员结构,扩大人才对外交流合作,完善相关管理办法,为动漫小镇的未来发展储备相关人才,维持动漫特色小镇的稳步发展。

3. 开放合作

推进"蓝猫"动漫特色小镇和其他特色小镇的合作,进行强强联合。与国内外动漫游戏特色小镇进行交流学习,参考借鉴其他小镇生产运营等多方面经验,弥补自身小镇建立初期的经验不足,建立小镇之间高级管理人才的借调机制,加强合作的同时增进人才培养效应。同时,跟优秀动漫游戏企业进行项目合作,盘活资本和人才,交流动漫IP研发生产经验。

推动动漫特色小镇高校人才合作。针对周边地区优先选择优势高校开展人才合作,实地建设动漫特色小镇专用实验室,对高校内的有潜力的专业人才进行奖学金制和动漫小镇工作实习制度,为高校提供学生实操经验的,同时又进行了人才的储备与培养，也形成了良好的合作共赢机制。

推动"蓝猫"动漫特色小镇和研究机构间的合作，借助国内外优秀的动漫游戏研究机构专业优势，拓展动漫小镇自身的研发生产实力和市场影响力，同时与研究机构开展学术交流和项目合作，提升动漫特色小镇自己及内部企业的动漫专业水平和市场竞争力。

4. 自主创新

"蓝猫"动漫特色小镇的建设内容需要创新，不单突出"蓝猫"还需利用企业多年积累的动漫 IP 代理权，将代生产、代开发的国内外动漫角色和 IP 资源进行产业布局，为动漫特色小镇增加内容含量、提升市场价值，同时还需特别注意我国文化特色的传承和再创造，不能盲目模仿国外的动漫小镇的设计方案。同时，打造动漫特色小镇要充分挖掘动漫客户群体的需求，合理运用异次元文化和动漫年轻化市场资源，做到传统与科技相融合。动漫特色小镇要做好长期的运营规划，坚持创新才能稳固市场发展。

动漫特色小镇软硬件方面也应不断创新，完善动漫小镇中央网络系统、内部无线网络、信息安全体系、高质量通讯服务设置、监控及交通管理系统等。建设运行稳定、技术过硬的通讯基础设施，为入镇企业提供高质量的网络和通讯服务，开展多维度的网上应用建设，提供网络增值服务，最终实现动漫特色小镇全面数字化发展以增强小镇自身管理能力。

动漫特色小镇还要借助现有的运营管理体系，与高新技术企业进行合作创新，加强科技信息技术与动画、漫画、游戏等文娱分支产业的融合建设，加快高新技术在动漫方面的应用速度，扩展应用范围，打破人们对于动漫根深蒂固的"幼稚表现"的偏激观念。

5. 品牌塑造

品牌定位是动漫特色小镇营销的重要导向，也是动漫特色小镇传播于市场的基石，其目的在于塑造品牌概念、制造品牌特性。拿城市举例，深圳誉为"欢乐之都"、杭州誉为"休闲之都"、北京誉为"政治、文化中心"等，这些概念是从城市的自身特点、资源优势、形象及城市竞争格局的实际出发。动漫特色小镇也应树立自身形象，制造特殊产品的同时形成产业特色，形成品牌、塑造品牌、树立品牌。另外，在动漫特色小镇建设初期应注重特殊人才的吸引和培养，争取形成特殊人才品牌队伍。

面对日趋激烈的市场竞争和经济全球化的需要，实施品牌战略、充分重视自主品牌的培育和保护、增强动漫特色小镇的核心竞争力，已经成为国家发展特色小镇的重大决策和部署。知识与经济迅猛发展的今天，面对全球化的激烈竞争，各行各业都十分重视名牌产品的发展策略，尤其关注高技术含量、高文化内涵、高成长价值的文化名牌。文化产业要参与国内外文化资本的激烈竞争并赢取市场而使自身立于不败之地，就必须走出有特色的品牌建设之路，必须打造具有核心竞争力的特色品牌文化。因为只有成功塑造了品牌，产品才能具有市场竞争力和市场的感召力。

第六章　动漫游戏特色小镇建设存在的问题

自2016年国家发改委、住房和城乡建设部、财政部等部委在全国范围内开展特色小镇培育工作以来，特色小镇建设发展迅速、形势喜人，但同时也出现了以下问题。

一、盲目追逐热点，产业特色缺乏

建设特色小镇需要围绕一个"特"字，从当地的生态资源，历史文化、优势产业中挖掘特色，树立特色小镇的独特形象，打造独特的IP。

突出小镇特色，避免千镇一面，塑造小镇灵魂，形成文化认同感和共鸣，就要树立特有的动漫游戏IP、引入独有的赛事资源。将产业、文化有机融合，打造"产、城、人、文"一体的功能平台，充分利用动漫游戏产业推动传统产业改造升级，并向全产业链方向延伸。

据数据显示，如今全球电竞市场处于高速增长阶段，中国电竞市场的用户积累至2017年已经达到2.2亿。近两年国内掀起了一场电竞小镇热。据不完全统计，仅2017年以来，就有西南、华中和东北等地区相继宣布进行电竞小镇建设。其中，华中地区尤为集中，安徽、江苏、浙江均有行动；西南地区以重庆为代表；东北地区以辽宁为代表。但是这种粗放式的推广已经产生了一些问题，可能会带来后续大量特色小镇建设的烂尾现象，浪费各种不必要的生产要素。

二、以特色小镇为名，行开发地产之实

近年来，不少地方都开展了特色小镇项目。自 2016 年 7 月起，中央批准的特色小镇数目累计为 403 个。到 2017 年底，特色小镇的数目已经升至 2000 多个。与此同时，特色小镇已然成为部分房企的"掘金点"。目前，在一线城市，土地供应量被严格控制。在三四线城市，既有的库存尚未完全去除。而中国的城镇化仍在进行，这些地方对住宅有刚需。同时，地方政府为了发展特色小镇，在土地保障、财政支持和优化融资层面都有一定的优惠。个别地产商可能借机以相对低廉的价格获得土地，以建设特色小镇之名行开发房地产之实。

三、盈利模式单一，营收能力较弱

以电竞小镇为例。从了解到的情况来看，上海、芜湖、重庆忠县都以"电竞"作为特色小镇建设的切入点，虽然实际情况和需求各有不同，但从总体上来看，尚未形成清晰的商业模式。这些特色小镇的计划投入动辄十几亿乃至几十亿元，但商业模式不清晰、盈利能力薄弱，是当前特色小镇所面临的普遍问题。其实不论是电竞小镇，还是对整个电竞产业而言，都面临着盈利模式单一、人才缺乏的问题。

特色小镇建设与培育周期较长，因此其投资周期也比较长。同时，在建设与打造动漫游戏特色小镇时，不仅要关注动漫、游戏自身营收能力问题，也要关注用户价值的最大化获取与挖掘，更要深入探索 IP 模式的形成与打造。以旅游、体验、消费为突破口，需对动漫游戏特色小镇的附加值进行开发，提升小镇盈利能力，努力实现盈利模式多元化。

四、缺乏吸引力，人才聚集效应不明显

人才是特色小镇建设的宝贵资源与关键要素，以北上广深为代表的一二线城市是我国人口的流向地，而人才的流动方向与人口的流动是一致的，甚至趋向更加明显。特色小镇往往建设在三四线城市，大量人口流失的同时，也不可避免地带来了人才的流失。在首批 127 个国家级特色小镇中，超过四分之一存在人口流失的困境，由此也面临着人才的匮乏。特色小镇建设不仅需要管理人才、运营人才、策划人才，也需要大量的基础服务人员来保障特

色小镇的正常运转，而这些人才都存在外流的现象。

目前，特色小镇在教育、医疗等资源上与一二线城市有很大的差距，而且这些资源多数与户籍制度挂钩。因此，特色小镇能否在这些资源上有所改善，就成为吸引人才的关键点。

人才对于特色小镇至关重要，通过人才招聘、人才培训，以及留住优质人才是运营特色小镇能否成功的关键。

第七章 动漫游戏特色小镇建设的对策建议

第一节 明确定位设计，加快建设发展

一、坚持差异化、特色化发展

特色小镇是促进创新经济的新载体，应拒绝千篇一律，要坚持因地制宜。除了小镇产业定位的差别以外，还必须兼顾品牌塑造和市场营销理念，促进传统文化与现代人文和自然之间的相互融合。现阶段的特色小镇处于开放式网络化的大背景下，应利用大城市的消费资源外溢的优势，结合我国传统文化提高动漫游戏产业内容生产力，发展建设一批结合现代与传统的动漫游戏特色小镇。同时，应从地域、传统文化、旅游资源方面结合自身特点创造有机新文化内容，衔接那些建筑有特色的古村、古镇、古街道，依托古建筑发展传统中国风的动漫游戏特色小镇，传承村落建筑文化的同时，弘扬我们传统文化，以此突显小镇的差异化、特色化发展之路。模仿的路线是无法持续的，不断总结与创新才是特色小镇长远发展的中心。目前，建设动漫游戏特色小镇重在规划布局，以形成小镇独特的资源特色，在培育市场打造特色化动漫游戏产业集群的同时，积累小镇发展经验，逐渐走出特色化发展模式。

二、跨越地理界线，加深协同合作

目前，我们需要进一步开发动漫游戏的产品相关市场，比如演出、展览、音像、试玩、用户线下论坛等，多层次全方位展现动漫游戏特色小镇的特色所在，以争取获得更多的经济效益和市场份额。同时，还应打破地域限制，

加强、加深各特色小镇间的学习与交流，在小镇管理、特色化内容、产品生产专业性等方面取长补短，加强产业聚集。另外，要关注青少年和成年人动漫游戏产品的研发布局，加大全国范围内的动漫游戏跨地域性受众群体，合理调整资金结构，合理划分前期创意筹备阶段的投资占比和市场宣传占比，通过政府协调加强动漫游戏特色小镇内部企业的技术共享和创意经验交流，整体做强才是带动企业发展的重要前提。动漫游戏特色小镇的产业发展必须应建立在良好的政策环境、市场环境、经济环境之上，注重行业间的学习交流，增强产业合作，加深跨地域文化合作，加强区域产业聚集，推动动漫游戏产业的发展。

第二节 协调区域资源，加强产业集聚

一、建立政府引导的长效机制

一是要完善政策，加大扶持力度。要按照"促进发展、全国创优"的标准，从内容源头上不断完善、优化动漫游戏扶持政策。对本地电视台黄金时段播出的本地原创动画片给予购片费补助，提高播出的奖励标准。在前期扶持方面，对已经立项并投入制作、经过专家评审的动画片，按照地市级播出机构的播出奖励标准，提前给予50%的奖励资金资助。二是在动漫游戏宣传方面加大力度。每年应安排一定额度的宣传专项资金，加强宣传阵地建设和开展信息交流，组织动漫游戏特色小镇企业参加境外大型会展和招商引资活动。同时，引入专业化评审机制，整合多个部门的扶持政策，协调共建"中小企业创业项目资助""中小企业担保体系""留学人员创业资助""高新孵化器资助"等机制，从整体上拓宽政策覆盖面，加大资助资金份额，提高政策补贴的有效率。

二、建立跨行业、跨领域的沟通机制

首先，搭建平台以强化动漫游戏跨行业、跨领域的沟通机制，强化服务功能。一是建立动漫游戏公共技术平台。充分发挥社会网络化的优势，为企业提供专业的一对一的咨询服务。二是建立动漫游戏教学培训平台。将大专院校的动漫游戏教学资源作为动漫游戏教学培训的主阵地，培养动漫游戏创

作、制作、生产、营销和管理人才的复合型人才，并引进国内外动漫游戏教学培训机构，开展实用性、技术性专业培训，以提高复合型动漫游戏人才适应市场的能力。三是进一步完善动漫游戏宣传平台。特别是在跨行业、跨领域方面加大力度，扩大合作范围和行业影响，提高动漫游戏企业竞争力。政府扶持部门也应筹建省级层面的组织协调部门，加强对企业的指导和协调职能，统筹当地的动漫游戏产业发展，加强对动漫游戏特色小镇的专业化管理。

其次，研究制订和组织实施动漫游戏特色小镇发展规划；完善、落实产业扶持政策；指导、管理、协调动漫游戏特色小镇建设；加强宣传推介、招商引资、信息交流、平台搭建、项目评审等。同时，可设立负责动漫游戏特色小镇产业发展的专门机构，做好规划实施、政策落地、跨领域沟通、行业管理等服务，进一步发挥政府在产业发展中跨行业、跨领域的协调作用。

第三节　出台配套政策，建立保障体系

一、积极制定优惠政策

首先，针对动漫游戏特色小镇建设的政策支持应包括调整监管策略，制定优惠的政府扶持计划和鼓励措施。调整管理机制，施行动漫游戏特色小镇归属地管理，制订统一的动漫游戏特色小镇发展规划。其次是制定利于动漫游戏特色小镇经济发展和刺激企业生产的专项扶持政策，疏通动漫游戏小镇产品的出售渠道，优化资源供给。特色小镇用地方面应保障新增动漫游戏企业的土地供应，或以协议方式予以供地，合理利用存量用地同时支持各企业的加工、仓储、传统商业街等存量房产以及文化创意和设计服务场所等。最后还需加大人才引进扶持力度，对应届毕业生或有一定工作经验的专业技术人员在吃、住、行方面进行多维度考量，从动漫游戏特色小镇的交通布局、人员薪资规定、社会医疗保险政策、周边商业配套等方面切入实际的进行规划，发挥政策付出效应，吸引专业人才入驻。

二、设立配套产业发展扶持资金

加大财政扶持力度，设立动漫游戏特色小镇专项资金、文化创意产业发展扶持资金等专项资金，合理减轻企业税费负担，落实各项税收扶持政策，

加大对动漫游戏特色小镇的重点环节和薄弱区域的扶持力度，着力突出重点项目的扶持力度，并规范各种文化创意产业发展专项资金的使用管理规范。同时，在税收方面应对实际发生的小镇员工教育经费支出中的合理部分并在计算个人所得税时予以扣除。

第四节　打造综合服务平台，构建完善服务体系

一、建设人力资源服务平台

在动漫游戏特色小镇建设中，应加强人才的培养和引进，要注重产学研结合，充分运用省内高级院校相关专业的优秀师资力量，采用学位教育、职业教育和在职培训等多种方式，大力培养挖掘动漫游戏实用性人才，打造人力资源专业对口的服务平台。同时，学习其他特色小镇的经验和做法，培育和引进尖端人才，提供创业的优势服务和优越条件。例如，为引进的优秀人才安排落户指标等政策，专供在动漫游戏特色小镇企业任职两年以上、具有研究生以上学历的专业技术人员和海外归国人员。同时，通过服务平台逐步开展资质认定工作，试行动漫游戏相关专业人才的资质鉴定等，为动漫游戏专业人才的成长创造良好环境。同时，搭建服务平台加大对青年文化创意人才的公寓、公租房保障力度，做好优秀人才扶持工作，借助人力资源平台深入实施培养计划，推进青年高端创意人才的选拔和培养计划，培养激励机制的同时，依托高等院校和专业结构的合作设立一批创意人才交互工作室，支持文化创意企业联合高校和科研机构共建人才实训基地。

二、搭建投融资服务平台

发挥产业基金撬动效应，加快建设政府资金引导的动漫游戏特色小镇创投基金，鼓励有条件的各类资本建立投资基金。应设立动漫小镇与政府间的沟通服务机构，依靠政府扶持政策等吸引中小优质动漫游戏创意企业入驻小镇，通过设立投融资服务平台将国家和地区相关部门的特色小镇入驻企业优势条件、贷款优待、纳税减免、保险补贴、风险补偿、上市融资等扶持政策予以公示，并在特色小镇内组织企业学习各级政府部门的产业扶持政策和相关规定以辅助企业制定科学的融资发展策略，争取为更多的企业获得国家级、

省市级专项扶持资金，减缓小镇和企业建设初期的资金链条压力。争取创建特色小镇企业上市储备平台，鼓励及扶持小镇内企业通过多种渠道挂牌上市，支持具备优越条件地区优先创建国家级先进动漫游戏特色小镇试验区，带动后发展的特色小镇并给予经验分享和帮助。

第五节 加强配套设施建设，打造宜居宜业生态环境

首先，动漫游戏特色小镇要按照宜居宜业的生态环境标准进行配套设施建设。其中涵盖办公楼、小镇员工公寓、教育、医疗、文化、体育、购物娱乐区域、自然景观和特色景观建设等公共服务设施的引入，加以实现小镇设施生态与区域自然环境的交相呼应。除供电、道路、供水、物流、宽带网络等基础设施外，还要重点做好超市、餐馆、银行、休闲娱乐空间和教育设施建设。

其次，小镇规划新建的各类公共服务设施应提出规划建设控制要求，小镇内的居住区域需配套相关服务设施，明确规模。同时，申报阶段要严格划定动漫游戏特色小镇边界。小镇规划建设应鼓励采用大数据、云计算等现代信息技术手段编制智慧型特色小镇，优化宜居宜业的生态环境。同时，动漫游戏特色小镇应坚持慎挖山、不填湖、少砍树等原则，保护和利用山水、田园格局，综合考虑自然生态、地形地貌等因素，确定小镇空间的布局。按照动漫游戏特色小镇的申报规划和相关要求确定教育、医疗、文化、体育、社会福利、行政办公等各类公共服务设施的位置和规模，对现状保留与规划新建的各类公共服务设施提出规划建设控制要求。

最后，从动漫游戏特色小镇的产业发展方向、功能定位分布、配套设施和到文化属性进行特色化打造，有针对性地进行招商引资，促使动漫游戏特色小镇与城市间统筹发展。

第六节 建立统筹协调机制，凝聚多方力量

首先，动漫游戏特色小镇应统筹规划管理协调机制，在生产、生活、安全等方面做到全方位统筹规划与安排。在小镇全局规划建设方面，统筹小镇

管理团队、规划设计部门、施工建设单位等对小镇整体布局及设计理念和细节进行多维度的科学论证,坚持绿色低碳环保的政策要求,把握好建设小镇的平衡点,协调建设施工。建设规模要根据当地实际的经济发展情况进行统筹布局,协调好人力、物力、财力,避免占用大量的土地资源导致浪费。

其次,动漫游戏特色小镇的建设涉及政治、经济、文化、民生等诸多问题,必须由专门机构组织实施,根据土地情况、人员配置、资金投入、安全保障等问题进行合理的规划和布局。此外,还需制订小镇相关政策和落实标准,分析预测可能遇到的各类问题,提前筹备应对措施,为动漫游戏特色小镇的建设扫除障碍和隐患。特色小镇的建设投资量较大,相关筹建部门需广辟资金渠道,针对具体情况调整投融资体制。同时,鼓励国内各类企业和金融投融资平台,以合理方式参与动漫游戏特色小镇的基础配套工程建设,建立健全特色小镇建设期间的有效保障机制。在特色小镇招商引资方面,统筹协调企业、金融机构、政府管理及政策扶持部门,对小镇的产业定位、着力发展方向、技术搭配方式、企业规模平衡性等方面进行全方位的规划,落实阶段更要把关协调容易出现问题的方面,把工作做细做实。融合政府、企业、资本、人才等要素形成特色小镇建设生态圈,为特色小镇的规划、建设、运营提供一站式解决方案。

最后,应建立专业技术条件服务平台,秉承以人文本、和谐共生的可持续发展理念,敏锐感知信息时代大数据和信息技术对特色小镇建设领域的诸多影响,以智能、生态和创新为主要手段,为不同的动漫游戏特色小镇建设发展提供不同理念的规划及解决方案。专业技术条件服务平台的建设需谨遵"运营专业化、产业领域专业化、资源配置专业化、平台服务专业化"的原则,积极推进服务平台孵化器、众创空间专业化资源平台,结合各动漫游戏特色小镇的区域及企业特点,有针对性地完善创业孵化链条,形成特色小镇发展孵化的多重附加模式,带动小镇内部新生专业技术企业协同发展。

(课题组成员及执笔人:王飚、李广宇、孟晓明、毛文思、刘玉柱、徐瑶、郝园园、宋迪莹)

非公资本进入出版领域投资、运营状况调研报告

前 言

改革开放40年来，非公资本进入出版领域，为出版领域带来了新生的活力。尤其是2018年以来，党中央多次提出要鼓励、支持、引导、保护非公经济发展。中共中央总书记、国家主席、中央军委主席习近平在不同场合频繁力挺非公经济，毫不动摇地支持非公经济和中小企业发展，释放出越来越强的政策信号。2018年11月1日，习近平在民营企业座谈会上发表重要讲话时强调："公有制为主体、多种所有制经济共同发展的基本经济制度，是中国特色社会主义制度的重要组成部分，也是完善社会主义市场经济体制的必然要求。非公有制经济在我国经济社会发展中的地位和作用没有变，我们毫不动摇鼓励、支持、引导非公有制经济发展的方针政策没有变，我们致力于为非公有制经济发展营造良好环境和提供更多机会的方针政策没有变。"2018年11月3日，北京市委书记蔡奇走访民营企业时强调，要巩固优化改善营商环境成果；落实企业"服务包"制度；扩大融资担保基金，为民营企业提供增信支持；建立纾困"资金池"；深化民营和小微企业金融服务；稳住企业租金成本，降低贸易成本；强化就业资金保障；建立亲清新型政商关系。2019年3月5日，李克强总理代表国务院在十三届全国人大二次会议上作的《政府工作报告》，提出，要"下大气力优化民营经济发展环境"，还特别提出，要"鼓励、支持、引导非公有制经济发展。按照竞争中性原则，在要素获取、准入许可、经营运行、政府采购和招投标等方面，对各类所有制企业平等对待"，而且指出要"针对民营企业发展遇到的困难和问题，千方百计帮助解忧纾困"。

本报告从非公资本进入出版业发展路径、非公资本与国有出版机构合作运营情况、非公出版类企业资本运营情况，分析非公资本与国有出版机构合作中的问题，并给出相应的建议。

第一章　非公资本进入出版业发展路径

改革开放40年来，非公资本在出版领域从无到有，从萌芽到兴旺，规模不断壮大，运作一步步规范。总体归纳来说，有这样几条发展路径：

一、受益于改革，脱胎于"二渠道"的非公书企

中国出版业在20世纪80年代初首先启动了发行体制改革，在一定意义上是为了解决"三难"：出书难、买书难、卖书难问题。1982年7月，文化部发出《关于图书发行体制改革工作的通知》，提出了"一主三多一少"（以新华书店为主体，组成多种经济成分，多条流通渠道，多种购销形式，少流转环节的图书发行网络），打破了过去的流通格局。从此，民营书店开始崛起。

1988年5月，中宣部和新闻出版署联合发出《关于当前出版社改革的若干意见》和《关于当前图书发行体制改革的意见》，提出改革的目标是建立和发展开放式的、效率高的、充满活力的图书发行体制，在完善和发展"一主三多一少"的基础上推行"三放一联"，即放权承包，搞活国营书店；放开批发渠道，搞活图书市场；放开购销形式和发行折扣，搞活购销机制；推行横向经济联合，发展各种出版发行企业群体和企业集团。这一政策的出台，被视作图书发行体制改革进入第二阶段的开始。放权承包后，二级批发从图书批发向出版领域渗透，民营发行商开始策划选题、与国有出版社合作出版图书。很多非公出版策划企业就在80年代末90年代初这一时期成长起来。

到了2003年，《出版物市场管理规定》出台，实现准入平等，民营书店开始摆脱"二渠道"的称呼。2009年，国家新闻出版总署《关于进一步推进新闻出版体制改革的指导意见》，第一次提出"引导非公有出版工作室健康发展，发展新兴出版生产力"，承认非公有出版工作室是出版环节的"新兴生产力"。2013年11月中国共产党十八届三中全会通过的《中共中央关

于全面深化改革若干重大问题的决定》明确提出："在坚持出版权、播出权特许经营前提下，允许制作和出版、制作和播出分开。"图书"制版分离"改革逐渐提上日程。2016年，国家新闻出版广电总局将江苏、北京、湖北等地设为"制版分离"改革试点。在试点地区，出版业混合所有制企业的成长尤其迅速。

到了2018年，供给侧改革使得书号收紧，控制增长率、减少重复品种的出版和资源浪费成为2018年出版的主题之一，非公出版策划公司面临又一次考验和升级。

二、境外资本进入出版与内资合作

境外资本的准入及其规制问题是中国出版业资本化改革过程的重要一环。改革开放40年来，境外资本进入出版领域经历了曲折的演进过程。1990年经国务院批准，由对外经贸部发布的《中华人民共和国外资企业法实施细则》明确将新闻、出版、广播、电视、电影等行业列入禁止外资进入领域。1994年新闻出版署在《关于禁止在我境内与外资合办报纸、期刊和出版社的通知》中，原则上禁止创办中外合资的报纸、期刊和出版社等传媒机构。而在1997年底国家计委颁布的《外商投资产业指导目录》中，出版业被列为"限制外商投资产业"，要求中方控股或占主导地位，相比广播电视业与新闻业被列入"禁止外商投资产业"，体现了更大的政策开放空间。正因为如此，在20世纪90年代中后期，一些中方控股、外方投资的图书出版公司开始出现。而这些公司进入中国的时候，采取了变通的方式，如德国贝塔斯曼集团在1995年以读者俱乐部的模式进入我国的图书零售业。

2001年，我国加入世贸组织，出版业开放步伐加快。2001年8月中共中央办公厅、国务院办公厅转发《中宣部、国家广电总局、新闻出版总署关于深化新闻出版广播影视业改革的若干意见》，在关于拓宽融资渠道部分，《意见》指出："经中央宣传部和新闻出版总署批准，试点发行集团可吸收国有资本、非国有资本和境外资本，集团国有资本应不低于51%。印刷集团吸收境外资本须报经新闻出版总署批准。"

2001年12月，中国正式成为世贸组织成员国。与出版领域相关的入世承诺主要包括书报刊发行和音像与娱乐软件发行两个方面，在出版领域的承诺是：加入1年内，外国服务提供者可在深圳、珠海、汕头、厦门、海南5个经济特区和北京、上海、天津等8个城市设立中外合资的书报刊零售企业；加入2年内，开放所有的省会城市及重庆市和宁波市，并允许外资对零售企业控股；加入5年内，取消对外资从事书报刊发行服务企业在地域、数量、股权及企业设立形式方面的限制。在音像与娱乐软件发行方面承诺：在不损害中国审查音像制品内容的情况下，允许外国服务提供者与中方伙伴设立合作企业，从事音像制品和娱乐软件的发行。

2005年4月，国务院出台了《关于非公有资本进入文化产业的若干决定》，鼓励和支持非公有资本进入书报刊分销、音像制品分销、包装装潢印刷品印刷等行业，同时非公资本也可进入出版物印刷、可录类光盘生产、只读类光盘复制领域，并可以投资参股出版物印刷与发行。但是，不允许非公资本投资设立和经营报刊社、出版社，不能经营报刊版面和书报刊进口业务。这条《决定》，不仅对境外资本，也对所有非公资本进入文化产业具有一定的指导作用。正因为有了这样的规定，以前以变通方式进入中国出版发行业的境外资本，进一步明确了自身的地位。仍以贝塔斯曼为例，2005年，辽宁出版集团和贝塔斯曼直接集团合资成立了辽宁贝塔斯曼图书发行有限公司。其中辽宁出版集团以国有资本的身份，占有新公司51%的股份，贝塔斯曼集团占49%的股份。国有资本绝对控股，公司董事长由中方出任，总经理和财务总监由贝塔斯曼方出任。当时贝塔斯曼还成立编辑部门，从事翻译编辑工作，再采取授权方式委托辽宁出版集团出版发行。此次合作，也是我国第一家由国有资本与外资共同组建的图书发行公司。虽然后来贝塔斯曼水土不服，在华业务遭遇失败，但其里程碑式的开拓意义行业公认。

2005年7月，文化部、广电总局、新闻出版总署、国家发改委和商务部联合制定的《关于文化领域引进外资的若干意见》对相关规定进行了细化，明确规定：允许外商以独资或合资、合作的方式设立书报刊分销、可录类光盘生产企业；在中方控股51%以上或中方占有主导地位的条件下，允许外商以合资、合作的方式参与国有书报刊音像制品发行企业股份制改造；允许香港和澳门的服务提供者在内地设立不超过70%股权的音像制品分销合资企和不超过 70% 权益的音像制品分销合作企业。

境外资本"曲线进入"为我国出版业引入了优质的内容，先进的发行渠道，同时也带来了先进的管理经验，培育了一批优秀的出版发行人才。如今，从发行向上游延伸，外方投资、参股成立的文化公司进入了少儿、专业、大众、数字出版等领域，也为出版管理提出了新的难题。

三、出版机构内部工作室不断嬗变和发展

出版机构内部的图书策划工作室，按照规模和运作方式不同，可以分为四种递进性的形态：

1. 利润不独立结算的出版工作室。这种模式是传统编辑部的延续，只是侧重于突出图书或个人的品牌效应。

2. 利润独立结算的出版工作室。出版人相对独立，在一定范围内具有财务权和人事权，有利于突破体制的限制，扩大经营。

3. 已经形成独立运营的分社，具有独立的营销团队、编辑团队等，盈利单独结算。

4. 国有企业创办的图书出版策划公司，有的是国企独资，有的则吸收了外来资本。

这四种形态递进发展，从开始的传统图书编辑部，发展为独立的出版策划工作室，图书逐渐形成品牌，再发展成分社或者公司，进而可能会接受外来的投资或者有员工持股。具体到每一位出版人，每一家出版机构，发展情况各有不同。有的出版人一开始就注册公司，不经历工作室的阶段。有的出版策划工作室发展多年一直不愿实现财务独立。也有的出版策划工作室直接升级成为分社或分公司。

2012 年新闻出版总署发布《关于加快出版传媒集团改革发展的指导意见》，提出了"鼓励大型专业出版企业对业务相近、资源相同的地方出版企业进行联合重组，通过与同类企业进行产品、项目、资本合作等方式，实现跨地区经营、跨地区发展"的战略要求。这一《意见》加快了出版企业异地扩张的速度。随后，出版机构异地开设分公司、分社的情况日益增多，吸收了很多非公资本。例如商务印书馆异地分公司目前有 10 家左右，其中在 2012 年之后开业的有 5 家，都有非公资本加入。

商务印书馆 2012 年之后开设的异地分公司及其非公资本的参与情况

分公司	商务印书馆投资	商务印书馆持股比例	成立时间	备注
商务印书馆（杭州）有限公司	153 万元	51%	2012年6月	山西无界文化产业有限公司和之江巧克力（杭州）动漫有限公司共计占股49%，这两家分别是数字出版和动漫企业。
商务印书馆（深圳）有限公司	450 万元	90%	2012年9月	深圳市普泰科技有限公司占有5%的股份，是一家技术公司。
商务印书馆（太原）有限公司	306 万元	51%	2013年1月	其余参股企业为太原山大君缘企业管理咨询有限公司、太原文化广播电视集团有限公司、山西健坤文化发展有限公司。有私人企业也有国有企业。
商务印书馆（南京）有限责任公司	204 万元	51%	2016年8月	扬州国书文化传播有限公司股份占比49%，这家公司既有扬州报业传媒集团有限责任公司的股份，也有私人股份。
商务印书馆（宁夏）有限公司	153 万元	51%	2017年4月	与北京希思麦文化传媒有限责任公司合资。

四、非公资本投向各种出版类别

各类出版领域获得非公资本的投资与合作并不均衡，近几十年来交替增长。

非公资本较早进入的出版领域是教育，教育也是各类资本在图书出版领域发展较为充分的品类。新三板挂牌书企中有 24 家都在教育领域，全部为非公资本或混合所有制企业，其中从事教育的非公书企世纪天鸿 2017 年上市。2019 年，中公教育上市。目前这些教育书企吸收了资本后，正在向在线教育方向转型。

文学类和大众类也是非公资本较早进入的出版品类。近年来，文学出版领域获得出版业外资本，尤其是影视 IP 资本较多，转型较快。很多混合所有制的出版企业也获得了大量资本，向影视、动漫 IP 转型，并卓有成效。

在大众出版领域，尤其是生活领域（尤其是保健养生类、菜谱类、财经类）的图书出版正在萎缩，社科出版领域的小众图书增长加快。在大众出版和社科出版的非公出版策划书企近年来被国有出版企业收购的趋势明显，其选题日益规范化，社会效益明显提高。

少儿类近二十年发展平稳，获得资本青睐的机遇逐渐增加，在传统出版领域中一枝独秀，随着互联网和国民经济的发展，少儿类书企迎来了二胎政策、融合出版、全民阅读等大好机遇，涌现出更多细分市场和具有独特定位的公司。

专业类，尤其是专业类的数字出版等领域在近年来获得业外资本的情况越来越多，未来也是出版转型成功的重点。

这四条不同领域的脉络交错发展，就构成了我国非公资本进入出版业，并助力图书出版发展的大致路径。

第二章　非公资本与国有出版机构合作运营情况

非公资本与国有出版机构合作的模式比较多，主要有出版机构内部的出版策划工作室，以及合资成立的各种出版策划公司。

第一节　出版机构内部的出版策划工作室

出版机构内部的出版策划工作室有的有一定独立性，有的类似于编辑部。这些工作室是出版策划公司的雏形，从规模和权利等方面分析，出版机构内部的出版策划工作室主要有几种情况：

一、工作模式和利润考核类似编辑部，出版机构扶持资助，约定奖励比例，以品牌命名工作室。

例如社科文献出版社的甲骨文工作室。这种模式在社科文献出版社、广东人民出版社、人民文学出版社等多家出版社都已经出现。不仅如此，一些规模庞大的非公出版机构也成立了类似的品牌工作室，例如磨铁旗下的大鱼、黑天鹅、铁葫芦等等。

这种工作室的优点是，相比传统的图书编辑部，有较大的自由度。不仅仅是将过去的"第一编辑室""第二编辑室"改名为"XX工作室"，而且编辑们有了创业意识、品牌意识，更利于出版品牌的积累。这种工作室的财务、人事、印刷、设计、发行等都与总社（集团、公司）共用，可以省却很多出版人的日常杂务时间，专心编辑出版工作。但是，如果编辑或编辑团队有更大的"野心",想要获得融资,推进其他相关项目,这种模式就不再适合。

二、以个人的名义(或图书品牌)命名工作室,财务独立结算的编辑部形式。这有三种情况:

1.国有出版企业员工内部创业,例如山东画报出版社的苏海坡工作室等。

2.国有出版企业"收编"了非公企业出版人,例如北京出版集团的藏羚羊工作室等。

3.国有出版企业为知名作家成立工作室,如大连出版社旗下的大童话家朱奎工作室,作家出版社旗下的尹建莉工作室、王海鸰工作室等。

前面的两种模式,工作室的出版人相对独立,在一定范围内具有财务权和人事权,印刷、设计、发行不受机构约束,有利于突破体制的限制,扩大经营。如果工作室的负责人具有商业头脑,又有一定的实际经营能力,工作室就会发展壮大。但市场经济风云变幻,畅销书的运作有一定偶然性。也有的出版人在商海搏击之后,不能适应图书市场的节奏,重新回归体制。这种内部创业的模式,也给出版人回归体制留下了一条"后路"。

出版社开设作家工作室的模式,目的是打造作家"经纪人",为作家提供专业的商业运营团队,进一步开发重要作家的内容资源,将优质资源价值最大化,让重要作家发挥更大的社会影响力,向多元化经营的"内容提供商"转型做准备。这种作家工作室的模式,能否发展成为独立运营的公司,取决于作家和出版机构的关系发展,也取决于作家自身的发展。如果作家的作品一直畅销,并且愿意进一步发展和出版机构的关系,就有可能与出版机构合资成立公司,或者在作家工作室的基础上成立分社。作家也有因为种种原因,中止与出版机构合作的情况。

以上这几种工作室的模式,人数或多或少,有的工作室只有一个人,有的有十几个人。如果这些工作室发展良好,未来有可能独立注册公司,或者发展成为出版机构内部的分社。

国有出版机构内部的部分出版策划工作室

工作室名称	创始人	出版机构
脚印工作室	脚印	人民文学出版社
省登宇工作室	省登宇	作家出版社
王海鸰工作室	郭汉睿	作家出版社
尹建莉工作室	郑建华	作家出版社
汤素兰工作室	汤素兰	湖南少年儿童出版社
知识人工作室	李怀宇	广东人民出版社
知道工作室	郑薇	广东人民出版社
苏海坡工作室	苏海坡	山东画报出版社
藏羚羊工作室	赵永	北京出版集团
赵萌工作室	赵萌	北京少年儿童出版社
杨良志工作室	杨良志	北京出版集团
隋丽君工作室	隋丽君	北京出版集团
李虹工作室	李虹	中译出版社
S工作室	李穆	中信出版社
花心工作室	罗人智	浙江大学出版社
介一工作室	李介一	浙江大学出版社
布谷生活工作室	王黛君	科技文献出版社
新青年图书项目工作室	庄庸	中国青年出版社
袁丽娟图书工作室	袁丽娟	浙江少年儿童出版社
大童话家朱奎工作室	李希军	大连出版社
谭徐锋工作室	谭徐锋	北京师范大学出版社
甲骨文工作室	董风云	社会科学文献出版社
"索·恩"工作室	段其刚	社会科学文献出版社
"诗想者"工作室	郭静	广西师范大学出版社
胡小跃出版工作室	胡小跃	海天出版社

（注：这些出版策划工作室未注册公司，变化较为频繁。有的工作室已经改名或撤并，有的已经升级为分社。）

三、已经形成独立运营的分社，具有单独管理的营销团队、编辑团队等，盈利和绩效考核完全自主。

这种模式在中信出版社、机械工业出版社、人民邮电出版社、东方出版社等出版机构都已经出现，如东方出版社的新出版实验室，机械工业出版社旗下的生活分社，人民邮电出版社旗下的教育分社，中信出版社的商业分社、文艺分社等。这些分社往往还具有数字出版、知识服务等产品内容拓展项目，产品具有一定的试验性质。东方出版社许剑秋总编辑领导的新出版实验室尝试了一些新出版、按需印刷的产品。人民邮电出版社的教育分社尝试了人邮学院等一系列在线教育的产品。

这些分社，从管理上说，都是具体而微的出版社缩影。有的分社，社长、总编辑、副总编辑、副社长、副总编辑、主任、财务部门、人力资源部门，一应俱全，具有较大的自主管理权限。有的分社还根据实际业务发展情况，单独成立新媒体、数字出版、知识服务、在线教育等新部门。这种分社还有可能进一步发展壮大，成为副牌社；或者注册成为公司。而分社旗下也可以再另立品牌工作室，例如中信出版社文艺分社，旗下又有S工作室。

四、出版机构内部国企独资的公司。

例如广西师范大学出版社旗下的北京贝贝特出版顾问有限公司、上海贝贝特文化传播有限公司；新疆青少年出版社旗下的贝贝熊（北京）文化传播有限公司；人民出版社旗下的人民东方出版传媒有限公司；中信出版集团旗下的上海中信大方文化发展有限公司、北京信睿文化传媒有限公司等。这些公司有的即将发展到混合所有制的阶段，有的是混合所有制企业中非公资本撤资而形成。

这种模式有的是由出版策划工作室发展而来，有的是由分社发展而来，还有的是为了拓展某项业务而注册的公司：例如为了发展异地业务而在异地成立的公司，为发展数字出版而成立的公司，为开展发行业务而成立的发行公司，等等。

从投资形式来看，这些公司，有的是一家出版机构独资，如上海中信大方文化发展有限公司是中信出版集团独资；还有的是国有图书出版机构与国有报刊出版机构合资，例如上海贝贝特文化传播有限公司是由广西师范大学出版社集团有限公司和广西期刊传媒集团有限公司合资，所以实际上还是国企占全部资本；还有一种情况，如内蒙古达尔恒教育出版发展有限责任公司、内蒙古维力斯教育出版发行有限责任公司，是内蒙古教育出版社和内蒙古教育出版社工会合资，实际还是国企占全部资本；还有的是曾经有过非公资本，目前变成了国企独资，例如北京吉版图书有限责任公司，前身为吉林出版集团北京分公司，曾以北京牧田书业文化传播有限责任公司（有非公资本）的形式营业，后来注册了该公司，改为全部国有独资。

未来这些国有独资的出版企业，可能吸收非公资本，变为混合所有制企业。例如北京博雅甲睿文化发展有限公司是北京大学出版社第七事业部发展而来，主要出版IT、经管、艺术、职场等方面的图书；北京燕大元照教育科技有限公司是北京大学出版社第五图书事业部发展而来，以出版法学学术专著为主。这两家公司是国有出版机构股权占比51%的混合所有制企业。

第二节 非公资本与国有出版机构合作成立公司

非公资本与国有出版机构合作的公司数量繁多。我们根据各公司公布的招股书、年报、全国企业信用信息公示整理而成相关表格。但有些机构不方便查找，或者因各种因素不能全部查明。主要有几个因素造成：

第一，有很多非公出版策划企业的信息中没有明确编辑出版业务，无法断定该公司主要是做图书策划出版的公司，还是单纯做技术或者展览活动、印刷、发行等业务的公司，为谨慎起见未予列入。

第二，一些出版机构全资子公司，类似分社性质，独立结算、独立运营，但在主营业务中未将出版编辑的业务列入，因此此表也没有统计进去。

第三，一些国有出版机构与非公资本的结合，资本构成十分复杂，看不出相关性。比如成立于1995年10月的北京华章图文信息有限公司，从本质上说，是机械工业出版社与（美国）万国图文信息有限公司共同投资建立的合资企业，也是我国最早的外国资本与国有出版机构合资的出版机构。其中机械工业出版社的股份，是以北京蓝波技术信息开发公司的名义加入。而北京蓝波技术信息开发公司的唯一股东是机械工业信息研究院。机械工业信息研究院又是机械工业出版社的上级单位。这样复杂的关系，如果能梳理清楚，就列入表格。但如果实在不能梳理清晰其中的关系，不清楚出版社与该公司的联系，只能付诸阙如。

第四，一些国有出版机构与非公出版策划企业合作紧密，但并未显示为投资的形式。例如上海六点文化传播有限公司，现在已经成为华东师范大学出版社的六点分社，公司法人倪卫国就是六点分社社长，办公地址也在华东师范大学出版社内部，人事关系挂靠在华东师范大学出版社，六点分社员工的工资由华东师范大学出版社负责，六点图书的品牌也归华东师范大学出版社。但是六点公司并无华东师范大学出版社的入股。再如，新星出版社与读库文化交流（北京）有限公司（公司负责人张立宪）有长期合作关系，两者在一地办公，合作出版图书，但从资本角度无法看出合作关系。这样的情况很多，我们只是将其中的经典案例列出。

第五，国有出版机构在海外（或港澳台地区）设立的公司。例如三联书店(香港)有限公司，科学出版社东京株式会社，以及新世界出版社在印度、埃及、美国等地设立的中国图书编辑部。这些机构在海外运营，很难统计其财务数据。

根据我们整理的非公资本与国有出版机构合作的公司案例表，我们可以将这些案例归纳成以下类别：

一、非公资本与国有出版机构合作的公司案例，按照成立的方式，可以分为以下几种：

1.国有出版机构与非公图书出版策划机构合办的公司。例如由北京出版集团与新经典共同出资、依托北京十月文艺出版社成立的北京十月文化传媒有限公司；北京出版集团总经理曲仲担任董事长，新经典创始人陈明俊为副董事长、总经理。再比如出版人陈垦和中南传媒合资成立的上海浦睿文化传播有限公司，法人是中南传媒总编辑刘清华，总经理为陈垦。

在这样的公司内部，人事关系可以挂靠到出版机构，也可以在公司。员工工资，可以是出版机构承担，也可以是公司上缴出版机构一定指标份额，然后公司负担员工工资。书号管理由出版机构控制。

这种情况较为普遍，可以充分发挥非公出版机构的体制优势，策划图书贴近市场，经营灵活，发行能力强大。同时，国有出版企业也要控制书号审批，加强监管和选题的把控，避免选题出现导向问题；而且，国有出版企业也要注重财务审核，避免国有资产流失。

但是，国有出版机构与非公图书出版机构合作的过程中，因为双方体制不同，沟通不畅，曾经引发了各种矛盾和纠纷。这些问题需要双方预先考虑，尽量避免。

2. 国有出版机构围绕期刊杂志社为核心成立的公司。例如童趣出版有限公司成立之初主要经营项目是出版发行《米老鼠》连环画月刊中文版，深圳市书都出版有限公司成立之初的主要经营项目是编辑、出版、发行《书都》杂志。但目前这两家公司都有图书的策划、编辑、出版业务。童趣出版有限公司的童书出版业务，在国内出版机构中成绩名列前茅。

也有的杂志社，为了出版图书，与其他资本合作成立了公司。例如《中国国家地理》杂志社旗下的北京全景地理书业有限公司就是如此。《中国国家地理》杂志社为了出版图书，单独注册了北京全景地理书业有限公司，股东包括该杂志下属的北京全景国家地理广告有限公司，还包括私人股份。此外，该杂志社还注册了北京地理全景知识产权管理有限责任公司，也是为了出版图书，这家公司是北京全景国家地理广告有限公司的独资公司。

值得一提的是，国有出版机构围绕期刊杂志社为核心成立的公司，策划出版图书的情况很多，但并不一定策划出版的图书都可以大规模盈利。有的杂志社策划图书盈利不佳，逐渐退出了这块业务。

3. 国有出版机构拓展海外（或港澳台）业务，或者与海外出版机构（或港澳台）合作的公司。这有两种情况：

第一种是国有出版机构和海外出版机构在国内合办的公司，如1994年成立的童趣出版有限公司（与艾阁萌香港有限公司合资）、1995年成立的北京华章图文信息有限公司（与美国万国图文公司合资），都是较早进入出版领域的非公资本的案例。近年来成立的类似公司还有凤凰阿歇特文化发展（北京）有限公司（与法国Hachette Livre S.A.合资）、京版梅尔杜蒙（北京）文化传媒有限公司（与梅尔杜蒙国际控股有限公司合资）、北京麦克米伦世纪咨询服务有限公司（与麦克米伦出版国际有限公司合资）等。这几家公司出版类别各不相同，有财经、社科、少儿、旅游等多种类型，也有数字出版等新领域的新技术公司。

第二种是国有出版机构在海外（或港澳台地区）成立的分支机构或者公司，以及国有出版机构致力于"走出去"业务的公司。例如三联书店（香港）有限公司、科学出版社东京株式会社、华语教学出版社旗下的北京华语时代文化传媒有限公司等。此外，新世界出版社在印度、埃及、美国等地设立了中国图书编辑部。这些机构有的有海外（或港澳台）资本介入，有的是国企独资，但整体运营模式，都与国内出版机构不同。

这两类机构有共同之处也有差异。共同之处在于，都将版权贸易作为主要业务。而且随着我国出版"走出去"力度加强，这些机构在版权输出等方面的业务大都在上升。这类公司面临的最重要问题是"本土化"，力求让公司适应当地环境。国内的公司，要适应国内的出版环境；"走出去"的公司，要适应当地的文化和出版环境。国有出版机构和海外出版机构在国内合办的公司，也有公司成立后外资撤出的情况。例如北京瑞易吉成数字科技有限公司创立伊始，为山东友谊出版社有限公司和英国环球出版咨询有限公司合资成立。2016年外资撤出，该公司就成为国企独资。

随着我国对外开放的力度加大，中外合资、中外合作的出版策划公司越来越多，而且合作领域从语言学习、科学技术扩大到社科、童书、数字出版、在线教育等多领域。

这些海外和港澳台资本，给我国的出版业带来的不仅是资本，还有先进的经营理念和技术手段，以及优秀人才的培养机制。如华章图文信息有限公司被称为出版业的"黄埔军校"，就是因为其中培养了很多优秀的出版人才。因此，这些海外资本进入我国的出版领域，具有拓荒和示范的意义。

4. 除了这些出版机构内部的出版策划工作室之外，还有更多的非公出版策划机构独立运作。尽管这些非公出版策划机构的经营者很多都有在国有出版机构的工作背景，有很多非公出版策划机构的创始人曾经是国有出版机构的社领导。例如北京新曲线出版咨询有限公司的法人刘力，曾经是华夏出版社副社长；传世活字国际文化传媒（北京）有限公司和传世活字（北京）文化有限公司的创始人董秀玉，曾经是三联书店总经理、总编辑。他们的公司尽管和国有出版机构有密切的合作关系，但并无国有出版机构的投资入股。这样的非公出版策划机构数量繁多，此次没有全部列入。

国有出版机构拓展海外（或港澳台）业务，或者与海外出版机构（或港澳台）合作的公司

民营出版策划机构	投资方	国有出版企业投资金额	融资形式	时间	融资的主要用途	国有出版企业持股比例	备注
中南安拓国际文化传媒（北京）有限公司	中南传媒	2700万元	合资成立	2016年2月	积极开展中南传媒产品的境外推广等业务，代理和组织中南传媒在全球示范国内的文化传媒、教育出版领域的贸易，投资开发和合作项目等；积极探索海外业务发展新机遇，建立更有竞争力的"走出去"项目模式。	90%	另外10%股份为自然人持有。
科学出版社东京株式会社	科学出版社	不详	不详	2009年7月	翻译出版发行日文版图书，以人文社科、科学技术、时政经济图书、专著，以及科学图鉴、文物图鉴、传统文化、历史文化著作等为主要出版方向；中、日文版图书的版权代理；中、日文书刊的销售。	不详	
北京华语教学时代文化传媒有限公司	华语教学出版社有限责任公司	1156万元	合资成立	2014年1月	专门从事"中国文化国际传播"和移动多媒体服务的国有控股的互联网公司。	34%	北京中投视文化传媒股份有限公司持股21.11%，其他为自然人股东。
人民天舟（北京）出版有限公司	人民出版社	300万元	合资成立	2016年4月	出版面向境外市场销售的哲学与社会科学、历史文化、教育、文学和少儿类的外文图书等。	30%	另有70%的股份为天舟文化股份有限公司持有。
商务印书馆国际有限公司	商务印书馆	52.5万美元	合资成立	1993年5月	出版面向海外市场的语文学习工具书、知识性丛书、华人学校教科书以及弘扬中华文化的系列书籍；中外文书刊与有关的声像制品（含电子出版物）的出版、发行、销售。	35%	其余参股企业为台商商务印书馆股份有限公司、商务印书馆（马）有限公司、商务印书馆（新）有限公司、商务印书馆（香港）有限公司。
北京华语联合出版有限责任公司	北京联合出版有限责任公司	100万元	合资成立	2015年10月	出版面向境外市场销售的哲学和社会科学、经济管理、文化教育、文学和少儿类的外文图书；版权代理等。	20%	2017年8月之后，北京联合出版有限公司升格为管理股东。

二、按照出版机构的类别分,可以分为以下几表:

1. 大众类·财经类

分类	民营出版策划机构	投资方	国有出版企业投资金额	融资形式	时间	融资的主要用途	国有出版企业持股比例	备注
财经	杭州蓝狮子文化创意股份有限公司	安徽新华传媒股份有限公司	1.575亿元	收购股份	2015年4月	财经新媒体	44.55%	2018年2月,四川新华发行集团有限公司以3499.9250万元,收购了蓝狮子157.3万股,持股3.5%。但晓狮仿是蓝狮子第一大股东。另外,晓新传媒和吴晓波还共同投资了杭州巴九灵文化创意股份有限公司。
财经	北京亨通堂文化传播有限公司	成都西南财大出版社有限责任公司	120万元	收购股权	2013年11月	希望通过收购亨通堂,突破西南财经大学出版社对教材高达75%的依存度的发展瓶颈。	60%	
大众	西藏悦读纪文化传媒有限公司	青岛城市传媒股份有限公司	8702.04万元	收购股份	2017年	图书出版主业、IP资产运营,影视剧作品开发。	100.00%	西藏悦读纪文化传媒有限公司于2012年成立,当时青岛出资150万元,持股比例5%;2015年9月,青岛城市传媒股份有限公司出资收购股份,持股比例升为51%;2017年,青岛城市传媒股份有限公司持股比例上升为100%。

续表

分类	民营出版策划机构	投资方	国有出版企业投资金额	融资形式	时间	融资的主要用途	国有出版企业持股比例	备注
大众	北京联合阅读点合文化传媒有限公司	北京联合出版有限责任公司	70万元	合资成立	2015年12月	以图书销售、策划、市场推广和新媒体为主营业务，倡导本阅读，旗下打造了"归本阅读"新媒体品牌。	70.00%	
大众	北京联合天畅文化传播有限公司	北京联合出版有限责任公司	1600万元	合资成立	2016年7月	出版社有利于首都两个文明建设的经济、科技、文化、体育、教育（不含中、小学课本）类图书等。	80%	
大众	联合天际（北京）文化传媒有限公司	北京联合出版有限责任公司	204.3万元	合资成立	2014年6月	旗下全资图书品牌"未读"是一个文艺却不高冷、精致而不空洞、独特且开放包容的新锐文化品牌。目前已拥有图书出版、新媒体、会员运营等多项综合业务。	29%	
大众	凤凰汉竹图书（北京）有限公司	江苏凤凰科学技术出版社有限公司	102万元	合资成立	2011年2月	以出版商端健康生活图书为目标。	51%	
大众	凤凰含章（天津）文化传媒有限公司	江苏凤凰科学技术出版社有限公司	255万元	合资成立	2013年8月	在大众生活书领域建立强势地位。	51%	
大众	北京凤凰联动文化传媒有限公司	江苏人民出版社	1561万元	合资成立	2009年5月	图书出版发行。	52%	江苏人民出版社与北京共和联动图书有限公司合资成立后，2011年，江苏凤凰出版传媒集团有限公司和江苏新华日报业集团有限公司追加投资本，2012年，又加入北京共和联动影视文化有限公司的资本1500万元。

264

续表

分类	民营出版策划机构	投资方	国有出版企业投资金额	融资形式	时间	融资的主要用途	国有出版企业持股比例	备注
大众	北京凤凰联动文化传媒有限公司	江苏凤凰出版传媒集团有限公司	1747.4万元	股权变更	2011年10月		28.23%	
大众		江苏新华日报报业集团有限公司（江苏新华报业传媒集团有限公司）	214万元			图书出版发行。	3.46%	
大众	北京世知东方文化传播有限公司	世界知识出版社	60.5万元	合资成立	2008年9月	组织文化艺术交流；影视策划；教育信息咨询、投资咨询、会议服务；承办展览展示；销售文具用品、工艺品；销售策划；出版物批发；零售图书、报纸、期刊、电子出版物、音像制品。	60.50%	
大众	北京心景视界文化传播有限公司	中国轻工业出版社	40万元	合资成立	2004年4月	北京心景视界文化传播有限公司以关爱家庭，关注心理为宗旨。它立足本土，面向国际，是集书刊、音像、培训、咨询、讲座、电视网络媒体、多种形式、多种渠道为一体的服务中国读者的品牌文化公司。	40.00%	

续表

分类	民营出版策划机构	投资方	国有出版企业投资金额	融资形式	时间	融资的主要用途	国有出版企业持股比例	备注
大众	北京博雅光华教育科技有限公司	北京大学出版社有限公司	62万元	合资成立	2005年6月	北京大学出版社和时代光华图书有限公司联合打造的专业图书策划出版机构，立足经管培训领域，汇聚了大批知名培训专家及其他各类专家等国内外一流作者，策划出版了大量颇受欢迎的经管、培训类图书，在企管培训界和出版界均具有较大的影响力。除了培训类图书，博雅光华出版图书也是博雅光华的出版方向	38.75%	
大众	北京博雅甲睿文化发展有限公司	北京大学出版社有限公司	51万元	合资成立	2015年9月	北京大学出版社第七事业部（北京大学出版社发展有限公司）是北京大学出版社的下属部门，主要出版IT、经管、艺术、职场等方面的图书。	51.00%	
大众	京版梅尔杜蒙（北京）文化传媒有限公司	北京出版集团有限责任公司	1530万元	合资成立	2013年12月	旅游图书策划、旅游数字化信息服务、境外自助旅游服务	51%	
大众	联合读创（北京）文化传媒有限公司	北京联合出版有限责任公司	340万元	合资成立	2015年5月	出版物零售；出版物批发等。	34%	

续表

分类	民营出版策划机构	投资方	国有出版企业投资金额	融资形式	时间	融资的主要用途	国有出版企业持股比例	备注
大众	联合天禄（北京）文化传媒有限公司	北京联合出版有限责任公司	200万元	合资成立	2014年12月	图书、期刊、电子出版物批发、零售等。	40%	
大众	北京阳光秀美图书有限责任公司	广西科学技术出版社有限公司	670万元	合资成立	2011年6月	出版物批发；设计、制作、代理、发布广告；技术推广服务等。	67%	2013年9月曾有一次股权变更，变更前广西科学技术出版社有限公司出资134万元，广西出版传媒集团有限公司出资66万元。
大众	广西图书有限公司	广西出版传媒集团有限公司	330万元				33%	
大众	读库文化交流（北京）有限公司	新星出版社	不详	不详	2005年12月	《读库》丛书。	不详	
大众	北京天启星信息咨询有限责任公司	电子工业出版社	132万元	合资成立	1999年	文化信息、商务信息、经济信息咨询。	40%	

267

这一类出版机构出版的图书比较杂。总体来说，在20世纪末和21世纪初期的大众类出版机构，以出版生活类图书、财经类图书较多。生活类图书中又以保健养生、菜谱和旅游类图书策划较多。但是2011年，新闻出版总署公布了24种编校质量不合格的养生保健类图书，要求出版单位将其全部收回销毁，同时向社会公布了53家具备养生保健类出版资质的出版单位名单，泛滥的保健养生图书市场开始收敛；而菜谱图书因为可替代性太强，受到电子书的打击；旅游类图书由于在线地图软件的兴起，也逐渐成为小众图书。这三类图书的市场逐渐萎缩。大众类出版企业获得融资的步伐也减缓了。

近年来，随着读者的阅读品味提高，大众类出版机构出版的高端社科、科普、学术等图书越来越多，质量也越来越高。大众图书向高端产品发展。

在大众类出版机构中，财经类图书出版机构一直比较稳定。机械工业出版社与国外合资的北京华章图文信息有限公司，获得皖新传媒收购的杭州蓝狮子文化创意股份有限公司，获得西南财大出版社收购的北京亨通堂文化传播有限公司，都是其中的佼佼者。由于可以接触到一线企业家，财经类出版机构往往乐于尝试新的营销模式、出版方式，如众筹出版、收费新书发布会等；有的财经类出版机构尝试了其他盈利模式，如知识服务、在线教育课程等，取得了一定的成功。

2. 社科类

民营出版策划机构	投资方	国有出版企业投资金额	融资形式	时间	融资的主要用途	国有出版企业持股比例	备注
北京中儒世纪文化传播有限公司	贵州人民出版社有限公司	14万元	合资成立	2010年7月	策划出版的图书包括人文社科、文艺小说、少儿等。	28%	
文津尚书（北京）文化传媒有限公司	北京出版集团有限责任公司	1000万元	股权变更	2012年6月成立，2014年变更股权	图书出版	100%	注：2014年11月股权变更前还有北京和合天下文化发展有限公司等三家法人股东。
商务印书馆（深圳）有限公司	商务印书馆	450万元	合资成立	2012年9月	图书选题策划与开发；报纸、图书、期刊、音像制品批发及零售。	90%	深圳市普泰科技有限公司占有5%的股份，是一家科技型私人企业。
商务印书馆（太原）有限公司	商务印书馆	306万元	合资成立	2013年1月	文字编辑、校对；教学仪器的销售；企业管理咨询；企业形象策划；出版物批发。	51%	其余参股企业为太原山大君缘文化管理咨询有限公司、太原广播电视集团有限公司、山西健坤文化发展有限公司也有国有企业，有私人企业也有国有企业。
商务印书馆（南京）有限责任公司	商务印书馆	204万元	合资成立	2016年8月	图书选题策划与开发；报纸、图书、期刊、音像制品、电子出版物、文化创意产品的批发及零售；出版物、音像制品的批发及零售等。	51%	扬州国书文化传播有限公司股份占比49%，这家公司既有扬州报业传媒集团有限责任公司的股份，也有私人股份。
商务印书馆（宁夏）有限公司	商务印书馆	153万元	合资成立	2017年4月	图书选题策划与开发；报纸、图书、期刊、音像制品、电子出版物、文化创意产品、文具用品的批发及零售；教育咨询；图文设计制作；编辑服务；数据处理；版权代理等。	51%	与北京希思麦文化传媒有限责任公司合资。

续表

民营出版策划机构	投资方	国有出版企业投资金额	融资形式	时间	融资的主要用途	国有出版企业持股比例	备注
京版北美（北京）文化艺术传媒有限公司	北京出版集团有限责任公司	765万元	合资成立	2011年8月	美术类图书出版	51%	
大道行思（北京）文化传媒有限公司	深圳出版发行集团公司	500万元	合资成立	2016年5月	公司以策划出版高品质人文学术与思想文化出版物，以及围绕加值文创产业为核心业务；以文化产业投资为发展抓手；以互联网手段推广全民阅读为理想，是一家具有互联网基因的新型文化传媒企业。	50%	
	深圳市海天出版社有限责任公司	300万元				30%	由深圳出版发行集团、海天出版社与深圳出版人刘明清团队，按照现代企业制度合作组建的国有控股股份有限公司。
北京八本坊文化传播有限公司	福建教育出版社有限责任公司	153万元	合资成立	2008年10月	福建教育出版社北京图书出版中心。主要从事教育、人文、学术、艺术、生活类图书的选题策划和行销推广，并为图书产品提供展览展示与新闻发布、会议等周边服务。	51%	
上海六点文化传播有限公司	华东师范大学出版社	不详	不详	2004年9月	专业的学术性出版品牌，出版高水平的学术作品，包括"六点评论"、"经与解释"丛书、"六点圣经"、"圣经图书馆"与"重"文丛、"圣经图书馆"等。	不详	现在已经成为华东师范大学出版社六点分社。
北京启真馆文化传播有限责任公司	浙江大学出版社	70万元	合资成立	2008年10月	主要从事学术、人文类精品图书的选题策划，拥有一支成熟的出版策划与营销队伍。经过一年多的运作，成功策划并出版了诸如"启蒙运动经典译丛""奥地利学派译丛""启真论丛"等多套具有较高思想和研究价值的经典学术丛书。	70%	

这一类出版策划机构策划出版的图书品味较为高端。近年来，高端社科图书有不断增加的趋势。高端社科图书需要专业的图书编辑，这意味着这类出版机构向"小而美"方向发展。例如浙江大学出版社旗下的北京启真馆文化传播有限责任公司、华东师范大学出版社旗下的上海六点文化传播有限公司、福建教育出版社旗下的北京八本坊文化传播有限公司、河南大学出版社旗下的北京上河卓远文化传播有限公司，这些公司的社科图书都非常有特色。既有深厚的文化内容积淀，又有畅销书的运作模式和精心包装，为打造精品往往不惜时间和成本。例如，北京上河卓远文化传播有限公司精心打磨鲍勃·迪伦的传记数年之久，终于在鲍勃·迪伦获得诺奖后名利双收。这样的例子不胜枚举。

　　近年来，非公出版策划公司和混合所有制出版企业产生了很多"双效"俱佳的社科好书。要出版优秀的社科类图书，充裕的资金和编辑的眼界能力都必不可少。也就是说，要在社科图书，尤其是高端社科图书领域做出成绩，有两个必备的条件，一是资金，二是人才。近年来，非公书企出版人的学历水平、文化层次不断提高，这就为高质量的社科图书出版奠定了人才的基础。上面提到的出版企业中，教育类出版机构和大学类出版机构作为投资方的案例较多，是因为这些出版机构有较为充裕的资金，而且背后有优质的师资力量和学术底蕴。出版高质量的社科图书，是这些教育类出版机构摆脱单一的教材教辅出版物的产品形态，"创牌子"的过程。

3.教育类

民营出版策划机构	投资方	国有出版企业投资金额	融资形式	时间	融资的主要用途	国有出版企业持股比例	备注
开明润泽（北京）文化发展有限公司	开明出版社	600万元	合资成立	2017年8月	开明出版社与民营资本联合创立的综合教育文化传媒企业。依托开明出版社丰富的教育出版资源、中国笔墨在线、北京师范大学与中国科学院等著名高校与科研院所的教育资源，以教育出版为主体，形成数字出版与教育培训为两翼的主营业务格局。	20%	
京版北教文化传媒股份有限公司	北京出版集团有限责任公司	3060万元	合资成立	2010年12月	策划教育类图书出版，从传统教育出版向数字教育服务升级。	42.97%	
京版芳草教育科技（北京）有限公司	北京出版集团有限责任公司	950万元	合资成立	2008年8月	集产、学、研、训、用于一体的幼教产品研发与服务综合服务平台机构。	95.00%	
柯莱特教育咨询（北京）有限公司	新星出版社有限责任公司	100万元	合资成立	2012年5月	柯莱特教育咨询（北京）有限公司（Klett Beratungsgesellschaft für Bildung(Peking) GmbH，简称KC），是中国国际出版集团（中国外文局）所属新星出版社与德国柯莱特集团合资成立的一家教育公司。	8.70%	

续表

民营出版策划机构	投资方	国有出版企业投资金额	融资形式	时间	融资的主要用途	国有出版企业持股比例	备注
北京昊福文化传播股份有限公司	广西师范大学出版社有限责任公司	250万元	收购股权	2011年12月	教育出版。	10%	2012年1月曾有一次股权变更,变更前广西师范大学出版社出资15.87万元,持股比例不变。此外,2017年,昊福文化和广西师范大学出版社共同投资成立了西藏昊福广金文化传媒有限责任公司。
河南象虹科技有限公司	大象出版社有限公司	注册资本1000万元,股份比不详	合资成立	2018年3月	致力于围绕北师大版教材打造教育类精品图书。同时结合大象出版社ADP5数字出版平台、利用北京师范大学出版科学研究资源和移动互联网技术,引进、开发多种数字产品,在教师、教材培训、数字增值服务、线上线下辅导、教育装备等领域求发展。	不详	中原出版传媒集团旗下中原大地传媒股份有限公司与河南天虹出版传媒有限公司(北京师范大学出版社河南教材服务中心)联合投资成立的国有资本控股混合所有制企业。

273

非公出版策划机构在教育出版领域发展较为充分。在教育领域，有很多非公资本进入出版领域的成功案例。如北京出版集团有限责任公司旗下的京版北教文化传媒股份有限公司，广西师范大学出版社有限责任公司旗下的北京昊福文化传播股份有限公司，这两者是非公出版策划机构，获得了国有出版机构的投资，并且都已经登录了新三板。但是，教育类非公出版策划机构也有产品单一，过度依赖教材教辅的弊病。

近年来，教育类非公出版策划机构，获得投资、融资之后的主要发展方向是在线教育和新技术出版。这在世纪天鸿、京版北教和昊福文化的年报中都有体现。此外，还有一些案例，是国有出版机构与新技术公司共同投资，成立在线教育公司。例如外语教学与研究出版社有限责任公司旗下的北京外研讯飞教育科技有限公司，新华文轩出版传媒股份有限公司旗下的北京航天云教育科技有限公司，以及吸收了新华文轩出版传媒股份有限公司、中国地图出版社股份的明博教育科技股份有限公司。这些公司都推出了自己的在线教育产品，摆脱单一的纸质出版模式，成功实现了转型。

4. 文学类

民营出版策划机构	投资方	国有出版企业投资金额	融资形式	时间	融资的主要用途	国有出版企业持股比例	备注
北京精典博维文化传媒有限公司	华媒控股	10752万元	收购股份	2015年6月	图书出版业务、杂志业务、广告代理业务、互联网出版、影视剧业务、艺术品经营业务。	35.00%	
	浙江华朗实业有限公司	1.3亿元	转让股份	2017年5月		35.00%	
	中南传媒	345.7万元	合资成立	2011年1月	推进中南传媒跨所有制战略发展，跨地区、跨行业优势出版资源整合能力，进一步扩张中南传媒大众出版品牌集群，打造常销书、畅销书量产平台，提高公司大众图书品牌市场竞争力，同时也有利于加快募集资金的使用进程，提高公司经营效益，达成出版创意策划项目的预期目标。	5.00%	
中南博集天卷文化传媒有限公司	中南传媒	11163万元	中南传媒收购博集天卷38.53%的股权并增资3163万元	2012年		51.00%	
中南天使（湖南）文化传媒有限公司	中南传媒	200万元	合资成立	2014年11月	以杂志为依托，以发展精品图书为准则，以影视制作为延伸，坚持输出高品质、颇具特色的文化产品。	19.40%	
上海浦睿文化传播有限公司	中南传媒	1900万元	合资成立	2011年11月	图书出版、网站电商、活动策划、数字出版、影视策划等。	95%	
北京凤凰壹力文化发展有限公司	江苏译林出版社	1020万元	合资成立	2011年3月	集图书出版、中盘分销和零售连锁为一体。	51%	

续表

民营出版策划机构	投资方	国有出版企业投资金额	融资形式	时间	融资的主要用途	国有出版企业持股比例	备注
九久读书人	人民文学出版社	200万元	合资成立	2004年3月	图书出版	5.34%	
	人民文学出版社	5136.75万元	并购	2015年6月		51.00%	
北京十月文化传媒有限公司	北京出版集团有限责任公司	1020万元	合资成立	2007年10月	文学类图书出版	51%	
北京凤凰雪漫文化传媒有限公司	江苏译林出版社	163.2万元	合资成立	2011年7月	由作家雪漫领衔，以年轻的策划、制作团队打造青春文学一线品牌。	51%	译林出版社还与上海左耳影视工作室合作，成立文化传媒有限公司，以制作优秀的青春题材影视作品为主，围绕雪漫青春疼痛系列作品的重点IP。
凤凰阿歇特文化发展（北京）有限公司	江苏凤凰出版传媒集团有限公司	1500万元	合资成立	2010年1月	组织文化推广交流活动；提供相关咨询服务；图书出版策划咨询服务；国内和国际版权代理服务等。	50%	
	江苏译林出版社有限公司	30万元	合资成立	2010年1月		10%	
	江苏凤凰出版传媒集团有限公司	1530万元	股权变更	2015年3月		51%	

续表

民营出版策划机构	投资方	国有出版企业投资金额	融资形式	时间	融资的主要用途	国有出版企业持股比例	备注
北京读蜜文化传媒有限公司	浙江文艺出版社有限公司	3.5万元	合资成立	2014年5月	定位"作家之家，IP之巢"，专注小说图书IP、影视IP、动漫IP的孵化、出版和运营。	14.89%	
北京长江新世纪文化传媒有限公司	长江文艺出版社有限公司	117.3万元	合资成立	2003年4月	长江出版传媒集团北京中心和北京长江新世纪文化传媒有限公司的前身，是长江文艺出版社北京图书中心，成立于2003年4月，中心的初衷，是响应中宣部和出版署提出的出版行业产业化的号召，希望在当时为国有出版社产业化走出一条适合的道路，为出版单位创立一个新的模式。	39.10%	该公司股权经历多次变更，注册资本从200万元上升到300万元，企业法人股东从湖北长江出版传媒集团有限公司和长江文艺出版社有限公司，变为只有长江文艺出版社有限公司。
北京书尚天下文化传媒有限公司	长江文艺出版社有限公司	45万元	合资成立	2011年9月	长江文艺出版社北京事业部。	45%	

文学类出版机构非公资本介入较早。2003年成立的长江文艺出版社北京图书中心以"金黎组合"闻名，现在名为北京长江新世纪文化传媒有限公司，是混合所有制企业开拓较早，而且非常成功的一家。现在，以出版女性文学为主的西藏悦读纪文化传媒有限公司获得青岛城市传媒股份有限公司的多次投资收购股份；九久读书人被人民文学出版社并购，成为人民文学出版社在上海的"桥头堡"，引进版权的中坚力量；中南传媒收购了中南博集天卷，每年发货码洋都跻身非公书企前列；北京出版集团和新经典合资的北京十月文化传媒有限公司，更是因为打造了《人民的名义》等畅销书而闻名。

目前，文学类非公出版策划企业和混合所有制企业的发展，主要是向影视IP方向转型。2015年，中南传媒投资成立了北京博集天卷影业有限公司；江苏译林出版社投资成立了北京凤凰雪漫文化有限公司、江苏译林影视文化传媒有限公司，围绕饶雪漫作品的重点IP进行开发。相对于图书出版行业，影视IP开发需要的资金更多，风险更大，并导致了出版人的分化：一部分出版人因为影视而致富，从而脱离了出版行业，成功转型；另一部分出版人投资影视并未致富，仍然回归传统出版。

5. 少儿类

民营出版策划机构	投资方	国有出版企业投资金额	融资形式	时间	融资的主要用途	国有出版企业持股比例	备注
北京远流经典文化传播有限公司	贵州人民出版社有限公司	185万元	合资成立	2006年12月	图书、期刊、电子出版物、音像制品批发、零售等。	37%	该公司曾经是北京英蒲传播有限公司的股东，现在董事长是颜小鹂。2012年11月有一次股权变更，变更前贵州人民出版社出资111万，持股比例不变。
浙江加少儿文化创意有限公司	浙江少年儿童出版社有限公司	400万元	合资成立	2011年8月	以优质少儿文化产品开发及文化内容供应为核心，定位于"大少儿"文化产业的发展战略，由传统单一的图书生产销售扩展为教育、培训、广告、动漫游戏、阅读推广、少儿读者俱乐部等复合型的少儿文化产业生态。	40%	
武汉宝葫芦文化传媒有限公司	长江文艺出版社有限公司	30.6万元	合资成立	2016年5月	图书选题策划；图书的批发兼零售及网上销售等。	51%	
北方联合出版传媒（集团）股份有限公司	北方联合出版传媒（集团）股份有限公司	600万元	合资成立	2012年7月	主营儿童主题乐园、儿童文化交流、幼儿文创教育产品等一些系列儿童相关产业。兴建大耳朵娃魔法相关国项目。	30%	新华书店北方图书城有限公司还有800万元股份。
辽宁大耳娃文化发展有限责任公司	辽宁美术出版社有限责任公司	600万元	合资成立			30%	

续表

民营出版策划机构	投资方	国有出版企业投资金额	融资形式	时间	融资的主要用途	国有出版企业持股比例	备注
国开童媒（北京）文化传播有限公司	国家开放大学出版社有限公司	注册资本500万元	合资成立	2014年6月	专注于少儿图书出版及与少儿成长相关的阅读、教育培训等领域的全媒体文化公司。	不详	
童趣出版有限公司	人民邮电出版社	147.9万美元	合资成立	1994年8月	少儿图书出版；《米老鼠》连环画月刊中文版出版；电子出版物等。	51%	
北京麦克伦世纪咨询服务有限公司	二十一世纪出版社集团有限公司	300万元	合资成立	2011年12月	麦克米伦世纪图书是麦克米伦出版集团与二十一世纪出版社共同投资设立的合资儿童图书公司。麦克米伦世纪书致力于儿童大众图书的策划、引进和推广。	50%	

少儿类图书市场化较为充分，几十年来一直稳步发展。近年来，由于新业态的进步和扩张，少儿类图书市场的融资步伐有加快的趋势。例如北方联合出版传媒（集团）股份有限公司和辽宁美术出版社旗下的辽宁大耳娃文化发展有限责任公司，主营儿童主题乐园、儿童文化交流、幼儿文创教育产品等一些系列儿童相关产业，兴建大耳娃魔法帝国项目，旨在打造沈阳最大的一站式儿童体验主题乐园。再如，浙江少年儿童出版社有限公司旗下的浙江优加少儿文化创意有限公司，定位于"大少儿"文化产业的发展战略，由传统单一的图书生产销售扩展为教育、培训、广告、动漫游戏、阅读推广、少儿读者俱乐部等复合型的少儿文化产业业态。可见，在资本的驱动下，少儿图书也逐渐摆脱了单一依靠纸书出版盈利的模式，向多业态发展。

6. 专业类

民营出版策划机构	投资方	国有出版企业投资金额	融资形式	时间	融资的主要用途	国有出版企业持股比例	备注
北京全景地理图书业有限公司	北京全景国家地理广告有限公司	255万元	合资成立	2009年11月	图书、报纸、期刊、电子出版物批发、零售；图书策划；出版权代理；出版信息咨询等。	51%	北京全景国家地理广告有限公司为《中国国家地理》杂志社旗下公司。
中图北斗文化传媒（北京）有限公司	中国地图出版社	765万元	合资成立	2011年12月	编制出版国内最大的地图机构，出版发行国内外交通、旅游、政区、文化、少儿及助学实用参考地图，市场占有率在业界处于绝对领先地位。	51%	
悦读名品文化传媒（北京）有限公司	化学工业出版社	900万元	合资成立	2010年7月	化学工业出版社在转企改制过程中成立的混合所有制企业，从事工业出版业务。以O2O的商业模式，依托传统纸质出版和数字出版业务延伸，打造纸质阅读、电子阅读、移动阅读以及网络阅读复合出版价值链，并将在线平台发展成为中国素质教育第一平台。	30%	
北京华章图文信息有限公司	机械工业出版社	85万美元	合资成立	1995年10月	主要从事科技、经管、商业、人文等领域图书的出版服务业务。	50%	
北京燕大元照教育科技有限公司	北京大学出版社有限公司	153万元	合资成立	2005年11月	北京大学出版社第五图书事业部（北京燕大元照教育科技有限公司）是一家北京大学出版社控股，以出版法学学术专著为主，兼顾法律实务用书、律师培训用书、大众法律图书，并由此发展而来的数字出版、互联网出版等新兴出版业务的法律图书策划、编辑机构，事业部还与京城多所知名法律专业培训学校合作，组织有关司法考试培训教材的编辑、出版项目。	51%	

282

专业类出版机构，多半是依靠部委、国家机关、部队而成立的出版机构。专业类出版机构，有的引进外资很早，如人民邮电出版社、机械工业出版社等，二十世纪出版社在20世纪90年代就引进外资成立了合资公司。

但也有的专业类出版机构引进非公资本较晚，如石油工业出版社、中国纺织出版社、人民卫生出版社等。这些机构主要的工作目的是服务自己的上级部门，与出版行业关联较少，过去在新闻出版统计工作中很少注意到。这些专业出版机构，大多拥有一些垄断的优质资源，有的资源非常有价值，适宜做成知识服务或数字出版产品。随着专业出版机构市场化程度加深，产品种类日益丰富，未来引入非公资本的力度也将加大。例如人民卫生出版社的医药卫生产品、中国地图出版社的地图产品，做成知识服务产品后，都很有市场。而且这些专业机构也有独特甚至垄断的渠道销售这些知识服务产品。因此，随着知识服务和在线教育概念的推广，这些机构的上级单位——部委和国家机关、部队，也都有在线教育和知识服务的需要。专业类出版机构向内容提供商、知识供应商的转型势在必行。因此非公资本在专业类出版机构的介入将会是未来发展的重点。

例如，2017年，人民卫生出版社有限公司与河南树人教育文化传播有限公司合作，成立了人卫树人股份有限公司，人卫社投资3400万元，成立目的是贯彻中央关于"积极发展混合所有制经济""推动文化企业跨地区、跨行业、跨所有制兼并重组"的重要精神，通过跨地区、跨卫生教育培训产业所有制整合双方优秀的出版资源、人才资源以及健康资源，建立科学的企业治理结构，促进健康资源在全国范围内的流动，有效地扩大国有资本的带动力和影响力，不断激活混合所有制经济的活力和创新能力，进一步探索企业混合所有制经济的发展道路。这一案例就是专业类出版机构与非公出版策划公司合作的典型案例。

7. 发行类

民营出版策划机构	投资方	国有出版企业投资金额	融资形式	时间	融资的主要用途	国有出版企业持股比例	备注
京典书局（北京）有限公司	光明日报出版社	300万元	合资成立	2013年11月	图书、报纸、期刊、电子出版物批发、零售、网上销售。	60%	
	三联书店（香港）有限公司	320万元	合资成立			40%	生活·读书·新知三联书店和上海三联书店（香港）有限公司共同出资，由生活·读书·新知三联书店控股的合资文化企业，发挥各自优势，不仅在内地和香港，而且在全球图书市场打造"大三联"品牌，大力推动中国文化"走出去"。
	生活·读书·新知三联书店有限公司	448万元	合资成立			56%	
三联时空国际文化传播（北京）有限公司	上海三联书店有限公司	32万元	合资成立	2012年11月	组织文化交流活动；营销策划；电脑图文设计制作；经济贸易咨询；销售文具用品、文化工艺品、建筑材料、金属材料等；批发图书、期刊、电子出版物等。	4%	
江西二十一世纪妙奇文化传播有限公司	二十一世纪出版社集团有限公司	20万元	合资成立	2004年1月	国内版图书批发兼零售等。	4%	
联合雅阁（北京）文化传媒有限责任公司	北京联合出版有限责任公司	350万元	合资成立	2015年7月	北京字里行间文化发展有限公司下属企业，主营业务有营销策划，出版物零售等。	35%	

续表

民营出版策划机构	投资方	国有出版企业投资金额	融资形式	时间	融资的主要用途	国有出版企业持股比例	备注
北京中环智学图书有限公司	中国环境出版集团有限公司	40万元	合资成立	2013年10月	零售图书、报纸、期刊、电子出版物、音像制品等。	40%	
北京中经文通图书有限责任公司	中国经济出版社	222万元	合资成立	2002年9月	零售国内版图书、期刊、机械电器设备、文化办公用品等。	56%	
郑州金图俪制文化传媒有限公司	广西师范大学出版社集团有限公司	注册资金500万元，出资比例不详	合资成立	2018年5月	国内版出版物、电子出版物、文化办公用品的批发与零售；企业营销策划、市场营销策划。	不详	
中政言（北京）文化发展有限公司	中国言实出版社	170.5万元	合资成立	2018年3月	组织文化艺术交流活动；技术转让、技术服务、技术咨询、技术开发；承办展览展示活动；企业管理；会议服务；设计、制作、代理、发布广告；经济贸易咨询；企业策划；基础软件服务；计算机系统服务；数据处理；产品设计；应用软件服务；软件开发。	55%	
中吉联合文化传媒（北京）有限公司	现代出版社有限公司	255万元	合资成立	2012年7月	批发、零售图书、报纸、期刊。	51%	
	吉林人民出版社	245万元				49%	

续表

民营出版策划机构	投资方	国有出版企业投资金额	融资形式	时间	融资的主要用途	国有出版企业持股比例	备注
辽宁金浦文化传媒有限公司	北方联合出版传媒（集团）股份有限公司	1020万元	合资成立	2018年9月	文化艺术交流、体育活动策划、经济信息咨询、商务信息咨询、礼仪庆典服务、会议服务、旅游信息咨询、展览展示服务；以承包经营方式从事餐饮企业服务管理，以承包经营方式从事企业内部管理及生产技术开发、技术转让、技术咨询、技术服务、图书、报刊、音像制品、工艺品、电子产品、办公用品、五金交电、机电产品、日用百货、钢材、化工产品（不含危险化学品）、塑料制品、汽车配件、教学仪器销售（出版物批发）。	51%	
言实文化发展有限公司	中国言实出版社	4000万元	合资成立	2018年8月	组织文化艺术交流活动；房地产开发；会议服务；承办展览展示活动；货物进出口；经济信息咨询；设计、制作、代理、发布广告；销售文具用品；电影发行；出版物零售；广播电视节目制作；电视剧制作；电影摄制。	80%	

续表

民营出版策划机构	投资方	国有出版企业投资金额	融资形式	时间	融资的主要用途	国有出版企业持股比例	备注
中美联书画有限（北京）公司	北京朝花书画社、中国美术出版总社、上海人民美术出版社等20多家出版社，以及几家印刷厂	151.5万元	合资成立	2003年11月	全国美术出版社联合发行集团所属的五十多家出版社为适应市场经济，开拓艺术图书服务市场，而共同投资组建的专业图书发行机构。	75.75%	
北京大地方策文化发展有限公司	中原农民出版社有限公司	824.9万元	合资成立	2015年1月	主要业务为馆配新书制造和供应。	41.00%	
	中原大地传媒股份有限公司	201.2万元				10.00%	
中国法律图书有限公司	法律出版社	1020万元	合资成立	1988年3月	图书批发、零售	51.00%	
深圳市人邮科技图书有限公司	人民邮电出版社	20万元	合资成立	2002年8月	图书、报刊零售等	40%	

续表

民营出版策划机构	投资方	国有出版企业投资金额	融资形式	时间	融资的主要用途	国有出版企业持股比例	备注
北京科海新世纪书局有限责任公司	中国科技出版传媒股份有限公司	1534万元	合资成立	2009年12月	新世纪书局是由北京科海培中技术有限责任公司（北京科海电子出版社）通过改制并购而来。	66.67%	从科海培训中心（1984年）到北京科海培中技术有限责任公司（1998年）再到北京科海电子出版社（2002年），经过25年从无到有的艰苦创业，科海已经成为业界有影响的实力雄厚的现代科技出版企业。
北方妇女儿童出版社普智图书销中心（北方妇女儿童出版社小河图书有限公司）	北方妇女儿童出版社有限责任公司	2万元	合资成立	2002年1月	书报刊批发、纸张、激光照排、电子有声读物销售、文化用品销售、软件开发、版型租赁服务。	3.30%	
北京启发世纪图书有限责任公司	河北教育出版社有限责任公司	364万元	合资成立	2009年10月	从事国内版（不包括港、澳、台版）图书、期刊的批发及零售业务。	18.20%	

以发行为主营业务的非公资本出版策划公司，目前在出版策划领域中较为普遍。这有几种情况。

（1）以发行为主营业务的非公书企，又称"二渠道"。目前很多这类非公书企从发行转型为兼营出版策划业务的综合书企。对于此类非公书企而言，发行业务是其强项。国有出版机构与其合作，看中的就是这些书企的发行渠道。例如新经典文化股份有限公司的强项就在于发行，而北京出版集团与其合作，就看中其强大的发行能力。

（2）大型国有出版机构将发行部门分离出来成立的公司。例如法律出版社旗下的中国法律图书有限公司，其中也有私人股份，主要是员工持股。

（3）多家出版机构联合成立的发行公司，例如中美联书业（北京）有限公司是北京朝花书画社总社、中国美术出版总社、上海人民美术出版社、山东美术出版社、安徽美术出版社等20多家出版社，以及几家印刷厂共同投资成立的发行公司，其中也有私人股份。这样的联合发行公司，有利于整合发行渠道，共同组织会议，共同开展营销活动，信息资源共享。

（4）海外及港澳台地区的发行公司。例如生活·读书·新知三联书店和上海三联书店有限公司、三联书店(香港)有限公司共同出资成立的三联时空国际文化传播(北京)有限公司。

8. 其他类：包括影视、动漫、数字出版、在线教育、新媒体等。

分类	民营出版策划机构	投资方	国有出版企业投资金额	融资形式	时间	融资的主要用途	国有出版企业持股比例	备注
数字出版	武汉理工数字传播工程有限公司	电子工业出版社	76.6万元	合资成立	2014年3月	数字传播技术、数字出版技术、计算机技术的技术开发、技术咨询、技术转让，技术服务及相关设备的研发、生产，批发兼零售；网络技术、传媒类产业新技术的应用。	2.60%	
数字出版	武汉理工数字传播工程有限公司	中国地图出版社	76.6万元	合资成立	2014年3月		2.60%	
数字出版	武汉理工数字传播工程有限公司	外语教学与研究出版社	76.6万元	合资成立	2014年3月		2.60%	
数字出版	北京九州时讯网络科技有限公司	浙江出版联合集团有限公司	200万元	合资成立	2001年5月	技术开发、技术推广、技术转让、技术咨询、技术服务、技术培训；计算机系统服务；数据处理；基础软件服务、应用软件服务；销售电子产品、通信设备、计算机、软件及辅助设备。	33.33%	
数字出版	陕西新华出版传媒集团数字出版基地发展有限公司	电子工业出版社	300万元	合资成立	2010年9月		50%	
数字出版	陕西新华出版传媒集团数字出版基地发展有限公司	陕西出版传媒集团股份有限公司	5100万元	合资成立	2010年9月	数字出版基地的建设、开发、管理、维护及提供服务；数字出版业务拓展；数字出版内容的研发。	51%	
数字出版	北京可圈可点科技有限公司	江西教育传媒集团有限公司	500万元	合资成立	2014年11月	软件开发；技术推广服务；教育咨询等。	25%	
数字出版	北京可圈可点科技有限公司	河南电子音像出版社有限公司	520万元	合资成立	2014年11月		26%	
数字出版	北京北通品读科技有限公司	北京交通大学出版社有限责任公司	51万元	合资成立	2015年8月	主要从事移动互联网图书出版行业的研发。推出的M＋Book项目，已经获得国家财政部的财改支持，向全国出版同行进行推广。	51%	

290

续表

分类	民营出版策划机构	投资方	国有出版企业投资金额	融资形式	时间	融资的主要用途	国有出版企业持股比例	备注
数字出版	杭州飞阅图书有限公司	浙江大学出版社有限责任公司	255万元	合资成立	2012年5月	批发、零售：图书、报刊、音像制品、电子出版物。	51%	
数字出版	集贝数媒科技（杭州）有限公司	浙江少年儿童出版社有限公司	350万元	合资成立	2013年7月	承担着传统出版集团数字化转型和中国婴幼儿数字化教育的双重任务。	35%	由浙江出版集团数字传媒有限公司、浙江少年儿童出版社有限公司与贝因美集团有限公司三方合资成立。
数字出版	浙江出版集团数字传媒有限公司		330万元	合资成立			33%	
数字出版	北京法讯网络技术有限公司	法律出版社	1000万元	合资成立	2007年7月	以多媒体、全方位为人民传播法律为宗旨，以从事数字出版为主要经营范围，主要业务包含：法律电子图书馆、法律数据库、网络出版、手机阅读和iPad商城终端阅读等。	50%	
数字出版	开信（北京）数据科技有限责任公司	中国财富出版社	20万元	收购股份	2015年7月	技术开发；技术推广；技术服务。	100%	收购前公司名称为北京红山林图书有限责任公司。
数字出版	河南省中华数教育科技股份有限公司	中原大地传媒股份有限公司	注册资本3000万元，股份占比不详	合资成立	2018年4月	数字教育资源的开发；数字教材的开发、销售；国内出版物、计算机软、硬件的批发、零售；计算机技术咨询服务；数字内容服务等。	不详	

291

续表

分类	民营出版策划机构	投资方	国有出版业投资金额	融资形式	时间	融资的主要用途	国有出版企业持股比例	备注
数字出版	北京瑞易成吉数字科技有限公司	山东友谊出版社有限公司	1000万元	国企独资	2011年11月	计算机技术开发；技术培训；技术服务；自有技术转让等。	100%	
数字出版	中版数字设备有限公司	中国出版集团公司	1056万元	合资成立	2010年4月	数字出版、数字印刷。	66%	2013年成立时,股东包括英国环球出版咨询有限公司,占比49%。2016年外资撤出中版集团亦通过中国图书进出口(集团)总公司控制14%的股份。
数字出版	南方出版传媒股份有限公司	广东省教育出版社有限公司	1100万元			出版互联网图书、互联网杂志、互联网音像出版物、手机出版物、国内版出版物的批发及网络发行；在广东省内开展信息服务业务、出版咨询服务、教育咨询服务、数字内容服务等。	73.33%	
数字出版	广东海燕电子音像出版社有限公司		300万元	合资成立	2009年1月		20.00%	
数字出版	上海世纪嘉晋数字信息技术有限公司	上海世纪出版股份有限公司	100万元				6.67%	
数字出版		中国工信出版传媒集团有限公司	153万元	合资成立	2009年11月	数字信息技术服务，信息数字化研究开发、技术服务，销售计算机软件、打印设备及相关耗材销售、租赁，图文设计制作。	51%	
数字出版	工信丝路教育科技(北京)有限公司	中国工信出版传媒集团有限责任公司	35万元	合资成立	2018年10月	计算机领域内技术开发、技术转让、技术咨询、技术服务；软件开发；音像制品制作；电子出版物制作。	35%	

续表

分类	民营出版策划机构	投资方	国有出版企业投资金额	融资形式	时间	融资的主要用途	国有出版企业持股比例	备注
数字出版	天津博集新媒科技有限公司	中南出版传媒集团股份有限公司	600万元	合资成立	2015年12月	网络与信息技术开发、转让、推广、咨询、服务；版权转让与代理服务；著作权代理服务；图书、报纸、期刊、电子出版物批发兼零售等。	40%	
数字出版	北京中知文化创意发展有限公司	知识产权出版社有限责任公司	390万元	合资成立	2018年5月	知识产权领域大数据（含知识数据和活动数据）建设、专利智能审查、专利跟踪与趋势分析、专利文献深度加工、成果转化智能推荐、知识产权培训，知识产权运营以及图书出版智能编校排系统等。	39.00%	
数字出版	天津掌阅文化传播有限公司	外语教学与研究出版社有限责任公司	52.5万元	合资成立	2015年9月	组织文化艺术交流活动、文艺创作、展览展示服务，第二类增值电信业务中的信息服务业务，图书、期刊、电子出版物批发兼零售及网上销售等。	4.99%	
数字出版	贵州阅通数媒有限公司	贵州人民出版社有限公司	15万元	合资成立	2009年12月	手机出版服务业务；计算机软硬件开发及销售；网络技术服务等。	5.00%	
数字出版	书问（北京）信息技术有限公司	清华大学出版社有限公司	510万元	合资成立	2014年10月	出版业领先的TMT平台。立足于出版业，以开放的模式对出版方的图书提供对互联网内容营销和媒体宣传服务，对互联网用户提供免费的搜索、试读、阅读服务。出版业的淘宝头条。主要业务包括：搜索；导购；轻阅读；以开放的模式对外提供试读、导购、阅读数据接口服务和第三方社交平台登录、分享功能。	51.00%	

293

续表

分类	民营出版策划机构	投资方	国有出版企业投资金额	融资形式	时间	融资的主要用途	国有出版企业持股比例	备注
数字出版	北京万方数据股份有限公司	科学技术文献出版社	91万元	合资成立	1993年1月	在互联网领域，集信息资源产品、信息增值服务和信息处理方案为一体的国内首屈一指的中外文信息内容服务商。	1.57%	2012年12月20日，中国科技出版传媒股份有限公司（科学出版社）曾收购万方股份。
数字出版	天闻数媒科技（北京）有限公司	中南出版传媒集团股份有限公司	19200万元	合资成立	2010年2月	聚焦课堂教学应用的智慧课堂；面向整合行业平台的ECO云开放平台；学校数字图书馆等。	60.00%	
数字出版	北京智明星通科技股份有限公司	中文天地出版传媒股份有限公司	9999万元	合资成立	2008年9月	经营范围包括技术开发、技术转让、技术咨询、技术服务；计算机技术咨询。	99.99%	已经登陆新三板
数字出版	上海华东师大出版社有限公司	华东师范大学出版社有限公司	100万元	合资成立	2009年12月	数字作品的制作、集成、数据库管理；数字出版领域内的技术开发、技术转让、技术咨询、技术服务；数字出版软件、数字出版硬件相关领域内的技术开发、技术转让（除经纪）；数字作品阅读器的销售，并提供相关领域内的技术服务、技术咨询、技术服务，文具的嵌入式软件服务。	50.00%	
数字出版	星球北斗天绘（北京）科技有限公司	星球地图出版社	50万元	合资成立	2015年3月	在北斗应用领域发展，致力于面向全国的北斗数据中心平台建设及运营服务，并为各行业提供多元化技术服务。	10.00%	

续表

分类	民营出版策划机构	投资方	国有出版企业投资金额	融资形式	时间	融资的主要用途	国有出版企业持股比例	备注
数字出版	中译语通科技股份有限公司	中国对外翻译出版有限公司	3869.3万元	合资成立	2009年7月	中国对外翻译出版有限公司的控股公司，整合中国出版集团公司优势资源，通过领先的全球语言信息科技技术搭建"译云"，集云语言服务平台、云语言教育平台、云语言资源数据库、翻译专家人才资源等五大解决方案为一体。	10.41%	还有中国图书进出口（集团）总公司、上海新华传媒股份有限公司、上海腾星网络科技有限公司、上海简合投资合伙企业等机构的股份。
数字出版	江西新媒体协同创新股份有限公司	江西新华发行集团有限公司	4080万元	合资成立	2015年7月	江西出版集团旗下"互联网+教育"的战略实施平台和数字出版转型的技术支撑平台。	51.00%	还有江西新华发行集团有限公司出资1600万元，江西教育出版社出资1200万元，红星电子音像出版社出资560万元，等。
影视	北京博集天卷影业有限公司	中南出版传媒集团股份有限公司	147.9万元	合资成立	2015年8月	广播电视节目制作；电影发行；文化艺术交流活动；摄影服务；组织动画设计；企业策划等。	13.86%	

续表

分类	民营出版策划机构	投资方	国有出版企业投资金额	融资形式	时间	融资的主要用途	国有出版企业持股比例	备注
影视	凤凰传奇影业有限公司	江苏凤凰出版传媒股份有限公司	1324.2万元	合资成立	2010年8月	电影、电视剧的投资、制作与发行，是国内首屈一指的大型影视传媒机构。	22.07%	
影视	中视时尚影视发展有限公司	江苏凤凰文艺出版社有限公司	2337.6万元	合资成立	2013年8月	广播电视节目制作；组织文化交流活动等。	38.96%	
影视	五洲畅想国际传媒（北京）有限公司	人民交通出版社	250.1万元	合资成立	2008年9月	五洲传媒（CICM）积累了丰富的社会资源和高品质的专业水准，核心业务由三大板块构成：影视制作、媒体运营、高端公关服务。	5.00%	
影视	北京凤凰涵视创意文化有限公司	五洲传播出版社	400万元	合资成立	2013年3月	策划和创意文化传播公司。公司业务以高端时尚访谈栏目《助跑80后》和新时代青年社会文化活动的专业策划和制作为两大切入点。	40.00%	
影视	北京中作华文数字传媒股份有限公司	江苏凤凰出版传媒集团有限公司	510万元	合资成立	2011年1月	业务已拓展到出版、原创、有声、影视、游戏运营等领域，以推广华语文学IP全版权运营为理念，推动全产业链衍生价值化，推动全产业链增值服务。	51.00%	股权曾经已经有过几次变更。现在作家出版社股份为5%，也就是80.15万元。
影视		中国作家出版集团	394.8万元	合资成立			56.40%	
影视		作家出版社	200.2万元				28.60%	

续表

分类	民营出版机构策划	投资方	国有出版企业投资金额	融资形式	时间	融资的主要用途	国有出版企业持股比例	备注
动漫	湖南天闻动漫传媒有限公司	中南出版传媒集团股份有限公司	3500万元	合资成立	2009年2月	《虹猫蓝兔》《天漫》期刊出版；广播电视节目制作，电子出版物、音像制品批发、开发；动画、漫画产品的创意设计、生产、开发；影视动漫衍生产品开发；动漫信息咨询；广告经营、图书、音像制品营销策划、展会、培训服务、照片扩印、日用百货、服装、玩具、工艺品的开发、制作、销售。	100.00%	2010年7月，天闻动漫与日本角川集团合资成立广州天闻角川传媒有限公司，携手培养国内漫画家，创作人和编辑，共同开发青春时尚读物以及影视、新媒体等产品。
动漫	商务印书馆（杭州）有限公司	商务印书馆	153万元	合资成立	2012年6月	数字出版技术的技术开发，文化创意策划等。	51%	山西无界文化产业有限公司和之江巧克力（杭州）公司共计占股49%，这两家分别是数字出版和动漫企业。
动漫	上海童石网络科技股份有限公司	青岛城市传媒股份有限公司	227.7053万元	收购股份	2015年3月	基于移动互联网背景，围绕二次元整合移动原创国漫平台、手游CP、动漫影视等项目。上海童石在线下拥有动漫杂志《乐漫》，出版动漫图书以及衍生品。在线上，童石开发动漫游戏、运营动漫社区。	5.69%	

续表

分类	民营出版策划机构	投资方	国有出版企业投资金额	融资形式	时间	融资的主要用途	国有出版企业持股比例	备注
在线教育	外研众望教育科技（北京）有限公司	外语教学与研究出版社有限责任公司	400万元	合资成立	2016年1月	外研社教辅分社与理想树工作室合并，成立外研众望教育科技（北京）有限公司。作为外研社在K12市场的重要布局之一，外研众望专注于K12全学段、全学科教辅助资源和应用的开发与销售，通过完整的编辑出版和市场营销流程，帮助外研社在K12阶段的B2C教育出版领域取得更大的市场突破。	40.00%	
在线教育	北京外研讯飞教育科技有限公司	外语教学与研究出版社有限责任公司	2560万元	合资成立	2014年6月	外研社和科大讯飞股份有限公司合资成立的在线教育公司。	42.67%	
在线教育	北京凤凰学易科技有限公司	江苏凤凰数字传媒有限公司	777万元	合资成立	2007年10月	以变革传统教学理念为已任，作为专门从事教育科研的实体性高新科技企业，公司现已研发全国领先的教育科技产品。	35.22%	
在线教育	北京航天文轩教育科技有限公司	新华文轩出版传媒股份有限公司	1050万元	合资成立	2015年4月	从事教育云类产品的研发、生产与销售，服务于全球学校。	70%	
在线教育	北京华夏尚品教育科技有限公司	中央广播电视大学出版社有限公司	102万元	合资成立	2008年9月	技术开发、技术推广、技术转让、技术咨询、技术服务；教育咨询。	51%	

298

续表

分类	民营出版策划机构	投资方	国有出版企业投资金额	融资形式	时间	融资的主要用途	国有出版企业持股比例	备注
在线教育	安徽皖新金智教育科技有限公司	安徽新华传媒股份有限公司	1161万元	合资成立	2012年6月	发展愿景是成为安徽省最具影响力的教育信息化综合服务提供商。公司未来集中拓展四类业务：安徽省基础教育公共服务云平台业务；各级教育主管部门金教工程服务平台建设；职业院校数字化校园软硬件建设；教育行业软硬件装备采购与系统集成业务。	55%	
在线教育	明博教育科技股份有限公司	新华文轩出版传媒股份有限公司	2040万元	收购股份	2012年12月	经营范围包括互联网教育出版和已正式出版的出版物内容的网络传播等。	20.40%	2009年12月成立，2010年7月获得投资。
在线教育	北京易视互动传媒科技有限公司	中国地图出版社	1980万元	收购股份			19.80%	
在线教育		北京出版集团有限责任公司	20万元	收购股份	2016年2月	北京易视互动是一家基于AR、VR技术的数字化交互教育辅内容平台，旗下有虚拟现实实体书丛书《大开眼界之恐龙世界大冒险》等。	20%	2008年12月成立。2016年北京出版集团有限责任公司投资。
新媒体	新华网股份有限公司	安徽新华传媒股份有限公司	1800万元	收购股份	2011年9月	新华社主办的国家重点网站、大型网络文化企业。	2.17%	
新媒体	人民融媒传播有限责任公司	人民出版社	1500万元	合资成立	2018年6月	人民融媒传播有限责任公司是以融媒分社为基础的、国有事业单位控股的混合所有制企业，以人民出版社作为最大股东，将人民出版社的纸媒出版优势、融媒社的教育出版优势、明博教育科技公司的教育产业与科技优势、北京熠匀投资顾问中心的管理优势等结合在一起。	30.00%	2018年，人民出版社和明博教育科技有限公司、画时代教育科技有限公司，北京熠匀投资顾问中心还合资5000万元成立了人民融媒出版有限责任公司。

续表

分类	民营出版策划机构	投资方	国有出版企业投资金额	融资形式	时间	融资的主要用途	国有出版企业持股比例	备注
新媒体	文艺网（北京）传媒有限公司	中国文联出版社	注册资本500万元，股份占比不详	合资成立	2015年9月	广播电视节目制作；经营电信业务；组织文化艺术交流活动等。	不详	除了中国文联出版社，股东还有《中国艺术报》社和中国文联网络文艺传播中心。
新媒体	上海荟集网络科技有限公司	上海新华传媒股份有限公司	100万元	合资成立	2015年6月	荟集网络是一个营销平台，专注于互联网时代自媒体营销的发展，致力于新媒体广告销售、视觉设计、技术开发、搭建数据库，为企业提供广告营销解决方案及咨询服务。	20.00%	
新媒体	黑龙江新媒体集团有限公司	黑龙江出版集团有限公司	注册资本3000万元，股份占比不详	合资成立	2015年1月	互联网信息服务，计算机软件开发、信息系统集成服务，数据处理和存储服务，信息技术咨询服务，投资管理、广告业务，旅游管理服务；会议及展览服务；销售：计算机，软件及辅助设备。	不详	
有声书	北京声动网云信息技术有限公司	新星出版社有限责任公司	510万元	合资成立	2011年12月	以有声读物形式，通过网络（含手机网络）传播中国内地已正式出版的图书内容。	51%	

300

以新技术为主营业务的公司近年来越来越多，形态多元，投资模式也多种多样。有的是国有出版企业独资，例如古联（北京）数字传媒科技有限公司就是中华书局独资的企业。也有的是"变相"的国有出版企业独资。例如人教数字出版有限公司，有三个股东：人民教育出版社有限公司、人民教育电子音像出版社有限公司、人教教材中心有限公司，但实际上，人民教育电子音像出版社有限公司、人教教材中心有限公司是人民教育出版社有限公司的全资子公司。所以实际上还是国有独资企业。在这样的企业中，国有资本占绝对主导地位，技术公司只是承担技术外包。但是，这些公司往往独立运营、独立核算，甚至独立招聘，在业外引进优秀的人才，运营和管理模式都与传统出版企业有差异。

这里重点研究的是国有出版企业和业外资本、私人资本合作的情况。例如黑龙江出版集团有限公司和黑龙江东北网络台共同投资成立的黑龙江新媒体集团有限公司。再如人民融媒传播有限责任公司是人民出版社和明博教育科技有限公司、画时代教育科技有限公司、北京熠匀投资顾问中心合资成立的。在这种情况下，国有出版机构和业外资本（多是技术公司）发挥各自的优势：国有出版机构具备内容和版权资产的积累优势，技术公司有先进的技术和管理经验，对市场具有敏锐的嗅觉。

对于这些以新技术为主营业务的公司，因为市场瞬息万变，新技术更新速度快，国有出版企业要加强管控，及时调整业务方向。

从办公地点分析，可以分为非公出版策划机构在国有出版机构内部办公，以及非公出版策划机构在国有出版机构外部单独办公。

这两种形式可分别分析：

1.非公出版策划机构在国有出版机构内部办公。例如，非公出版策划机构在国有出版机构的办公大楼内部设立工作室，这种方式的优点是便于沟通。缺点是非公出版策划机构和国有出版机构办公时间、办公效率不同，容易引发矛盾。

比如在我们调研的过程中，就遇到这种情况，同一家大型国有出版集团，下属的编辑部按照传统国有出版机构的工作节奏，而下属的非公出版策划机构则另有一套工作节奏。非公出版人对国有职工的慢节奏、工作时间、工作效率非常不满，甚至直接在集团会上尖锐地提出这样的问题。

2. 非公出版策划机构在国有出版机构外部，单独办公。这种异地办公的模式，可以在一定程度上，缓解非公出版策划机构和国有出版机构在体制、管理机制不同，所造成的矛盾。

国有出版机构参股或控股的非公出版策划机构异地办公，尤其是跨省市的异地办公，还有一个好处，就是可以作为大型国有出版机构的异地分社（分公司、工作室），从而成为出版机构异地开疆拓土的桥头堡。2012年新闻出版总署发布《关于加快出版传媒集团改革发展的指导意见》，提出了"鼓励大型专业出版企业对业务相近、资源相同的地方出版企业进行联合重组，通过与同类企业进行产品、项目、资本合作等方式，实现跨地区经营、跨地区发展"的战略要求。随后，出版机构异地开设分公司、分社的情况日益增多。例如上海浦睿文化传播有限公司作为中南传媒在上海的分支机构，上海九久读书人作为人民文学出版社在上海的分支机构。很多出版机构在北京、上海等大城市设立编辑中心或者分社，这些编辑中心或者分社大多独立运营，自负盈亏。有的分社有独立的社长（总经理）、总编辑、办公室主任的一系列编制，比如广西师范大学出版社的多家异地分社、分公司；也有的只是异地编辑中心，仅相当于一个编辑部的配置。

再以商务印书馆为例。商务印书馆的异地分社目前有10家左右，资本构成各不相同，代表了几种不同的管理模式。商务印书馆（深圳）有限公司，商务印书馆占股90%，深圳市普泰科技有限公司占有5%的股份，这是一家技术公司。商务印书馆（上海）有限公司是商务印书馆的全资子公司。商务印书馆（杭州）有限公司商务印书馆占股51%，山西无界文化产业有限公司和之江巧克力（杭州）动漫有限公司共计占股49%，这两家分别是数字出版和动漫企业。商务印书馆(南宁)有限责任公司是商务印书馆与广西日报社两家国企合资成立，商务印书馆占比51%。商务印书馆（成都）有限责任公司是商务印书馆与新华文轩出版传媒股份有限公司合资成立，商务印书馆占比51%。综合看来，商务印书馆的几家异地分社，分别采取了与其他出版类国企合资、与国有媒体企业合资、与技术公司合资、国有独资等几种方式。但这远远没有达到商务印书馆发展的极限，商务印书馆新中国成立以前曾经在全国各大城市设有36家分馆。由此可见，出版机构异地分社（分公司）的繁荣态势，目前还只是开始，有巨大的发展空间。

第三章　非公书业企业资本运营情况

近年来，非公书企在主板上市、新三板挂牌、获得业内外投资和融资的案例越来越多。这体现了民营出版资本市场的活跃情况。尤其是2018年下半年以来，为支持民营和中小企业发展，解决民营中小企业"融资难"和"融资贵"问题，相关部门出台了多项措施，也取得了积极成效。中国人民银行党委书记、中国银保监会主席郭树清在2018年11月7日表示："银保监会将从'稳''改''拓''腾''降'等方面入手，解决好民营企业融资难的问题。"国家统计局数据显示，2018年前三季度，全国民间投资同比增长8.7%，比去年同期高2.7个百分点，这表明民企投资的信心在增加，这也深刻影响了图书出版业。我们来分析一下非公书企在主板上市、新三板挂牌、获得出版业内外巨额投融资这几种情况的典型案例。这里分析了在主板上市的五家非公书企（在报告写作过程中，中公教育也已经上市），以主营业务来分，又分为以出版为主营业务的两家：新经典文化股份有限公司和山东世纪天鸿文教科技股份有限公司；出版相关企业三家：阅文集团、掌阅科技股份有限公司和中文在线数字出版集团股份有限公司。

第一节　主板上市的非公出版企业

2017年，新经典文化股份有限公司和山东世纪天鸿文教科技股份有限公司相继在主板上市，成为非公书企进军资本市场的标杆性事件。这两家书企上市之后，大大提升了非公书企的信心。一些非公书企启动了上市的步伐，例如北京华图宏阳教育文化发展股份有限公司2018年2月在新三板摘牌，拟赴港上市，这与上市书企的示范作用密切相关。新经典和世纪天鸿两家书企上市后加速扩张，发展迅猛，签下了大批知名作家，积累了丰富的版权资产，值得出版机构效仿。

上市一年后，根据2018年新经典和世纪天鸿的半年报，其业务增长如下：

新经典和世纪天鸿2018年业务增长表

	新经典	世纪天鸿
2018年上半年营业收入（单位：元）	444,511,328.72	108,621,968.21
2017年上半年营业收入（单位：元）	459,162,841.02	101,937,981.45
上半年营业收入比去年同期增减	-3.19%	6.56%
归属于上市公司股东的净利润（2018年上半年）（单位：元）	109,379,883.09	7,268,744.07
归属于上市公司股东的净利润（2017年上半年）（单位：元）	108,326,419.23	4,960,519.91
归属于上市公司股东的净利润比去年同期增减	0.97%	46.53%
归属于上市公司股东的扣除非经常性损益的净利润（2018年上半年）（单位：元）	97,387,771.54	5,471,467.08
归属于上市公司股东的扣除非经常性损益的净利润（2018年上半年）（单位：元）	101,659,811.79	4,769,594.06
归属于上市公司股东的扣除非经常性损益的净利润比去年同期增减（单位：元）	-4.20%	14.72%
总资产（2018年上半年）（单位：元）	1,801,443,727.65	629,447,555.64
总资产（2017年上半年）（单位：元）	1,783,259,778.06	637,381,736.64
总资产比去年同期增减	1.02%	-1.24%
主要投资领域	版权、童书、影视、PageOne实体书店	新品类图书、在线教育、电商渠道、K12培训、教育服务等

从表中可以看出，新经典和世纪天鸿同为非公图书策划出版机构中的佼佼者，同一年上市。两者的主营业务不同，新经典为大众文学类图书，世纪天鸿为教育类图书。两者发展趋势有相同之处，也有不同之处。两者的差异主要体现在：

第一，从营业收入来看。

2018年新经典的营业收入略有下降。而世纪天鸿的营业收入和利润都增长较快。

新经典解释，营业收入较去年同期略有下降，主要因为：首先，新经典剥离图书分销业务，在2017年下半年出让了山西和广州两家分销公司的股权，这使得报告期内图书分销业务较去年同期下降了70.15%。其次，2017上半年，电视剧《人民的名义》和电影《嫌疑人X的献身》热映，带动新经典发行的原著图书销量出现爆发式增长。《嫌疑人X的献身》作者东野圭吾的关注度明显上升之后，还带动了其代表作品《解忧杂货店》和《白夜行》销量大幅增长。随着影视剧带动效应的减弱，以上新经典发行的图书销量有所回落。但是，根据新经典2017年年报，2017年，新经典实现营业收入94,397万元，较去年同期增长10.70%；利润总额31,852万元，较去年同期增长49.89%。这一增长幅度很可观。

世纪天鸿上半年营业收入比去年同期增长6.56%，归属于上市公司股东的净利润比去年同期增加46.53%。收入和利润增长，是因为世纪天鸿加强了对教育产业和考试产品的研究，推出新品类图书，升级组织架构，激发组织动力。

第二，从主要资金投入方面看。

新经典意识到自有版权的重要价值，因此将整合优质资源向自有版权产品投入，报告期内，新经典自有版权图书策划与发行实现收入34,106.08万元，占主营收入78.87%，较去年增长2.18%。此外，新经典于上市后实施了2017年第一期股权激励计划，共向90名员工授予权益总计464万份，占当时公司总股本13336万股的3.48%。被激励对象主要包括公司董事、中高层管理人员、资深编辑及业务主管。

世纪天鸿则在2018年上半年新设立了全资子公司山东鸿翼教育科技有限公司作为创业孵化平台，将原有的零售业务作为第一批创业孵化项目，鼓励内部员工基于原有零售产品开展创业，以此积极推动企业平台化发展，吸引更多优质的人才、项目和资源，同时借助孵化平台成立了策划研发教材业务的公司。

第三，从上市后发力重心来看。

两家非公书企，除了做好主业的出版策划、发行工作，在上市后都进行了转型的尝试。

新经典尝试了进军影视和实体书店，由于2018年影视市场衰落，实体书店的利润也难以突破，所以出现了营业收入下降。2017年5月，刚刚上市的新经典就宣布，收购叶一堂（北京）贸易有限公司和北京百灵鸽图书有限责任公司全部股权及目标公司相关商标域名。百灵鸽以及叶一堂都是PageOne书店的运营主体。PageOne是一家外资书店，总部在新加坡，以销售设计类图书、英文原版书以及繁体中文图书为特色，在新加坡、泰国、马来西亚等地开有十几家零售书店。新经典对PageOne未来的定位是：运用其独立品牌的优势，打造能够激发创造的文化互动空间。2017年10月PageOne的收购交割完成，新经典有序开展新店开业筹备和老店改造等工作。在2018年上半年，PageOne多次举办展览、音乐会、读书沙龙等文化活动，已成为北京市具有较高知名度和影响力的书店。报告期内，PageOne实现营业收入788.76万元，占比主营收入1.82%。

影视市场2018年泡沫经济回落，新经典计划在尽可能降低风险的前提下稳健开展影视剧策划业务，目前正在剧本筹划阶段的影视剧主要有《人生》《敦煌》《阴阳师》等。

报告还显示，新经典数字图书授权业务持续增长。报告期内，数字图书实现营业收入798.58万元，同比增长90.53%。但是，相比纸书收入，数字图书收益还很少。

在新兴业务领域，世纪天鸿在电商和在线教育两方面有较大投入，目前有一定成效。世纪天鸿持续开展在线教育业务的探索与布局，加大投入力度，建立、发展在线教育平台与应用产品，从事在线教育的子公司天梯志鸿在2018年上半年继续保持盈利。同时，世纪天鸿加大电商产品和渠道的拓展，电商推出渠道封闭专供产品，并尝试社群营销等方式推广公司产品与品牌，电商事业部的销售规模较同期有了较大幅度的增长。

此外，世纪天鸿在2018年上半年与专业投资机构达成合作，拟投资设立产业并购基金，通过对互联网、教育、文化等行业中的新技术、新业态的研究，将战略投资业务和新业务拓展的行业范围定位于教育服务、在线教育、K12培训、学前教育和少儿出版等领域，并制订了对以上领域优质公司的投资策略。

这两家上市公司的发展路径极具典型性，影视IP、实体书店、在线教育和知识服务，也是其他出版机构获得融资后发展的重点。

虽然新经典和世纪天鸿的业务差异较大，但也有相同之处。

第一，在一般图书的销售方面，童书是近年来较为闪亮的增长点。在2018年，两者不约而同地进军童书市场。新经典于2018年第一季度将少儿图书的发行团队独立运营，由北京爱心树文化有限公司负责少儿图书的发行相关业务，以提升在少儿图书市场的竞争力。在2018年8月，世纪天鸿旗下的童书品牌"小鸿童书"推出童书绘本，作为战略性产品，标志着世纪天鸿正式进军童书市场。

这两家本不以童书出版为主业的出版机构大规模投入童书领域，这说明童书市场快速发展是图书出版产业的大势所趋，而且童书市场也为资本市场所青睐。在我们调查的过程中，也发现一些优质童书的出版机构吸引了许多投融资机构的青睐。

第二，在与国有出版机构合作这方面，两家表现较为平稳。

新经典与国有出版机构的合作，主要表现在新经典与北京出版集团有限责任公司共同出资设立十月文化传媒。这也是北京出版集团第一次尝试混合所有制。新经典独家代销北京十月文艺出版社的图书产品。根据年报显示，《穆斯林的葬礼》《平凡的世界》等长销品种销售良好。在调研过程中，新经典总经理陈李平介绍："北京出版集团在华语经典文学领域具备优秀的策划能力和品牌影响力，新经典参股十月文化传媒，根据新经典公司与其签订的独家销售合同，十月文化传媒将他们策划出版图书的全国独家总发行权授予新经典公司。新经典公司向十月文化传媒采购图书的折扣以市场价格为主要定价依据。"新经典持股比例为49%，十月文化传媒将其策划与发行的图书委托新经典独家总发行。十月文化传媒公司刚成立两年，到2009年4月，十月文艺出版社就跃居开卷全国文学类出版社市场占有率排名第一。北京出版集团总经理曲仲分析："十月文化的成功，首先是因为利用品牌力量扩大了影响力。其次，新经典的发行渠道非常优秀，为图书增大了市场话语权。第三，长时间优质选题的磨合和作者维护，使其获得了大量优质资源，聚集了张爱玲、三毛、王朔、王小波等作者资源，形成了市场号召力。"

世纪天鸿与国有出版机构的合作，主要体现在向出版社提供图书内容选题和发行渠道，或者共同开发选题。目前，世纪天鸿与人民教育出版社、教育科学出版社、中国大百科全书出版社、现代教育出版社、光明日报出版社、云南教育出版社、广东教育出版社等国有出版社关系良好。

在调查中我们发现，上市之后，这些书企获得了更多的关注和监督，同时也获得很多发展机遇，得益于上市公司的身份优势，拥有了更多的渠道和方式接触同行业的优秀企业，无论从相互学习、打开视角、激发思维，还是寻找融合机会、利用双方特色基因孕育新的业务模式等，都创造了更多可能性。

第二节　主板上市的非公出版相关企业

与新经典文化股份有限公司和山东世纪天鸿文教科技股份有限公司这两家企业不同，在主板上市的另外三家非公企业阅文集团、掌阅科技股份有限公司和中文在线数字出版集团股份有限公司，图书出版并非其主营业务，但其业务与图书出版关系密切。而且这三家企业与出版机构有密切合作，通常将其视为出版相关企业。这三家企业在网络文学、IP、数字出版、在线教育方面都有巨大的资本投入，在这些业务领域增长速度较快。

掌阅科技、中文在线和阅文集团2018年业务增长表

	掌阅科技	中文在线	阅文集团
2018年上半年营业收入（单位：元；阅文集团单位为：亿元）	937151854.68	423941151.35	22.829亿元
2017年上半年营业收入（单位：元；阅文集团单位为：亿元）	792853084.94	297170481.91	19.25亿元
上半年营业收入比去年同期增减	18.20%	42.66%	18.60%
归属于上市公司股东的净利润（2018年上半年）（单位：元；阅文集团单位为：亿元）	78457134.16	52155431.70	5.674亿元
归属于上市公司股东的净利润（2017年上半年）（单位：元；阅文集团单位为：亿元）	68026899.74	21659146.54	2.343亿元
归属于上市公司股东的净利润比去年同期增减	15.33%	140.80%	142.20%
归属于上市公司股东的扣除非经常性损益的净利润（2018年上半年）（单位：元；阅文集团单位为：亿元）	71307630.07	−50432914.12	5.058亿元
归属于上市公司股东的扣除非经常性损益的净利润（2018年上半年）（单位：元；阅文集团单位为：亿元）	63965050.62	19899600.81	2.220亿元

续表

	掌阅科技	中文在线	阅文集团
归属于上市公司股东的扣除非经常性损益的净利润比去年同期增减（单位：元；阅文集团单位为：亿元）	11.48%	−353.44%	138.60%
总资产（2018年上半年）（单位：元）	1523503601.92	4596287485.71	15617100000
总资产（2017年上半年）（单位：元元）	1352008505.88	2963325381.70	15137400000
总资产比去年同期增减	12.68%	55.11%	3.17%
主要投资领域	电子阅读器研发，原创文学内容经营，数字阅读平台业务等。	"文学+"与"教育+"两大发展战略；"文学+"包括数字阅读业务、版权（IP）运营业务、游戏业务、互联网广告业务与知识产权业务。"教育+"包括教育阅读平台及教育服务平台。	加大内容储备，投资电视剧、网络剧、动漫游戏等，改进阅读平台，拓展移动互联网分销渠道。

从以上三家出版相关企业的发展情况可以看出，这三家企业，都有互联网基因，具有发展速度快、技术和理念先进、紧跟时代热点等特点。将这三者比较，可以看出其共同点和不同之处：

第一，这三家非公企业，相比以传统图书出版为主营业务的企业，发展速度更快。中文在线上市最早，2015年1月上市。上市三年中，中文在线一直以较快速度增长。2018年上半年，中文在线实现营业收入42394.12万元，较去年同期增长42.66%；实现归属于上市公司股东的净利润5215.54万元，较去年同期增长140.80%。2018年上半年，中文在线营业收入增长的主要原因为并购晨之科使得游戏与广告收入增长，以及中文在线原有的数字阅读与广告业务收入增长。

掌阅科技2017年9月上市。2018年上半年，掌阅科技实现营业收入93715.19万元，同比上年同期增长18.20%；实现归属于上市公司股东的净利润7845.71万元，同比上年同期增长15.33%。

阅文集团是在港股上市，年报的结构与其他上市公司有差异。阅文集团在2018年上半年发展态势良好，经营盈利增长近1.5倍，已经超过2017年总和。

第二，这三家企业，比起传统的图书出版企业，投资范围广，额度大。在收购速度和拓展方式方面，也值得传统图书出版企业学习。这三家企业在2018年上半年，仅半年时间，中文在线并购了晨之科；掌阅收购了一家企业，开创了三家企业；阅文集团收购了新丽传媒。这样的发展节奏和魄力，不能不令出版行业惊羡。

中文在线的投资是在二次元领域。2018年4月，中文在线通过发行股份及支付现金对上海晨之科信息科技有限公司剩余80%股权进行收购，实现了对晨之科的全资控股，交易作价为14.73亿。这是中文在线在二次元文化领域的尝试。晨之科助力中文在线进一步打通在二次元文化行业的全产业链布局，打造二次元文化生态，升级中文在线的泛娱乐生态。有人认为，收购晨之科，相当于收购一家准上市公司。

掌阅投资的公司，主营业务包括原创文学、动漫、数字阅读。掌阅科技在2018年上半年新增对外股权投资9200万元，上年度同期金额为2310万元，同比上升298.27%。在投资领域，掌阅收购了从事原创文学内容经营的南京分布文化发展有限公司的部分资产，共同设立了天津奇城文化传播有限公司、深圳掌阅动漫科技有限公司，分别开展原创文学和原创动漫的经营，还设立了北京复阅科技有限公司，开展数字阅读平台业务。

此外，2018年8月，掌阅还推出了专注于青少年阅读的内容产品"掌阅课外书"。

掌阅科技2018年对外投资情况[①]

单位：万元　币种：人民币

被投资公司名称	被投资公司主营业务	注册资本	持股比例（%）	报告期内投资金额	说明
南京分布文化发展有限公司	原创文学内容经营	210	20.76	8500	购买资产
天津奇城文化传播有限公司	原创文学内容经营	1000	70	350	共同设立
深圳掌阅动漫科技有限公司	原创动漫内容经营	1000	70	350	共同设立
北京复阅科技有限公司	数字阅读平台业务	1500	32	0	共同设立

阅文集团的投资主要体现在影视行业的收购。2018年10月31日，阅文

---

① 资料源自掌阅科技股份有限公司2018年半年度报告。

集团完成收购新丽传媒100%股权。11月1日，阅文集团一度涨幅超过9%。新丽传媒管理层就此次收购做出业绩承诺，2018年至2020年，净利润分别不低于5亿元、7亿元和9亿元。新丽传媒主要业务是制作电视剧，制作的剧集作品包括《我的前半生》《白鹿原》《女医明妃传》《余罪》等，参与电影包括《悟空传》《情圣》《羞羞的铁拳》及《夏洛特烦恼》等。

第三，三家企业在盈利模式方面有共同之处，也有差异。

中文在线2018年上半年文化业务板块实现收入38065.50万元，较去年同期增长43.36%。中文在线盈利的主要业务板块包括：数字阅读业务、版权（IP）运营业务、游戏业务、互联网广告业务与知识产权业务。教育业务实现营业收入4114.83万元，较去年同期增长30.03%。主要业务板块包括教育阅读平台及教育服务平台。值得出版人借鉴的是，2015年，中文在线收购有声阅读公司鸿达以太，鸿达以太拥有27万集部、7.7万小时的有声读物资源和优质原创小说资源，这一收购表明，中文在线将有声阅读成为未来出版发展的重要方向。中文在线还在美国市场推出"视觉小说平台"Chapters，通过网文创新，将单线文字作品转化成图文并茂的呈现方式，并使读者可以代入其中，Chapters目前注册用户已达500万，是全球Top3、中国最大的海外视觉小说平台。中文在线还战略投资了目前英文世界最大的中国文学网站WuxiaWorld，WuxiaWorld成立于2014年12月，其内容以玄幻、武侠、仙侠为主，网站月活跃用户达400万，读者遍布100多国，北美读者占总数的三分之一以上。中文在线将旗下知名网络文学IP《修罗武神》《斩龙》等授权在该平台发布以后，迅速成为网站热门作品。

掌阅上市后，持续加大版权运营投入和年轻化内容布局，引入包括《百年孤独》《三毛典藏全集》《刘心武爷爷讲红楼梦》等精品内容的首发版权，独家引入人民文学权威版本新课标系列图书，包括《小王子》《林海雪原》等精品内容；成立了掌阅漫画，进一步丰富了"掌阅文学"的内容品牌；举办了第二届掌阅文学创作大赛，签约了多位优秀作家。2018年上半年，掌阅发布了iReaderT6新一代纯平电子阅读器产品，还在版权衍生、有声产品等方面持续创新。

阅文集团版权运营的收入同比增长103.6%，达到人民币3.17亿元，主要是因为授权改编电视剧及网络剧、动画、游戏、电影及漫画的版权授权收入增加。2018上半年阅文精品IP改编作品持续输出，例如电视剧《武动乾坤》《扶摇》、网剧《萌妻食神》、动画《全职高手》特别篇、《斗破苍穹》第二季、漫画《修真聊天群》等等。阅文集团2018年上半年共将60余部网络文学作品的改编权授予合作伙伴。

阅文集团2018上半年在线阅读业务收入为人民币18.509亿元，较去年同期增长13.3%。截至2018年6月30日，阅文集团作品储备总数已达1070万部，其中包括自有平台的1020万部原创文学作品，来自第三方在线平台的34万部作品以及17万部电子书。阅文集团旗下创作者总数增长至730万人。在渠道方面，阅文集团持续拓展分销渠道并继续强化与OPPO、华为、vivo等主流手机制造商的合作。自2018年3月，阅文集团拓展了全新的分销渠道，与国内领先的网络视频平台——腾讯视频建立了合作关系，将旗下的文学内容嵌入到其视频平台中。

第四，这三家企业，代表了非公出版相关企业繁荣发展，并积极参与出版业务的趋势。近年来，与这三家企业规模相当的多家非公出版相关企业迅速崛起，并积极参与图书出版策划业务。例如，京东、当当都组建了图书策划部门，与出版机构共同策划图书。亚马逊跨文化出版事业部启动了"CCTSS-亚马逊"中国当代文学精品翻译合作项目，推动中国文化"走出去"。2018年4月14日，豆瓣阅读正式涉足出版行业，推出名为"豆瓣方舟文库"的产品线，主打文艺小说、类型小说与非虚构类图书，与东方出版社、江苏文艺出版社、广西师范大学出版社等知名出版机构建立了深入合作关系。

这些非公出版相关企业拥有自己的发行优势，或者数字阅读平台优势，或数字出版、知识服务的技术优势，为图书出版注入了新鲜血液，为传统图书出版的出版人提供了新的思路。

第三节　新三板挂牌的非公及混合所有制出版企业

"新三板"指的是全国中小企业股份转让系统，是我国多层次资本市场体系的重要组成部分。在新三板挂牌的出版企业，绝大多数都是非公书企或混合所有制企业。分析新三板挂牌企业的成长经历，可以勾勒出非公及混合所有制书企整体的发展脉络。

附表：主要新三板挂牌非公资本出版企业（加 * 的是已经停牌的。）

证券简称	证券代码	挂牌日期	公司全名	主营范围	备注
银都传媒	430230	2013 0705	武汉银都文化传媒股份有限公司	包含公开发行的国内版图书（新华书店报销类除外）的批发；书刊编辑、设计；动画形象授权及发行；报刊、期刊产品开发和销售。	
北教传媒	831299	2014 1106	京版北教文化传媒股份有限公司	图书、报纸、期刊、电子出版物、音像制品批发、零售；项目投资；投资管理；图书策划；承办展览展示、技术交流活动（不含演出）；组织文化艺术交流活动；技术转让、设计、制作、代理、发布广告；销售文化用品、日用杂货。	
特别传媒	832658	2015 0619	湖北特别关注传媒股份有限公司	包含《特别关注》《前卫》《楚天法治》期刊出版；新华书店包销类除外的公开发行的国内版图书、报刊、会议及展览服务。	
昊福文化*	430702	2014 0506	北京昊福文化传播股份有限公司	许可经营项目：批发图书、报纸、期刊、电子出版物、音像制品。一般经营项目：组织文化艺术交流活动（不含演出）；图书策划。	股票于2018年7月16日停止转让。另外，2011年，广西师范大学出版社集团有限公司与昊福文化传播公司进行股权合作，昊福公司也成为广西师范大学出版社集团有限公司的成员企业。
安之文化	831632	2015 0106	北京安之文化传播股份有限公司	图书、期刊、电子出版物批发、零售；组织文化交流（不含演出）；设计、制作、代理、发布广告；教育咨询（不含中介）；企业管理方面的技术培训；绘画技术培训；销售工艺品；承办展览展示活动；会议服务；公共关系服务。	
仙剑文化	831643	2015 0112	上海仙剑文化传播股份有限公司	包括图书、报纸、期刊、电子出版物批发、零售，出版物印后等，产品针对0-6岁幼儿图书的编纂与销售。	

续表

证券简称	证券代码	挂牌日期	公司全名	主营范围	备注
书网教育*	831217	20141016	河南书网教育科技股份有限公司	包含国内版出版物批发兼零售（凭许可证核定经营有效期至2018年03月31日）。	
天下书盟*	833019	20150729	北京天下书盟文化传媒股份有限公司	包含批发图书（出版物经营许可证有效期至2015年12月31日）。	天下书盟股票于2018年8月28日停止转让。
童石网络*	833377	20150831	上海童石网络科技股份有限公司	包含图书、报纸、期刊、电子出版物批发、零售。	童石网络拟公开发行股票并上市，于2017年6月15日向中国证监会上海证监局报送了上市辅导备案登记材料，并接受上市辅导。另外，城市传媒于2015年3月收购上海童石网络科技有限公司5.69%的股权。
国学时代*	430053	20090331	北京国学时代文化传播股份有限公司	包含图书、报纸、期刊、电子出版物批发、零售。	自2018年9月25日起，国学时代股票暂停转让。
世纪天鸿*	833456	20150915	山东世纪天鸿文教科技股份有限公司	包含图书、报纸、期刊及电子出版物批发零售；书刊项目设计；策划；版面设计；著作权代理。	已上市。
中教产业	833110	20150729	山东中教产业发展有限公司	图书期刊报纸批发零售、网络发行。	
华图教育*	830858	20140724	北京华图宏阳教育文化发展股份有限公司	包含销售图书、期刊、报纸、电子出版物；互联网信息服务业务；出版策划；编辑服务；组织文化交流。主营华图线上图书销售业务为北京华阳图书有限公司（简称"华图图书"）在2015年初已因业绩不佳被华图教育剥离出去。华图教育的战略两个关键领域，已下定O2O的决心，一是互联网领域，二是少儿产业，以投资为主。	华图教育从新三板摘牌，拟赴港上市。

314

续表

证券简称	证券代码	挂牌日期	公司全名	主营范围	备注
圣才教育	831611	2015 0109	北京圣才教育科技股份有限公司	包括批发、零售及网上销售图书、报纸、期刊、电子出版物、音像制品。	
荣信教育	833632	2015 09	荣信教育文化产业发展股份有限公司	主要从事中高端幼教益智启蒙读物的策划、设计、制作与发行及版权引进与输出业务。	
童梦文化	833725	2015 09	湖南童梦文化传媒有限公司	学前教育、特殊教育图书及电子出版物。	
经纶传媒*	835241	2016 0105	安徽经纶文化传媒股份有限公司	主要从事教育类图书的策划、设计、制作与发行，主要的盈利来源于图书、版权和纸张的销售，产品为覆盖中小学主要学科的教育类图书和数字化内容。	2018年1月，因国家教育政策变化和教材大面积改革，公司需调整发展方向和产品结构，在股转系统终止挂牌。
舜网传媒	430658	2014 0214	山东舜网传媒股份有限公司	继人民网之后全国第二家上市的新闻网站，同时也是山东传媒行业及互联网信息服务业第一只股票。	
库课文化	872898	2018 06	河南库课文化科技股份有限公司	库课文化主要从事考试类图书的策划、设计、制作及发行。库课文化2016年度、2017年营业收入分别为2539.82万元、1954.61万元，净利润分别为312.19万元、281.24万元。童国良为库课文化的控股股东、实际控制人。	
蓝狮子*	834163	2015 11	杭州蓝狮子文化创意股份有限公司	针对扶速成长中的中国财经阅读市场而构建的独立图书策划出版机构，致力于发掘并培育中国本土财经出版资源、整理并传播中国本土财经思想。	2018年3月30日起终止蓝狮子股票挂牌。
山香教育	872987	2018 09	山香教育集团	山香教育集团是一家综合性培育教育产业公司，创立于1999年，主要从事教师、特岗教师招聘及教师资格证考试的线上及线下培训业务，辅导图书销售及组稿设计业务、品牌加盟业务。	

续表

证券简称	证券代码	挂牌日期	公司全名	主营范围	备注
天一文化	872706	2018 0222	河南天一文化传播股份有限公司	河南天一文化传播股份有限公司始建于1995年，是一家从事图书出版发行、教学出版、出版信息服务、教育考试研究、专业资格考试辅导、出版咨询和教育培训的综合性大文化、大健康企业，是国家及地方政府重点支持发展的智力支持文化公司，现有员工500人。注册资本4192万元。公司年销售码洋超过10亿元。	
大涵文化	838095	2016 08	浙江大涵文化创意股份有限公司	为图书及音像制品的发行业务（包含图书合作出版发行业务、图书馆馆配服务、图书、音像制品的批发零售）、图书馆外包服务、电子资源数据库及配套软硬件的销售等。大涵文化主要为浙江地区公共图书馆、高校图书馆、企事业单位资料室等单位提供图书馆配及配套服务。	
智明星通	872801	2018 06	北京智明星通科技股份有限公司	上市公司中文传媒子公司智明星通，是国内游戏出海第一品牌的公司，2017年实现营业收入39.79亿元，《列王的纷争》，依靠海外发行的"神奇产品"——净利润7.24亿元。2014年6月，中文传媒通过发行股份和支付现金的方式，以26.60亿元的高价全资收购智明星通，并于2015年1月23日完成交易。算上2017年的7.24亿元净利润，智明星通四年合计已为中文传媒贡献了18亿元的业绩，而后者这四年的合计净利润也才48亿元。	
开心教育	870968	2016 1102	广州开心教育科技股份有限公司	从事教辅读物和儿童读物的策划、设计、制作与发行。	

续表

证券简称	证券代码	挂牌日期	公司全名	主营范围	备注
三木科技	831766	20150114	珠海三木科技股份有限公司	数字新媒体出版物业务和智能支付解决方案技术服务业务。	
亿童文教	430223	20130702	武汉亿童文教股份有限公司	为幼儿园提供幼儿教育整体解决方案的文化创意企业。	曾计划上市创业板，但由于"三类股东"问题难以清除，导致上市难以推进，不得不摘牌新三板。
四维传媒	430318	20170601	上海四维文化传媒股份有限公司	为数字传媒技术应用服务的高新技术企业。主营业务是基于自有的云计算互联网移动平台与先进的数字出版技术，为海内外客户提供数字内容制作、数字出版技术、数字文化绿色印刷等服务。	
荣信教育	833632	20151008	荣信教育文化产业发展股份有限公司	中高端幼教益智产品的策划、制作与发行及全球版权引进与输出业务。	
中信出版	834291	20151126	中信出版集团股份有限公司	已经将业务范围从原有的图书出版和传统领域，拓展到连锁书店、电子出版物的出版和传统领域，拓展到连锁书店、读者会员服务、文化增值服务等领域。	
朗朗教育	834729	20151214	山东朗朗教育科技股份有限公司	集教育技术研发创新、幼教图书、多媒体互动教学体机、课件及教研服务于一体的科技文化创意机构。	
金版文化	835126	20151230	深圳市金版文化发展股份有限公司	从事以内容创意为核心，供图书策划、设计制作和图书发行服务及增值服务。	9月27日，金版文化发布公告，公司拟以7.39元/股的价格发行不超过270.64万股，募集资金不超过2000万元。此次股票发行认购对象为广东南方传媒创业投资中心。
学海文化	837108	20160504	学海文化传播股份有限公司	编辑、策划、设计以及销售各类教材图书、中小学生教辅图书以及社科类教育图书。	

续表

证券简称	证券代码	挂牌日期	公司全名	主营范围	备注
龙源数媒	837482	2016 0525	龙源创新数字传媒（北京）股份有限公司	中国数字出版、数字教育和数字传媒的服务机构。	
中育传媒	837484	2016 0623	中育苑（北京）文化传媒股份有限公司	青少年教辅图书的策划、设计、制作与发行业务。	
金百汇	839295	2016 1028	湖北金百汇文化传播股份有限公司	中小学教辅教材图书的策划、设计、制作与发行	
九春教育	839505	2016 1104	海南九春教育科技股份有限公司	图书的策划、编辑与发行，教育互联网产品研发应用销售。	
漫界文化	870973	2017 0302	上海漫界文化传播有限公司	动漫IP运营、动漫图书的策划发行与销售	
梓耕教育	871145	2017 0308	吉林梓耕教育科技股份有限公司	教辅图书及少儿读物的策划、设计、制作与发行	
风炫动漫	871296	2017 0406	上海风炫动漫传媒股份有限公司	动漫作品的创作、开发和授权。	
朝霞文化	871954	2017 0809	洛阳朝霞文化股份有限公司	试卷类图书的策划、研发、设计、制作与发行，为中小学师生提供学习、备考、教学解决方案。	
佳友科技	831907	2015 0130	上海佳友文化科技股份有限公司	主要从事《学习报》及图书的批发、零售、投递、文化用品的销售。	

一、出版类企业在新三板挂牌的增长速度很快

2015年9月新三板挂牌的出版类企业共17家；而2018年9月之前，新三板挂牌的出版类企业共34家。数量翻了一番。其中也有8家终止挂牌，具体情况详见下面分析。

新三板挂牌，有效促进了这些非公企业向现代化企业转型，加大了这些企业的透明度，让这些企业更快获得融资。

二、从所有制来看

新三板挂牌的出版企业，绝大多数都是民营书企或混合所有制企业。其中，混合所有制企业大约有10家。

新三板挂牌的出版企业中，国有全资企业仅有中信出版一家，而且目前正筹备在主板上市。其余均为非公出版企业或混合所有制企业。

新三板挂牌的出版企业中有8家企业有国有出版企业的股份，属于混合所有制企业，即：京版北教文化传媒股份有限公司，北京出版集团股份占比42.97%。北京昊福文化传播股份有限公司是广西师范大学出版社集团有限公司的成员企业，广西师范大学出版社集团股份占比10%。上海童石网络科技股份有限公司，城市传媒股权占比5.69%。山东舜网传媒股份有限公司，济南日报报业集团持股99%；济南报业发展服务中心持股1%。杭州蓝狮子文化创意股份有限公司，皖新传媒持股44.55%，四川新华发行集团有限公司持股3.5%。北京智明星通科技股份有限公司，中文传媒持股100%。深圳市金版文化发展股份有限公司，广东南方传媒创业投资中心刚刚收购了部分股份。海南九春教育科技股份有限公司，人民东方出版传媒有限公司占股3.85%。

还有两家新三板挂牌的混合所有制出版企业中，有非出版行业背景的国有企业的股份。例如武汉银都文化传媒股份有限公司，武汉高科国有控股集团有限公司股份占比11.11%。山东中教产业发展股份有限公司，中国（深圳）教育企业股份有限公司持股3.79%。

其他新三板挂牌的出版企业，都是非公出版企业，但都与国有出版企业有合作关系。

三、从出版类别来看

新三板挂牌的非公书企中,教育类出版企业最多,新三板挂牌书企中有24家都在教育领域,其融资主要目的在于发展在线教育。动漫相关的出版企业4家,网络文学相关的出版企业1家,游戏相关的出版企业1家,这些企业融资目的主要在于IP发展,包括相关影视开发、动漫开发、网站开发等等。财经、新闻、传媒的有3家,融资目的主要是发展新媒体。社科、少儿、大众和馆配领域各有1家,融资目的在于转型。

四、从挂牌新三板的非公出版企业的未来发展来看

新三板目前存在融资难、融资贵,以及定位和功能不完整的问题,很多新三板出版企业在新三板得不到应有的市场估值。世纪天鸿在新三板上的两年时间里,未进行过增发。正因为如此,例如,新三板挂牌的公司,很多都有"转板"的计划。在新三板出版公司中,宣布进入上市辅导期并且将IPO的就有中信出版、经纶传媒、童石网络等,其他与世纪天鸿规模相当的教育出版企业也有多家,如北教传媒、学海文化、梓耕教育等。这些出版机构都希望进入主板上市。

在新三板摘牌的企业中,2017年,世纪天鸿成为第一家成功从新三板挂牌成功"转"至A股上市的出版企业。这为新三板的出版企业起到了示范作用。2018年2月,华图教育在新三板摘牌,拟赴港上市。童石网络于2017年6月15日向中国证监会上海证监局报送了上市辅导备案登记材料,并接受上市辅导。此外,尚未在新三板摘牌的中信出版也已经暂停转让公司股票,准备转战A股。

此外,亿童文教2017年曾计划上市创业板,但由于"三类股东"问题难以清除,导致上市难以推进,不得不在2018年8月复牌新三板。

也有其他因素导致部分企业新三板摘牌或停牌,例如蓝狮子在2018年1月为了降低公司经营成本,选择在新三板摘牌。2016年10月昊福文化在新三板停牌,公告称,因涉及向有关部门进行政策咨询的重大事项,为了避免公司股票价格异常波动而停牌。2018年8月,天下书盟在新三板摘牌,据悉也有降低公司经营成本的考虑。

无论在新三板挂牌,还是主板上市,都需要支出一笔不小的费用。据一位新三板上市的非公出版企业的领导透露,挂牌后,该企业每年需要缴费

200万—300万元左右。所以，如果没有获得较大规模的融资，这笔费用对于一家中小型企业来说，就是较为沉重的负担。在资本市场较为冷淡的季节，有的企业选择摘牌，也是无奈但是明智的选择。

新三板摘牌，并不意味着融资停止。还以蓝狮子为例，蓝狮子在2018年1月摘牌后，2018年2月，四川新华发行集团有限公司以3499.9250万元，收购了蓝狮子157.3万股。但皖新传媒仍是蓝狮子第一大股东。这说明，民营书企与国有出版机构的合作仍然在加速发展。

第四节　获得巨额投融资的非公出版企业

近年来，很多民营书企获得了来自出版业内和业外、国有和非公千万元以上的巨额投融资，从而获得了跨越式发展的机会。

非公出版策划机构融资的经典案例

民营出版策划机构	投资方	融资金额	融资形式	时间	融资的主要用途
磨铁图书	中银粤财、千毅资本等	3亿左右	C轮	2017年7月	IP库进一步扩充与建设，以及IP转化能力的构建，包括影视开发等。
读客图书	君联资本、华夏知合和内向基金	1.28亿元	A轮	2017年6月	培育超级IP、版权采购和团队建设三方面的发展。
果麦文化传媒	孚惠资本、华盖映月影视基金、磁谷基金	8500万元	B轮	2016年3月	团队拓展和优质资源采购，在出版、电影、互联网三条战线。
新华先锋	中南文化	4.5亿元	现金收购	2016年6月	影视、网络、游戏、综艺节目等改编权和衍生权利IP开发。
蓝狮子	皖新传媒	1.575亿元	收购股份	2015年4月	财经新媒体
蓝狮子	四川新华发行集团有限公司	3499.9250万元	收购股份	2018年2月	
九久读书人	人民文学出版社	5136.75万元	并购	2015年6月	图书出版
悦读纪	青岛出版传媒	5039万元	收购股份	2015年9月	图书出版主业、IP资产运营、影视剧作品开发。
悦读纪	青岛出版传媒	8702.04万元	收购股份	2017年	
精典博维	华媒控股	10752万元	收购股份	2015年7月	图书出版业务、杂志业务、广告代理业务、互联网出版、影视剧业务、艺术品经营业务。

一、投融资的分类

1.按照投融资的方式分，可分为融资和收购：

（1）第一种类型是融资，例如磨铁图书有限公司完成C轮3亿左右融资，再如读客图书获得1.28亿元A轮融资。

（2）第二种类型是收购，如皖新传媒对蓝狮子45%股权的收购，再如中南文化以4.5亿现金收购新华先锋。近年来，非公资本和国有资本的收购资金也有不断增加的倾向。

2.按照资本来源来分，可以分为国有出版机构出资和业外资本出资。

（1）国有出版机构出资，收购股权后，民营出版企业就成了混合所有制企业。这里只列出了融资金额较大，业内影响较大的悦读纪、九久读书人、蓝狮子这三家的案例。类似的例子还有江苏译林出版社有限公司和北京鹏飞一力图书有限公司共同投资成立北京凤凰壹力文化发展有限公司；成都西南财大出版社有限责任公司收购北京亨通堂文化传播有限公司股权，等等，详细情况在非公资本与国有出版机构合作案例一节中分析。

（2）业外资本出资，目前主要集中于影视IP领域。磨铁图书、读客图书、新华先锋和果麦文化传媒都获得了业外资本的巨额投资，成功向影视转型。

（3）其他国有机构出资。例如华媒控股收购精典博维股份。在我们调查的过程中，据精典博维创始人陈黎明介绍，华媒控股投资精典博维，是缘于精典博维的业务范围很大程度上补强了华媒控股在新媒体、影视广告、核心版权资源方面的短板，并且拓宽了华媒控股的业态范围，符合华媒控股多元化发展的战略，推动企业跨越式发展。而整合完成后，基于精典博维现有及未来布局的业务板块，双方在图书出版业务、杂志业务、广告代理业务、互联网出版、影视剧业务、艺术品经营业务等多个方面展开深度协同合作，进一步完善了"互联网+生态圈"的建设理念。

二、主要融资分析

从以上表格中，我们还可以看出来以下这些趋向。

1.从数额上看，非公出版策划机构获得融资的数额逐渐增多。

2.从次数上看，从过去只是接受一次融资，到磨铁图书已经接受了ABC三轮融资，次数不断增加。

3. 从投资人上看，过去主要是青岛出版传媒、人民文学出版社这样的传统国有出版机构参与投资，近年来增加了各种业外资本，这说明出版界资本市场越来越广阔。

4. 从投资的方式上看，从过去简单的收购股份，到后来的全资收购、挂牌新三板，再到如今的上市，投资的形式更加多元化，非公出版策划机构本身的话语权也在增加。

5. 从融资和收购方式来看，非公出版策划机构获得国有出版机构融资，经历了由量变到质变的过程。例如，人民文学出版社原持有上海九久5.34%的股权，2015年人民文学出版社以5136.75万元的价格收购上海九久45.66%的股权，收购完成后，人民文学出版社持有上海九久的股权比例为51%，成为上海九久的控股股东。这是典型的从持股到控股转变的一个案例。再如，2017年9月26日，青岛城市传媒在已经持有西藏悦读纪文化传媒有限公司（悦读纪）51%的股权的基础上，又与侯开签署了《股权转让协议》，以自有资金出资人民币8702.04万元收购侯开持有的悦读纪49%股权，自此青岛城市传媒持有悦读纪100%股权。类似的案例还有2012年，中南出版传媒集团股份有限公司（中南传媒）在已持有中南博集天卷5%的股权的基础上，以8000万元的对价，受让三位自然人股东黄隽青、刘洪、王勇持有的中南博集天卷38.53%的股权，并对中南博集天卷增资3163万元，最终持有中南博集天卷51%的股权，合计投资额为11163万元，最终中南传媒持有博集天卷的股权比例为51%。

6. 国有出版机构收购非公出版策划机构剩余股权，扩大控股比例，也是近年来的发展趋势。上述的三个案例，发展过程颇多相同之处。悦读纪是由城市传媒和侯开共同投资，于2012年7月10日在西藏拉萨经济技术开发区注册成立的有限责任公司，其中侯开出资2850万，持股比例95%；城市传媒出资150万，持股比例5%。城市传媒的持股比例从5%，增加到51%，又增加到100%。

值得注意的是，2017年，在城市传媒收购悦读纪的时候，双方还约定了业绩承诺及补偿。业绩补偿期为2017年度、2018年度。侯开对悦读纪在业绩补偿期内各年度经营业绩情况承诺如下：2017年度、2018年度侯开承诺悦读纪实现的净利润数（净利润数为扣除非经常损益后归属于悦读纪母公司股东的净利润，下同）分别为不低于1636万元、1688万元。侯开向城市传媒保证，业绩补偿期内悦读纪每年实际实现的净利润数不低于承诺实现的净利润数。否则，侯开以现金方式每年向城市传媒进行业绩补偿。这样的条款，保证了国有资产不造成损失。

7.在国有出版机构与非公出版策划机构进行资本合作的时候，要仔细分析调查非公出版策划机构的资质和以往的经营情况，并在收购合同中设立相应条款保障，以免陷入不利的境地。

2015年，华媒控股收购精典博维股份的时候，拟收购精典博维87.5%股权，而股权转让分三次进行，其中第一次转让35%，第二次转让35%，第三次转让17.5%。三次股权转让均将在协议约定的条件达成时方可实施。2017年5月，2017年浙江华朗实业有限公司受让浙江华媒控股股份有限公司持有的北京精典博维文化传媒有限公司35%股权，作价1.3亿人民币。根据华媒控股的年报，因精典博维业务变化，同时为避免控股股东与上市公司潜在的同业竞争，帮助精典博维突破业务瓶颈以取得更好发展的可能，华媒控股将持股35%的精典博维股权全部转让给浙江华朗实业有限公司。年报还解释，精典博维转为开拓影视类业务，与上市公司产业发展定位存在偏差，且精典博维进入影视类业务后，未来发展仍存在一定风险和不确定性。浙江华朗实业有限公司是杭报集团全资子公司，华媒控股是杭报集团旗下上市公司，华媒控股因为浙江华朗实业有限公司也存在影视类业务，且拥有电子出版物牌照、影视方面的许可和政府资源，故决定由其来进行整合，既避免了控股股东与上市公司潜在的同业竞争，同时更适合帮助精典博维突破业务瓶颈、发展成长。

第四章 非公资本与国有出版机构合作中的问题与建议

第一节 非公资本与国有出版机构合作中的问题

非公出版策划机构在不断试错中磨炼成长。我们在调查的过程中，发现非公出版策划机构在自身发展过程中，以及与国有出版机构合作中，因为外部的政策环境以及内部的局限，或多或少遇到以下这些问题。

一、把关不严

有的非公书企，在与国有出版企业合作的过程中，由于把关不严、审核不够，出现了很多问题。例如资金周转缺乏监控、买卖书号、版权问题管理不严引发纠纷，以及图书内容质量问题等等。这就需要加强管理监督的责任。这主要有以下情况：

买卖书号。国有出版企业在与非公书企的合作过程中存在买卖书号情况，严重时可能导致国有出版企业吊销图书出版经营许可证。例如2011年，新闻出版总署对广东珠海出版社买卖书号出版发行中小学教辅材料的严重违规行为，给予了吊销图书出版经营许可证的处罚，这是国家对图书出版社采取的最严厉的处罚措施。

内容把关不严。国有出版企业在与非公书企的合作过程中，必须严控质量。国家新闻出版署（总局）公布的编校质量不合格出版物中，每年都有大量案例是由于国有出版企业与非公书企的合作过程中把关不严造成。

资金监管漏洞。比如北方联合出版传媒（集团）股份有限公司所属全资子公司万卷出版有限责任公司与路金波于2008年共同设立了辽宁万榕书业发展有限责任公司之后，到2012年，辽宁万榕书业发展有限责任公司的第一期经营结束，没有实现预期目标。辽宁万榕书业发展有限责任公司欠万卷公司共计1400余万元。为担保万榕按协议约定及时向万卷偿还债务，万榕公司总经理路金波以自有的一辆宝马轿车设置抵押。出现如此之多的欠款，这里也有国有出版企业管理不严格的因素。

版权纠纷。例如，2013年，翻译家马爱农因为新世界出版社出版发行了署名"马爱侬"编译的涉及5种语言、13种图书的外国文学名著，将新世界出版社告上法庭。2014年，北京市朝阳区人民法院判处新世界出版社停止出版发行署名"马爱侬编译"的涉案图书，并赔偿马爱农经济损失。而这些图书是兴盛乐公司编译的，新世界出版社没有尽到审查的责任。现在版权日益成为出版机构的核心资产，在图书出版和其他相关工作的合作过程中，国有出版机构必须严格注意版权问题，避免"背锅"。

二、与国有合作"水土不服"

有的非公书企因国有出版社内部体制机制问题遭遇掣肘。国有出版机构与非公书企合作，很大一部分是要借助非公书企强有力的发行渠道。然而，有的非公书企，在与国有出版企业合作的过程中，遭遇到体制机制的约束，难以发挥自身的活力，发行的优势就体现不出来。

在我们的调查中，有的非公出版人和国有出版机构的领导者呼吁，要给非公书企更为灵活的政策，才能发挥其体制优势。

1.在人力管理方面。国有出版企业内部的多种人才，往往不能一视同仁。混合所有制编制的员工，与国有出版企业编制内员工同工不同酬。

2.在财务管理方面。国有出版企业财务审批流程繁琐，无法满足飞速发展的市场的需求。畅销书出版节奏加快，如果混合所有制企业仍然延续以前的财务审批流程，很多图书出版发行就跟不上市场节奏。

3.个别规则不合理，导致非公书企发展受限制。例如，根据出版物经营许可证审批条件，要获得出版物经营许可证（批发），必须满足注册资本不少于200万元人民币、经营场所的营业面积不少于500平方米等条件。但有些小型出版发行公司，营业面积没有这么大。这条限制对注重创意的小型出版创业公司十分不利。

4.版权问题。非公书企与国有出版机构合作之后，作品的版权归属不清晰。版权归属是界定非公书企与出版社合作关系紧密程度的一个重要标准。以近年来引发热点的《傅雷家书》版权问题为例。媒体报道通常报道"由译林出版社独家出版《傅雷家书》"，而在版权纠纷的官司中，则强调《傅雷家书》部分版权"版权由合肥三原图书出版服务有限公司买断"。译林出版社和合肥三原图书出版服务有限公司分别独家享有出版权和版权。这种情况时有出现。在混合所有制的出版企业中，以及国有出版机构和非公书企合作过程中，版权签在了工作室（公司）还是出版社，可以界定工作室与出版社的关系是否紧密。如果合作约定有瑕疵，不利于数字化和内容的多元开发。

5.磨合不畅。有的非公书企与国有出版机构合作之后，双方人员磨合不畅。非公书企出版人无法适应国有出版机构的节奏和规章制度，国有出版企业的出版人也难以接受非公书企的一些创新做法。

6.异地管理问题。国有出版机构异地办分社、分公司，与当地的非公书企出版人合作。固然在异地拓展业务方面，取得了大量积极的成绩。但是，因为管控不当、沟通不畅、体制不同，也产生了不少问题。

例如，北京世纪文景文化传播有限责任公司作为上海世纪出版集团的分公司，曾经有过高管集体离职的情况。这就让公司的业务发展遭遇困境。类似的案例在出版业的异地分公司中屡有发生。跨地区管理问题有待重视。

三、影视 IP 问题

近年来，资本大规模流入出版业。这一方面促进了出版业的裂变发展，一方面也使得很多出版人涉足影视 IP 开发。在这一过程中，有些出版人通过合理管理版权资产，获得了爆发式发展；但也有出版人从此专注于影视 IP 开发，不再将自己的关注重点放在出版领域。出版人如何完成转型？是继续坚守纸书，还是要发展多种经营？这是非公书企面临的大问题。

2018 年，证监会向各大券商下发了《再融资审核财务知识问答》与《再融资审核非财务知识问答》，两份文件明确提出上市公司募集资金不得跨界投资影视或游戏的审核要求。这样意味着影视游戏的泡沫即将消散。已经在影视 IP 和游戏等方面取得成功并实现转型的非公书企，将会更为专业。而传统书业的国有出版机构投资这些领域，将会越来越谨慎。

四、人才流失

目前，整个出版行业都面临人才流失严重的问题，非公出版企业的人才流失尤其严重。这主要是几个因素造成：

1. 出版企业待遇不足以留住优秀人才，尤其是非公出版企业中的创业公司，福利待遇难以和大公司竞争。优秀人才更愿意跳槽到大公司。

2. 很多新兴出版公司，需要具有产品经理思路的人才，要有创立自己品牌的梦想。这在出版界是稀缺人才，而且很容易流失。

3. 国有出版机构内部创业创新机制不够，导致与之合作的非公出版机构编辑的创新意识和创造性难以体现。

五、任人唯亲

民营出版企业在发展之初，经历了艰难的创业过程，初期所依仗的人才往往是创始人的亲友。当民营出版企业获得巨额融资，登录新三板、上市之后，人才结构问题就日益彰显。很多民营出版企业高管层内部之间有兄弟、夫妻、同乡等复杂关系，难以与现代企业制度接轨。目前很多民营出版企业的管理者已经认识到这一问题，在高管层中有意吸收外来的管理者，从而规范公司管理。

六、书号受限

近年来，图书出版品种压缩，书号成了稀缺资源。这对非公书企的图书策划尤其有较大影响。当然，出版品种压缩也有优点，就是在一定程度上限制了重复出版，遏制了公版书泛滥，提高了出版物的质量。

在书号管理方面，北京联合出版有限责任公司的经验可以借鉴。2011年，该出版社转企改制之后，在保持原有出版职能的同时，承担了北京出版创意产业园区出版服务平台的任务，与北京出版创意产业园区各非公出版策划公司合作出版，统一管理。根据开卷数据，到2018年，北京联合出版有限责任公司市场占有率已连续三年位居全国出版社首位。

七、盗版猖獗

盗版书对图书销售影响较大。过去，非公书企运作不规范，经常成为盗版书的源头。现在很多优秀的非公书企形成了自己的图书品牌，也深受盗版书之害。非公书企面临取证难、打击盗版商难等诸多问题。非公书企大多规模较小，财力、人力难以支撑在盗版问题上一查到底。

八、资格认证难

有的地区，非公书企的编辑，出版资格考试受到限制，职称的评定等问题难以解决。非公书企希望在资格考试、职称评定这方面与国有出版企业看齐。

九、企业税费负担重

企业减负、减税降费是非公企业热议的话题，尤其是民营书企关注的重点。税率的下调，关系着民营书企的盈利与发展。国有出版机构和非公书企都面临这一问题，但这里是与国有共同的问题，应该提民营没有公平享受到民营书企受到的影响更大的。

在"两会"以及各种场合，很多作家、出版人多次呼吁，减免图书税，减少稿酬税，提高稿酬税起征点。有的作家建议，对于图书这样的中低档文化产品不征税或者少征税。2013年底，财政部、国家税务总局发布《关于延续宣传文化增值税和营业税优惠政策的通知》，免征图书批发、零售环节增值税。2018年，《中华人民共和国个人所得税法》迎来第七次修改。提高个人所得税起征点成为热议的话题。2018年，财政部、国家税务总局又下发了《关于延续宣传文化增值税优惠政策的通知》，对相关出版物、印刷、制作业务执行增值税不同比例的先征后退，免征图书批发、零售环节增值税，延续了免税政策。这些减免税收的政策，促进了图书行业的发展，使得实体书店迎来了复兴。非公书企呼吁减免图书税进入立法，从而减轻图书出版行业的税负。

十、制版分离后续政策不明

2016年，国家新闻出版广电总局曾经将江苏、北京、湖北等地设为"制版分离"改革试点。其目的是将"编"和"印"过程中的部分环节纳入民营书企的业务链条，并以规章形式使其合法化，理顺民营书企和出版社的经营流程，并方便主管部门管理。这项改革是非公书企关注的重大问题。如何推进，是非公书企未来关注的重点。但是这项试点工作提出之后，后续政策跟进乏力。非公书企一直呼唤"制版分离"改革试点扩大。

十一、善策划不善经营，持续发展乏力

有的出版人在出版机构的体制内成立了自负盈亏的出版策划工作室。这种方式有效调动了出版人的积极性，而且内部创业的模式，有效避免了人才外流。这种体制创新值得推广。但有的出版人不善于经营，只是在自己熟悉的图书领域有策划优势。因此有的出版人认为："出版界不缺资本，但是缺企业家。"

第二节 对非公资本在出版业运营发展的建议

非公资本在进入出版领域之后，尽管出现了这样那样的问题，但仍是目前出版领域发展最快、技术创新性强、业态升级较快、较早。对非公书企未来的发展，我们给出以下建议：

一、加速体制机制改革，激发出版机构的创造活力。

全国人大教科文卫委员会主任委员、中国出版协会理事长柳斌杰将深化融合发展的障碍总结为三个方面：一是体制改革不到位，难以进行资本、市场、技术、业态方面的深度融合；二是政策通道没打通，传统的国有企业和市场培育的新兴非公企业难以融合；三是人员身份受限制，公职人员和民营创业者很难做到不分彼此、融为一体共同发展。

柳斌杰认为，要真正深化融合发展，出版必须解决这三大障碍，改革现有的出版体制机制，实行混合所有制，打破国有、民营的身份限制，在同一平台上公平竞争、融合发展。国有文化企业深化改革和民营文化企业准入放宽，使国有文化企业职工真正成为企业主人、民营书业企业活力迸发，使文化企业成为利益共同体，激发更大的出版创造力。

二、非公资本和国有资本在出版领域的合作，有一定的试错过程，要加强管理，在出现问题的时候及时止损，防止问题扩大化。

国有出版机构应该及时监督与其合作的非公资本公司的运营情况。如果发现问题，国有出版机构应该采取收回经营管理权等方式，及时止损。比如，北京牧田书业文化传播有限责任公司是北京吉版图书有限责任公司旗下的公司，两者都是由吉林出版集团北京分公司转化而来。北京吉版图书有限责任公司成立于2009年，为吉林出版集团股份有限公司全资子公司，而北京牧田书业文化传播有限责任公司成立于2010年，为北京吉版图书有限责任公司控股的子公司，有私人股份。目前北京牧田书业文化传播有限责任公司营业执照已经吊销，而北京吉版图书有限责任公司仍然在运作，执行作为吉林出版集团北京分公司的功能。这是吉林出版集团收回管理权的例子。

再如，作为深圳出版发行集团、海天出版社北京分公司的大道行思（北京）文化传媒有限公司，在成立之初法定代表人和经理都是中央编译出版社前总编辑刘明清，运营一年半后，法定代表人和经理都变更为深圳出版发行集团公司副总经理、海天出版社社长聂雄前。也就是说，国有出版机构深圳出版发行集团收回了对大道行思的经营管理权。

三、对于境外（以及港澳台地区）公司与国有出版企业的合作，要加强管控，同时也要注意"本土化"，避免"水土不服"。

近年来，中外合资、中外合作的出版机构越来越多。这些机构，有的已经进入中国多年，出版了大量畅销书，成功实现了"本土化"。例如北京华章图文信息有限公司（与美国万国图文公司合资）、童趣出版有限公司（与艾阁萌香港有限公司合资）等，在财经和少儿领域建立了强势的市场地位。但也有一些合资的出版机构，出版的图书也保持了较高的出版品质，选题很有新意，却少有具有代表性的畅销品种，例如凤凰阿歇特文化发展（北京）有限公司（与法国 Hachette Livre S.A. 合资）、京版梅尔杜蒙（北京）文化传媒有限公司（与梅尔杜蒙国际控股有限公司合资）等。而且，还有贝塔斯曼这样因为水土不服，缩减在华业务的情况。这需要国内的出版机构在合作的过程中用心磨合，指导外方出版机构，共同出版叫好又叫座的畅销书。

四、少儿出版领域是非公资本投入出版业的重点。需要加强引导和监管。

随着"二孩政策"的全面施行，以及相关政策的利好，我国的童书市场近年来增长迅猛。少儿出版领域目前是我国市场化程度最高的出版领域。非公书企的两家上市公司新经典和世纪天鸿，不约而同地将未来的发展重点放在童书领域。目前，童书领域的资本化水平还不高，缺少大规模的融资和突破性的发展。新技术在童书领域的发展还不够，这一领域还是传统出版形式占绝对主导地位。未来，童书出版机构获得大规模融资的几率很高。这会成为是非公资本投入发展的重点。童书出版人应该有意识地跟上转型发展的步伐。

五、对出版高品质图书的非公书企给予同等奖励补贴。

非公书企和整个出版业已经走过了"以量取胜"的阶段，未来将会"以质取胜"。出版产业是创意集中产业。出版产业的创新，需要更多有活力的非公书企崛起。非公书企在未来将会形成垂直领域、特定用户中更多有口碑的品牌。而且，随着非公书企的出版人学历不断增高，出版门槛不断提高，非公资本介入专业出版、教育出版、学术出版等领域，将会更为深入，出版的图书将会更为专业。这些专业领域，读者数量少，但是黏性高。要在专业领域取得成绩，就要有充分耐心，培养一批高质量、高水准的专业非公书企。

六、新技术、新领域出版的成长性，是资本青睐的重点。这方面应该尽早布局。

在新技术开发这方面，非公书企的敏感性高于国有出版机构。在传统出版以外的出版相关企业，在接受新技术方面更有优势，成长也更为迅速。知识服务、在线教育、实体书店、数字出版等领域，非公书企的尝试，值得国有出版人借鉴。

七、"制版分离"试点，成效显著，应扩大试点。

2016年，国家新闻出版广电总局将江苏、北京、湖北等地设为"制版分离"改革试点。近三年发展中，试点的省份成绩显著。江苏凤凰出版传媒集团有限公司旗下的混合所有制企业：凤凰阿歇特文化发展（北京）有限公司、北京凤凰雪漫文化有限公司、北京凤凰壹力文化发展有限公司、凤凰含章文化传媒（天津）有限公司、北京凤凰联动文化传媒有限公司，发展十分迅猛，在生活、社科、影视IP、图书发行、引进版权等多方面做出了优异的成绩，并且建立了强势的市场地位。北京出版集团旗下的京版北教文化传媒股份有限公司挂牌新三板，而与北京出版集团合作的新经典文化则实现了上市。北京联合出版有限责任公司旗下的北京华语联合出版有限责任公司在出版"走出去"方面取得了成绩；旗下的联合天际（北京）文化传媒有限公司打造了知名的图书品牌"未读"。湖北有四家非公出版企业挂牌新三板。更重要的是，"制版分离"试点释放了强烈的政策信号，促进了在这四年中非公资本的迅速发展。很多非公书企都呼吁扩大"制版分离"试点范围。

参考文献

[1] 章红雨，尹琨.柳斌杰：新时代的中国出版业需有新作为.中国新闻出版广电报,2018.1.11

[2] 徐飞鹏，王皓.民营企业大走访，蔡奇来到中关村对企业家们这样说！.北京日报,2018.11.3

[3] 石亮.我国出版业外资准入规制的变与不变.现代出版,2018.11.8

[4] 罗向京，出版社能否自由出版"傅雷家信"——独家解析《傅雷家书》版权关系.中国新闻出版广电报.2017.3.30

[5] 李凌芳.出版企业内部推行合伙人制探讨.出版发行研究.2012年5期

[6] 掌阅科技2018年半年度报告来自东方财富网:http://guba.eastmoney.com/news,603533,780484508.html

[7] 中文在线2018年半年度报告来自东方财富网:http://guba.eastmoney.com/news,300364,780153747.html

[8] 阅文集团2018年上半年财报见新浪科技：https://tech.sina.com.cn/i/2018-08-13/doc-ihhqtawy2444834.shtml

[9] 世纪天鸿2018年半年度报告来自东方财富网:http://guba.eastmoney.com/news,300654,775264459.html

[10] 新经典2018年半年度报告来自东方财富网：http://guba.eastmoney.com/news,603096,779412676.html

[11] 新三板挂牌的非公及混合所有制出版企业数据来自"全国中小企业股份转让系统"网站：http://www.neeq.com.cn/

[12] 出版机构内部国企独资的公司和非公资本与国有出版机构合作成立公司，以及民营出版策划机构融资的经典案例的资料来源于：启信宝：https://www.qixin.com/ 天眼查：https://www.tianyancha.com/

[13] 鲍红：政策一小步，企业一大步：让民营书业活在阳光下.百道网.2016.12.9: http://www.bookdao.com/article/391450/

[14] 原业伟：精典博维是如何成为文学出版"黑马"的？.编辑邦.2018.6.21:https://mp.weixin.qq.com/s/yIDUshuzPquepxg qyGtg4Q

[15] 原业伟：独立创业的出版人最需要什么？. 编辑邦. 2018.8.30：https://mp.weixin.qq.com/s/u8QTKMM61-JKnF5ZvZ20HEQ

[16] 武向娜：甲骨文工作室：如何将学术书做到畅销的？. 编辑邦.2018.6.17：https://mp.weixin.qq.com/s/11HUEhA2Mtm2 MeKscCwg8Q

[17] 原业伟：凤凰含章：生活图书市场第一名是这样炼成的. 编辑邦.2018.5.31：https://mp.weixin.qq.com/s/vDxxNY77CkS_M2qNTKHgmg

[18] 原业伟：首家上市的民营书企：新经典这一年交出了怎样的答卷. 编辑邦.2018.5.24：https://mp.weixin.qq.com/s/fPKZC6 GoXFhQBiaG5z_1bw

[19] 原业伟：新华先锋获得巨额融资已两年，IP转型怎样了？. 编辑邦.2018.5.10：https://mp.weixin.qq.com/s/Dk7_aLwf3 z0u215zw6ZwJw

[20] 邹熙：豆瓣阅读的第一套书是这样诞生的. 编辑邦.2018.4.23：https://mp.weixin.qq.com/s/fSRu-_Gsp_PsmD-A56wr_A

（课题组成员：林晓芳，原业伟，贾洪彬，武向娜，鲍红；执笔人：原业伟，林晓芳）

附录

2018

中国新闻出版研究院
CHINESE ACADEMY OF PRESS AND PUBLICATION

2018年度优秀科研成果目录

学术著作类

一等奖
1. 坚守与变革？遭遇大数据时代的传统出版业

二等奖
2. 2017-2018 中国数字出版产业年度报告
3. 2017-2018 中国出版业发展报告

三等奖
4. 国际出版业发展报告（2017版）
5. 中国动漫游戏产业年度报告（2017）

科研报告类

一等奖
1. 2017年新闻出版产业分析报告

二等奖
2. 文化产业的定义、范围、分类问题研究
3. 出版编辑版权作品研究　工程研发中心

三等奖
4. 图书制版分开试点效果评估
5. ISLI在音乐出版和音乐教育中的应用
6. 我国内地出版企业上市募投项目研究

7. 动漫游戏特色小镇发展模式研究
8. 非公资本进入出版领域投资、运营状况调研报告

其他类

9. 数字农家书屋内容推送系统及示范平台
10. 出版物编校质量差错判定细则和计算方法

论文类

11. 数字农家书屋内容资源配置刍议
12. 新媒介阅读生态系统构建研究
13. 浅议《期刊编排格式》的修订原则

图书在版编目（CIP）数据

2018中国新闻出版研究院优秀科研成果汇编 / 中国新闻出版研究院编. -- 北京：中国书籍出版社,2019.10
ISBN 978-7-5068-7479-3

Ⅰ.①2… Ⅱ.①中… Ⅲ.①出版工作--中国—文集 Ⅳ.①G239.2-53

中国版本图书馆CIP数据核字(2019)第227216号

2018中国新闻出版研究院优秀科研成果汇编

中国新闻出版研究院　编

责任编辑	王　淼
责任印制	孙马飞　马　芝
封面设计	东方美迪
出版发行	中国书籍出版社
地　　址	北京市丰台区三路居路97号（邮编：100073）
电　　话	（010）52257143（总编室）　　（010）52257140（发行部）
电子邮箱	eo@chinabp.com.cn
经　　销	全国新华书店
印　　厂	河北省三河市顺兴印务有限公司
开　　本	787毫米×1092毫米　1/16
字　　数	325千字
印　　张	21.75
版　　次	2019年10月第1版　2019年10月第1次印刷
书　　号	ISBN 978-7-5068-7479-3
定　　价	32.00元

版权所有　翻印必究